韓国の歴史

A HISTORY OF KOREA

李景珉 監修
水野俊平 著

河出書房新社

はじめに

日本と韓国とは一衣帯水の間と言われ、日本列島と朝鮮半島との間には浅からぬ因縁がある。それは交流と善隣の歴史でもあり、反日と戦乱の歴史でもあるわけであるが、昨今、さまざまな面で日韓の交流が進むにつれて、これまで日本史・韓国史に関心を持たなかった一般の人々の間でも、日本と韓国の間の歴史に関する議論が活発になってきている。しかし日本人の持つ韓国史に関する知識は非常に断片的である。その知識は古代史と近現代史、特に甲午農民戦争（過去には「東学党の乱」と呼ばれていた）から日本の植民地期に集中しているように思われる。つまり、一般の日本人が知る韓国（朝鮮）の歴史とは百済をはじめとする古代朝鮮半島諸国が日本に与えた政治的・文化的影響、蒙古と高麗の連合軍による「元寇」、文禄・慶長の役、朝鮮通信使、甲午農民戦争、日清・日露戦争、日韓併合、植民地時代、日韓基本条約など、歴史上の「点」の連なりでしかない場合が多い。最近では古代の文化伝授や朝鮮通信使など日韓史の中でことさら「友好」の象徴となる事象だけを抽出して強調し、相互の歴史的理解を深めようとする動きもあるが、やはり断片的な歴史的記述であることにはかわりがない。事情は韓国でも似たようなもので、一般の韓国人が知る日本の歴史とは、日本が韓国からいかに文化的恩恵を受けたか、日本がいかに韓国に災禍を与えたかを中心に描かれていることが多く、それは韓国の国民感情からして当然のこととは言え、やはり断片的な記述と言わざるを得ない。これでは、日本人と韓国人が出会っても建設的な歴史的論議ができるはずがない。

日本と韓国の歴史の流れは、同じ東アジアの国同士、隣国同士であっても全く異なる。韓国の場合には百済・新羅・高句麗という三国のうち、新羅が他国を併呑して滅ぼす形で統一を果たし、その新羅を高麗が滅ぼし、その高麗を朝鮮が滅ぼし、朝鮮を日本が併合するという王朝の興亡が繰り返されてきた。日本の場合には天皇という「王」は存在したが、鎌倉時代以降、実際の政権は「幕府」に握られ、興亡を繰り返したのは王朝ではなく幕府という軍事政権であった。

さらに日本と韓国では東アジアの中心を占めていた中国の歴代王朝との関係において大きな差があった。歴史的に中国（中華）を中心とした東アジアの国際秩序は中国皇帝による冊封と、その冊封された諸侯（諸国の王）による朝貢で成り立っていた。統一新羅・高麗・朝鮮といった歴代の韓国の王朝も中国の皇帝の冊封を受け、中国皇帝に朝貢を行ってきた。翻って日本は室町幕府の一時期、足利義満が明から「日本国王」に冊封されたことを除いては、冊封―朝貢という国際秩序の外にあった。このことをもって韓国の歴代の王朝は中国の属国であったとか、日本は中華文明の恩恵に与れなかった化外の地であったとする言説が日韓に存在するが、これは中国を中心とする東アジアの国際秩序に対する理解を欠いた発想である。

最近の日韓両国では歴史認識の違いということが声高に論じられているが、まずは互いの国の通史を見渡し、断片的に点として存在する知識を連続的な線として認識する作業から始めなければならないだろう。つまり相互の歴史を古代から現代まで俯瞰し、その差を確認する必要があるのである。本書はこうした願いを込めて書かれた日本における韓国史の概論書である。

ここでは便宜上韓国史という名称を用いたが、もとより「韓国」つまり「大韓民国」のみの歴史を指すわけではない。古朝鮮から大韓民国、北朝鮮（朝鮮民主主義人民共和国）まで朝鮮半島を中心とした諸国とその影響下にあった周辺地域の歴史までも包括した幅広い概念である。朝鮮半島の諸国がいずれも長い歴史を誇る国々であるために、韓国史について書かれた書物はいずれも長大で重厚にならざるを得ない。これまで韓国史に関心がなかった諸兄にも親しみやすいよう入門書として簡略な記述を心掛けた。また日本との歴史的関係を中心に日韓交流史の面からも記述を加えた。本書が韓国史理解の一助になることを願ってやまない。

このたび、二〇一七年に刊行した『韓国の歴史〈増補改訂版〉』に、新しく第9章を加え、さらに加筆修正を施し、装いを新たに再刊する運びとなった。（二〇二一年八月　水野俊平）

第4章

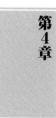

第5章

＊韓国で陽暦が使用されるのは1896年からだが、本書では1875年の江華島事件から陽暦で表記している。

韓国の歴史

朝鮮半島地図

中華人民共和国
咸鏡北道
清津
恵山
両江道
江界
慈江道
咸鏡南道
平安北道
新義州
咸興
朝鮮民主主義人民共和国
平安南道
平城
平壌
元山
沙里院
江原道
黄海南道
黄海北道
海州
板門店
京畿道
春川
仁川
ソウル
江原道
水原
忠清北道
大韓民国
忠清南道
清州
慶尚北道
大田
大邱
全州
全羅北道
慶尚南道
蔚山
昌原
光州
釜山
全羅南道
済州
済州道

第1章

고대부터 통일신라까지

古代から統一新羅へ

概要 古代から統一新羅へ

朝鮮半島にいつから人類が住んでいたかは明らかではないが、そこに居住していた人々が旧石器時代・新石器時代を経たことは確かである。朝鮮半島の代表的な旧石器時代の遺跡は約五〇万年前まで遡るものと推測されている。人々は洞窟や岩陰、川端に集団で居住し狩猟と植物採取をして生活していたものと思われる。

紀元前八〇〇〇年頃から新石器時代が始まる。旧石器は石をうち割って作ったものであるが、新石器は表面を磨いて作ったものである。新石器時代の重要な特徴として挙げられるのは磨製石器と櫛目文土器（櫛で刷いたような文様のある底のとがった土器）である。この櫛目文土器は紀元前四〇〇〇～三〇〇〇年頃に出現して広範囲に拡散し、主に川辺や海辺で数多く発見されている。新石器時代の人々は主に海辺や川辺に竪穴式住居を作って狩猟と漁労を行い、新石器時代後期になると基礎的な農耕を行っていた。農耕が発達し始めると新石器人たちは居住地を主に丘陵地帯に移した。後期櫛目文土器の底が平らになったことが、このことを物語っている。穀物の栽培は紀元前二〇〇〇年頃から始まったものと思われ、アワ・キビ・ヒエなどが主な農作物であった。紀元前一〇世紀頃からは一部の地域では稲作も行われていた。

この当時の社会は、親子関係を中心とする家族が集まって集団を形成する氏族社会であったと考えられる。このような氏族が新石器時代の基本的な社会単位となり、多くの氏族が連結して部族を形成していたものと思われる。

稲作の始まった紀元前一〇世紀頃からは青銅器時代が始まった。この時期の特徴としてあげられる遺物が琵琶形銅剣と無紋土器である。青銅器時代にも農機具はやはり石器であったが、多様な用途の農機具が作られて使われた。農作では雑穀だけではなく、稲作も始まって生産力が大きく成長した。住居は地上に穴を掘って

世界文化遺産にも登録されている江華島の支石墓

作った竪穴式であったが深さが浅くなって地上家屋に近くなった。

また、この当時には巨大な自然石を利用した支石墓や石棺墓などの墓が作られていた。銅剣や巨大な支石墓や石棺墓は権力者の証であると言える。支石墓の中には大きなものは重さが数十トンに達するものもあり、多くの人々を使って巨大な石を動かすことのできる強力な権力を持った勢力が、この頃に成立していたことを裏づけている。農耕の始まりとともに原始共同体関係が解体され、生産物と生産道具を独占的に所有する支配者が登場した。こうした支配者は土城や木柵で城塞を造り、周辺の部族や氏族を支配するようになったと思われる。このような初期の「国家」を「城邑国家」と呼んでいる。このような「城邑国家」として最も早く歴史に登場してくるのが古朝鮮《コチョソン》である。古朝鮮は紀元前二三三三年に韓（朝鮮）民族の始祖とされる檀君王倹《タングンワンゴム》が建国した「檀君朝鮮《タングンチョソン》」、中国の殷の箕子《キジャ》が建国したとされる「箕子朝鮮《キジャチョソン》」、中国の燕から亡命した衛満《ウイマン》が建国した「衛氏朝鮮《ウイシチョソン》」までの三王朝を指す。

しかし最初の国とされる檀君朝鮮は現在では史実というより、神話との見方が一般的で、『史記』など中国の歴史書に登場する初期の朝鮮半島の王朝は「箕子朝鮮」と「衛氏朝鮮」である。箕子朝鮮の詳しい成立年代は不明だが、衛氏朝鮮は紀元前一九五年頃に成立し、紀元前一〇八年に中国の前漢に滅ぼされるまで実在した国家である。

紀元前三世紀から紀元一世紀にかけての中国大陸では秦が滅び、前漢が中国大陸を支配して周辺諸国との間で君臣関係が結ばれ、安定した関係が保たれていた。

紀元前一九五年、燕の武将だった衛満は、燕から一〇〇〇人余りの人々を引き連れて朝鮮半島に逃れ、衛氏朝鮮を成立させた。衛氏朝鮮は前漢との関係改善に努めて前漢の外臣となるものの、真番《チンボン》や

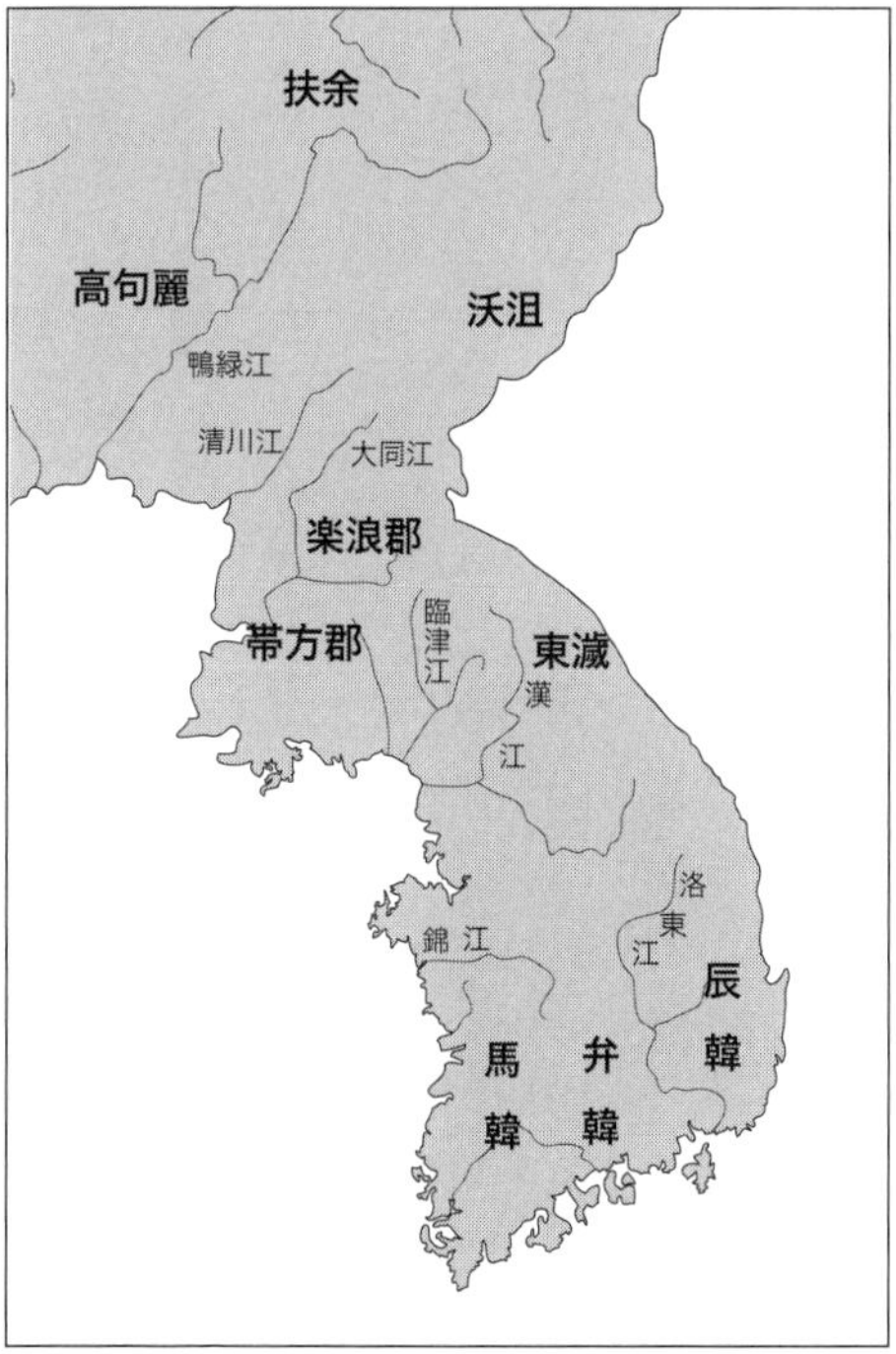

紀元前1世紀頃の朝鮮半島

沃沮《オクジョ》など周辺諸国を服属させて国土を拡大していき、外臣であるにもかかわらず、一度も前漢の武帝の呼び出しに応じなかった。こうした衛氏朝鮮の態度は武帝の逆鱗に触れ、紀元前一〇八年に衛氏朝鮮は滅ぼされてしまう。その後、前漢は滅ぼした衛氏朝鮮の地に「楽浪郡《ナンナングン》」など四郡を設置して、朝鮮半島の直接支配に乗り出した。

紀元前一世紀頃になり、前漢の国内が乱れて半島内での支配力が弱まると、古朝鮮の旧領民によって朝鮮半島の北方には扶余《プヨ》、高句麗《コグリヨ》、東濊《トンイエ》、沃沮などが、南方には馬韓《マハン》、辰韓《チナン》、弁韓《ピヨナン》、伽倻《カヤ》などの小国の連合体が興る。北方の高句麗は、中国の勢力と対峙しながら次第に朝鮮半島へと領土を広げ、三一三年には前漢が設置した「楽浪郡」と「帯方郡《テバングン》」などを滅ぼし、大同江流域にまで領土を広げた。

半島南部では馬韓の中の「伯済国《ベクチエグク》」が三～四世紀にかけて漢江流域の小国を統合、後に「百済《ベクチエ》」となった。一方、四世紀後半には辰韓の中の「斯盧国《サログク》」が慶州地方を中心に小国を統合して、後に「新羅《シルラ》」となり、さらに朝鮮半島南部には伽倻連盟体が生まれ、高句麗・百済・新羅・伽倻の四国がそれぞれ覇権を争うようになる。やがて新羅が次第に台頭し始めて五六二年に大伽倻、六六〇年には百済、六六八年には高句麗というように敵対する国々を倒し、六七六年に新羅は連合していた唐をも破って朝鮮半島を統一する。

韓国では朝鮮半島で高句麗・百済・新羅（後に伽倻を統合）の三国が鼎立していた紀元前一世紀から、新羅が朝鮮半島を統一するまでを三国時代という。三国を統一した新羅は、律令制を導入して、律令国家を目指し、仏教を手厚く保護した。八世紀中頃には唐との関係が好転して、新羅は大きく発展し、王都・金城（現在の慶州）は、貴族たちが贅沢を謳歌する東アジア有数の大都市となった。

古朝鮮と檀君神話

大韓民国の首都ソウル。五〇〇年以上の歴史を誇る王都であり、一〇〇〇万の人口を抱える大都市である。それを朝鮮半島中部に源を発した漢江《ハンガン》が南北に二分するように流れている。漢江の北側の旧市街には景福宮《キョンボククン》、徳寿宮《トクスグン》、宗廟《チョンミョ》といった朝鮮時代《チョソンシデ》（一三九二〜一九一〇）の王宮施設が点在し、漢江の南側には現代的な街並みが広がる。

檀君を祀った檀君聖殿

その旧市街の北部、鍾路区《チョンノグ》社稷《サジク》洞《トン》に、王朝の大切な施設の一つである社稷壇《サジクタン》がある。社稷壇とは国王が、民のために豊作を願って土地の神（社）と五穀の神（稷）を祀る施設で、国王が執務を行った景福宮、李王朝歴代の神位（位牌）を祀った宗廟とともに、王都にとってはなくてはならないものだった。

この社稷壇は一九二〇年代に公園になり、現在でもソウル市民の憩いの場となっているが、その後方に「檀君聖殿」という白い祠堂がある。祠堂が建築されたのは一九六八年のことだ。

　朝鮮王朝の重要な施設であった社稷壇の側に祠堂が建てられているのは、この祠堂に韓（朝鮮）民族の始祖であり、古朝鮮を建国したとされる「檀君《タングン》」を祀っているからだ。

　朝鮮の建国神話である「檀君神話《タングンシナ》▼」によると、紀元前二三三三年に朝鮮は檀君によって建国されたことになっている。

　一三世紀末に僧侶一然《イリョン》が著した朝鮮の歴史書『三国遺事《サムグクユサ》▼』「古朝鮮王倹朝鮮」には、次のような檀君神話の内容が記されている。

> 天神桓因《ファニン》は、息子・桓雄《ファヌン》に人間世界を治めさせるようにした。桓雄は部下三〇〇〇を率いて太伯山の頂の神檀樹の下に降臨し、桓雄天王となった。桓雄天王は穀・命・病・刑・善・悪を司って人間を教化した。
>
> ある時、熊と虎が桓雄に「願わくば人間になりとうございます」と願い出た。桓雄は霊妙なヨモギ一握りとニンニク二〇個を与え「これを食べて一〇〇日の間、日の光を見なければ、すぐに人間になれるだろう」と言った。
>
> 虎は約束を守れなかったが、約束を守った熊は人間の女となった。女

檀君神話：
　韓国では、この「檀君神話」を根拠に自国の歴史を五〇〇〇年（西暦二〇〇七年は檀紀四四〇〇年）と称することが多いが、これは学問的に検証された紀年ではない。朝鮮時代に徐居正（ソ・コジョン）らが史書『東国通鑑』を編纂する過程で、尭の即位とされる紀元前二三五七年から二五年後に檀君朝鮮が建国されたと見たため、「紀元前二三三三年」という定説が生まれた。

『三国遺事』：
　高麗時代の高僧一然（一二〇六～一二八九）が一二八〇年代に編纂し、弟子の無極が補筆した私撰歴史書。新羅史を中心として五巻九編からなる。朝鮮古代の神話、仏教説話、郷歌が網羅されている。

が毎日、神檀樹の下に来て身ごもることを祈るので、桓雄天王は女と結婚し、子が生まれた。名前を檀君王倹といった。檀君王倹は平壌城《ピョンヤンソン》を都とし、初めて朝鮮と称して国を治めた。やがて都を白岳山の阿斯達《アサダル》に移したが、国を治めること一五〇〇年間であった。後に周の武王が殷の箕子を朝鮮の王に封ずると、檀君は隠れて阿斯達の山神となった。

韓国では一般的に、この檀君神話に登場する「檀君朝鮮《タングンチョソン》」から「箕子朝鮮《キジャチョソン》」▼、紀元前二世紀に前漢の武帝によって滅ぼされた「衛氏朝鮮《ウィシチョソン》」までを「古朝鮮《コチョソン》」という。歴史学では一三九二年に建国された李氏朝鮮王朝と区別するための概念として使われており、「檀君朝鮮」は現在では神話との見方が一般的である。

中国の歴史書に「朝鮮」という名が現れるのは紀元前七世紀頃からで、『管《かん》子《し》』▼『山海経《せんがいきょう》』▼などには「朝鮮」という勢力が存在したことが記されている。この朝鮮とは「箕子朝鮮」のことだが、その存在ははっきりと確かめられているわけではない。

このように檀君朝鮮や箕子朝鮮が伝説の域を出ない王朝であるのに対し、古朝鮮の最後の段階である「衛氏朝鮮」は紀元前二世紀初め頃、衛満《ウイマン》が建てた実在の国である。

燕の武将であった衛満は紀元前一九五年、仕えていた燕王が、前漢に背いた

箕子：
伝説上の古代朝鮮国家箕子朝鮮の始祖。殷の賢人で周の武王が殷を奪うと朝鮮半島に逃れて箕子朝鮮を建国した。

『管子』：
管仲が著したとされる中国・春秋時代の国の一つ、斉（紀元前一〇四六〜紀元前三八六）の富民・治国・敬神・布教の術を述べた書。

『山海経』：
戦国時代から秦・漢期に書かれた中国最古の神話と地理の書。山や海の動植物や金石草木、怪談を記す。

ために身辺に危険が迫り、燕から一〇〇〇人余りの人々を引き連れて朝鮮半島に逃れた。彼は半島内に住んでいた非漢人系住民や燕・斉からの亡命者などを取り込んで、コロニーを作っていた。

当時古朝鮮の地には準王という王がおり、武将の衛満に前漢と対峙する西側国境の警備に当たらせた。

しかし衛満は前漢が攻めてきたと偽って準王を攻めて政権を握り、衛氏朝鮮を建てた。これは紀元前一九四年から紀元前一〇八年の間に起こったことであると考えられている。

衛氏朝鮮は前漢と外臣関係を結んで関係を安定させ、発達した鉄器文化によって真番《チンボン》や沃沮《オクジョ》など周辺諸国を服属させていた。この頃の前漢の皇帝は武帝。衛氏朝鮮の王は衛満の孫・右渠王《ウゴワン》であった。

彼は前漢と外臣関係を結んでいたにもかかわらず、一度も武帝の呼び出しに応じなかった。

武帝▼は秦の始皇帝に万里の長城を築かせ、前漢の高祖・劉邦も平定できなかった匈奴を退けた皇帝である。絶対的な権力と自信を誇る武帝が、こうした衛氏朝鮮の不遜な態度を許すはずがなかった。

紀元前一〇九年、武帝は朝鮮侵攻を決断する。武帝の命を受けた将軍楊僕は、五万の水軍を朝鮮に向けて出兵させ、別途、陸軍七〇〇〇を率いて王倹

武帝：前漢第七代の皇帝（在位紀元前一四一～紀元前八七）。前漢の高祖劉邦の曾孫。匈奴をゴビ砂漠の北（モンゴル地域）まで退け、西域・安南・朝鮮半島を経略した。

城を攻めた。しかし、右渠王が王倹城を根城に数カ月にわたって抗戦を続けると、業を煮やした武帝は、朝鮮軍内部の者を買収して右渠王を暗殺させた。残党たちが城を死守するが紀元前一〇八年、ついに衛氏朝鮮は滅亡し、衛氏朝鮮の歴史は幕を降ろすことになった。

　武帝は滅ぼした衛氏朝鮮の地に真番郡《チンボングン》、臨屯郡《イムドングン》、玄菟郡《ヒョンドグン》、楽浪郡《ナンナングン》の四郡を設置して朝鮮半島支配に乗り出そうとするが、土着民の激しい抵抗にぶつかり、紀元前八二年には真番、臨屯の二郡を廃止し、紀元前七五年には玄菟の本拠地を西北方に移さざるを得なくなる。

　結局、朝鮮半島には衛氏朝鮮の中心地であった王倹城（平壌）を基盤とした楽浪郡だけが残ることとなった。

　その後、中国の楽浪郡による朝鮮半島に対する支配は、前漢の衰退とともに衰え、三世紀から四世紀にかけては、その南方に帯方郡《テバングン》（現在の漢江以北の京畿道から慈悲嶺《チャビリョン》以南の黄海道にかけて存在したと推定）も設置されるが、共に三一三年、高句麗によって滅ぼされた。

● 高句麗の誕生 ●

　武帝の死後、隆盛を誇っていた前漢にも陰りが見え始めた。楽浪郡などによる朝鮮半島支配は弱まり、古朝鮮の旧領民たちによって、朝鮮半島の北方には扶余《プヨ》、高句麗《コグリヨ》、東濊《トンイエ》、沃沮《オクジヨ》が、南方には馬韓《マハン》、辰韓《チナン》、弁韓《ピヨナン》、伽倻《カヤ》などの小国連合体が興る。こういった国々の中で、とりわけ早く大きな成長を遂げたのが高句麗だった。その始祖を朱蒙《チユモン》という。朱蒙とは東扶余あたりの方言で「弓の上手な者」という意味だ。『三国遺事』「高句麗」の条に記された高句麗建国神話は、次のような内容である。

河の神河伯《ハベク》の娘・柳花《ユファ》は、天帝の子・解慕漱《ヘモス》と出会って結ばれるが、父母の許しなく結婚したため、東扶余へ流される。東扶余王の金蛙《クマ》の所へたどり着いた娘は、身ごもって大きな一個の卵を産んだ。(中略)やがて一人の子供が卵の殻を破って出てきた。

顔立ち、体格は優れ、知恵もあり、わずか七歳にして一人で弓を造り、矢を射れば百発百中、外すことがなかった。その国の風俗で、よく矢を射る者を朱蒙といったので、それを名前とした。

金蛙の息子たちは弓や馬術の上手い朱蒙に嫉妬して殺そうとするが、朱蒙は母の助言でいち早く逃げ出し、やがて卒本州《チヨルボンジユ》に至って、そこで高句麗を建てた。

建国神話に登場する卒本州は、現在の中国遼寧省桓仁市だと考えられてい

高句麗壁画古墳・舞踊塚に残る狩猟を描いた壁画

る。この地域は前漢が設置した玄菟郡があった所である。

三世紀初め頃になると、高句麗はその根拠地を卒本州から集安市（中国吉林省）の国内城《クンネソン》に移し、国家体制を整え始めた。

集安市は、第二〇代の王・長寿《チャンス》王《ワン》（在位四一三～四九一）が都を平壌に遷都するまでは高句麗の都で、市内には高句麗の遺跡が多数現存する。▼その中の一つ、舞踊塚古墳には、弓の名手・始祖朱蒙の姿を窺わせる馬に乗り、矢を射る高句麗人の姿を描いた壁画が残っている。

高句麗が集安に都を遷した頃、中国の後漢王朝は幼帝が続いたことで政治が乱れ、衰退し始めた。そして二二〇年ついに滅亡、中国は三国時代・五胡十六国時代の乱世を迎える。高句麗は諸強国が対立する複雑な国際関係への対処を迫られるようになった。

高句麗は三一三年には楽浪郡と帯方郡を滅ぼして、朝鮮半島から中国勢力を

高句麗古墳群：

中国吉林省集安市と朝鮮民主主義人民共和国の平壌市、南浦市にあり、その多くに当時の社会や文化風俗を知ることのできる壁画が描かれている。二〇〇四年にユネスコ世界文化遺産として王・王族、貴族の古墳六三基が登録された。

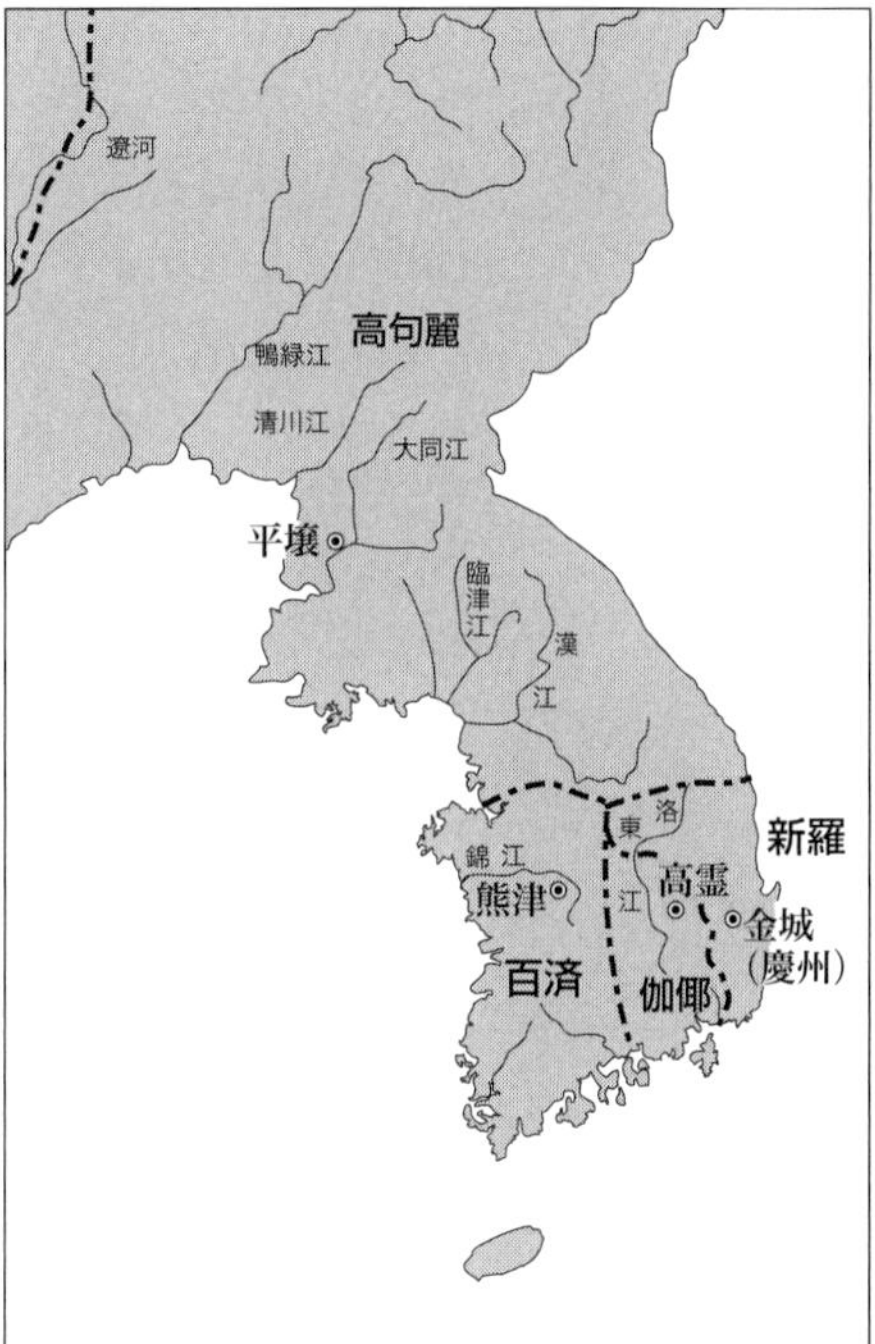

高句麗全盛期５世紀末の朝鮮半島

退けることに成功するが、第一六代の王・故国原王《コググォンワン》（在位三三一～三七一）の代には中国・十六国の一つ前燕の侵攻を受け、国力を回復しようとして南の百済を攻めると、逆に平壌まで進撃されて故国原王は戦死してしまった。このため後を継いだ第一七代の王・小獣林王《ソスリムワン》（在位三七一～三八四）は、国家体制の立て直しと中国との関係修復に力を注ぐ。

まず、前燕を滅ぼした前秦と友好関係を結んで仏教を受け入れた。そして律令の公布を通して各部族に対する国王の掌握力を高め、国家の教育機関である太学を建てて儒学を教え、王権強化の理念的基礎を固めていった。

　このようにして小獣林王が整備した体制を受け継いだ第一九代の王・広開《クワンゲ》土王《トワン》（在位三九一～四一三）は、さらに王権を強化し領土拡大と国力増強に乗り出した。

　広開土王とは「広く領土を開いた王」という意味の諡号《しごう》で、生前の名は永楽王（好太王）という。

　一二世紀、高麗時代の文臣・金富軾《キムブシク》（一〇七五～一一五一）が著した歴史書『三国史記《サムグクサギ》』▼「広開土王」の条には「生まれながらにして体格が雄偉で、何事にもとらわれない、気高い意志を持っていた」と記されている。一八歳で即位したこの王は、南の百済、西北の契丹、東北の粛慎《しゆくしん》、東の東扶余、西方は後燕へと盛んに侵攻し、一代で高句麗を対外的に最も発展させた。

　その領土拡大の功績は、中国吉林省集安市に残る「広開土王陵碑▼（好太王碑）」の碑文からも知ることができる。それによると百済に最も多く侵攻して領土を獲得し、倭・伽耶を打ち破り、新羅を勢力圏内に収めている。

　遼東地方の強国で十六国の一つである後燕との戦いは、一進一退を繰り返したものの広開土王は四回にわたって戦いを挑み、ついには遼東半島を手中に収め、北は遼東地方から東は琿春《フンチュン》（中国吉林省）、南は朝鮮半島の臨津江流域に

『三国史記』‥
　高麗時代の文臣・金富軾らが王命によって一一四三年に編纂を開始し、二年後に完成させた官撰歴史書。新羅・高句麗・百済の三国の歴史を紀伝体で記す。全五〇巻。現存する朝鮮半島最古の歴史書。

広開土王陵碑‥
　長寿王が、四一四年に父・広開土王の功績を記した石碑。高さ六・三メートル、幅一・五～二メートルの不正四角形の柱状をしている。四面には漢隷体の漢文一七〇〇字あまりで高句麗の建国神話から広開土王の功績までが編年的に記され、当時の朝鮮半島と日本との関係を研究する上で重要な史料になっている。

まで及ぶ広大な領土を獲得した。そして広開土王の息子・長寿王は、朝鮮半島南部へ領土を広げるために都を集安から平壌へと遷都する。四二七年のことである。長寿王は北方が安定したことで本格的な南方進出を行い、四七五年には百済の王都・漢山城を陥れた。父・広開土王が広げた領土を漢江流域までさらに広め、高句麗最大の領土を築き上げた。長寿王は外交手腕にも優れており、五世紀中頃になって中国で南北朝が成立すると、北魏と梁の両王朝に使者を送り、中国との安定した関係を保つことに腐心した。この努力によって高句麗は東アジアにおいて強大な勢力を持つことができた。

しかし、六世紀に入ると王朝も衰え始めた。五三一年に、長寿王の曾孫に当たる安蔵《アンジャンワン》王が殺され、後を継いだ安原《アヌオンワン》王も病気で倒れると王位継承を巡って一族の間で内乱が起こり、六世紀中頃には新羅が台頭し、六世紀末には国際環境も一変した。南北朝に分かれていた中国が、隋によって統一されたのだ。五八九年のことである。

高句麗にとって中国大陸での統一王朝の出現は脅威だった。そして隋も高句麗が騎馬民族の東突厥《ひがしとつけつ》と結合して侵攻してくるのではないかと憂慮していた。

●高句麗と隋・唐●

隋の心配は的中した。隋によって中国が統一された頃、中国の北東部で大きな勢力を持っていたのは東突厥だった。高句麗は隋に朝貢しておきながら、密かに東突厥に密使を送って結託し、隋に対抗しようとしたのである。

これを知った隋の煬帝《ようだい》は激怒し、六一一年、高句麗遠征のための総動員令を発する。煬帝は翌年、一一三万の大軍を率いて親征した。この大軍を迎え撃ったのが乙支文徳《ウルチムンドク》将軍である。

煬帝は一〇〇万あまりの大軍を遼河方面に進め、さらに山東半島からは水軍を派遣して大同江を遡って平壌城を攻めさせた。しかし水軍は高句麗軍によって壊滅し、遼河を渡って遼東城を攻めた陸軍は高句麗軍の頑強な抵抗で数カ月間、足止めを食ってしまった。これに焦った煬帝は将軍の于仲文・宇文述らに別働隊三〇万余りを与えて一挙に平壌を攻撃する作戦をとった。

これに対して将軍乙支文徳は、すべての食糧と武器を持って山城に籠もって戦う作戦で対抗した。村の中には一切の食糧を残さず、鴨緑江流域から平壌に通じる沿路の山城で隋軍を待ち伏せたのだ。

そうとは知らない隋軍は高句麗領内深く侵攻した。長い行軍に疲れ始めた兵士たちは、負担となる重い兵糧をこっそりと捨ててしまっていた。普通なら食糧はいくらでも高句麗領内で奪えるはずだった。だが、米一粒、手に入らなかった。その上、高句麗軍は日に幾度も攻撃を加えてきては、わざと負けて隋軍を疲れさせた。執拗な攻撃に隋軍は敗走し始めた。

煬帝：中国・隋第二代皇帝（在位六〇四～六一八）。

高句麗遠征：隋の高句麗に対する侵略は五九八年以来、四回あるが、煬帝による六一二年の遠征が最も大きく、一一三万の兵を派兵している。それは先鋒部隊が出発してから最後の部隊の出発が終わるまでに四〇日もかかるという巨大な規模だった。

乙支文徳：生没年不詳。六世紀末の高句麗の武将。朝鮮時代の名将・李舜臣とともに救国の英雄とされる。

それを見た乙支文徳は隋軍に次のような和平を申し込む詩文を送ったという。

神策究天文　神秘なる計略は天文を極め
妙算窮地理　絶妙な計算は地理に通じ
戦勝功既高　戦勝の功は既に高い
知足願云止　足るを知って止まるを願う

撤兵してくれるなら、王と共に煬帝のもとに赴くというのである。
戦意を喪失していた隋軍は、これを受け入れて撤退を始めた。ところが撤退軍が薩水《サルス》（現在の清川江《チヨンチヨンガン》）付近まで来た時、隠れていた高句麗軍が四方八方から総攻撃を加えた。生き残った者はわずかに二七〇〇人に過ぎなかったという。いわゆる「薩水の大勝」である。乙支文徳の卓越した戦略と戦術の結果だった。

大敗したにもかかわらず、煬帝はあきらめきれず、翌年もその翌年も遠征を行う。しかし、その度に遠征は失敗に終わった。

数々の武勲に輝く煬帝にとって中国東北部で大きな勢力を持っていた高句麗は、ぜひとも領土にしたい国だった。煬帝は即位の翌年、南北統一を確実にし、南方の物資を北京付近にまで容易に運べるよう黄河と長江などの大河をつなぐ大運河・通済渠《つうさいきょ》▼の整備・増築に着手している。この大工事には男ばかりでなく女を含め一〇〇万以上の民が動員され、五カ月で完成させた。その苛酷さゆえに労働者の半分以上が死んだとされる。さらに煬帝は六〇八年に、高句麗遠征に備えて黄河と天津を結ぶ永済渠《えいさいきょ》を建設させた。

それほど民衆を酷使して準備し、行った大遠征だけに、三度の失敗は煬帝への民衆の支持を急速に失わせた。大小二〇〇〇を超える反乱が起き、六一八年、煬帝は親衛隊に殺され、隋は滅んでしまった。

煬帝の死後、隋に代わって中国を統一したのが唐である。唐も高句麗を警戒して征服しようと機会を窺っていた。

高句麗では六四二年に武将の淵蓋蘇文《ヨンゲソムン》▼（?～六六五）がクーデターを起こして栄留王《ヨンニュワン》を殺し、大莫離支（首相）となって実権を掌握、栄留王の甥・宝蔵《ポジャン》王《ワン》を擁立して強力な独裁政治を行うようになっていた。

六四五年、唐の太宗は淵蓋蘇文が君主である栄留王を殺害したことを理由に、自ら一〇万の兵を率いて遼河沿岸を固める高句麗の城を攻めた。かつて隋軍を苦しめた遼東城《ヨドンソン》はなんとか陥落させたが、安市城《アンシソン》はなかなか陥落せず唐軍は撤退を余儀なくされる。そしてこの戦い以降も高句麗は唐の侵攻に苦しめられ、やがて国力を消耗させ、内部対立を激化させていった。

六六五年に淵蓋蘇文が没すると、一族の間で覇権を巡る争いが起こる。六六

通済渠：
中国河北省天津から黄河、長江を横切り、浙江省杭州に至る大運河（総延長二五〇〇キロ超）を構成する四つの運河の中の一つ。黄河と淮水を結ぶ。六一〇年完成。通済渠のほかに大運河を構成するのは永済渠、山陽渠、江南河。

淵蓋蘇文：
高句麗末の宰相・将軍。泉蓋蘇文、泉蓋金とも記され、『日本書紀』には伊梨柯須弥（いりかすみ）として現れる。

七年、唐と新羅の連合軍はこの機を逃さず、南北から高句麗に侵攻する。高句麗軍は抵抗したものの、翌年、宝蔵王らが降伏して高句麗王朝は滅亡した。

その後、唐の営州（遼寧省朝陽市）に連れ去られていた高句麗の遺民たちが中国東北地方へ逃れ、六九八年、大祚栄《テジョヨン》が中心となって松花江流域に震国《チングク》を建国する。初代王・大祚栄は、七一三年には唐から渤海郡王《パレグンワン》（在位六九八～七一九）に封じられ、震国はそれ以降、国号を渤海国とした。渤海は高句麗の社会制度や文化基盤を受け継ぎ、九二六年までの二二八年間続いた。日本とは四六回も使節が往来している。この渤海が北方で唐の勢力を抑えたため、新羅は統一後も唐の圧力を受けることは少なかった。

● 百済の誕生と風納土城 ●

ソウルの南東、漢江を挟んで向かい合う松坡区《ソンパグ》と江津区《カンジング》を結ぶ千戸《チョノ》大橋《テギョ》のたもとに細長い盛り土が延々と続いている所がある。これは「風納土城《プンナプトソン》」と呼ばれる百済の遺跡である。名前の由来は、史跡指定当時、行政区域が京畿道広州郡風納里だったからだ。

現存する盛り土の長さは二・七キロほどだが、元々は周囲四キロに及ぶ大規模なもので、城壁を含めた城内の面積は二二万六〇〇〇坪。城壁の高さは九～一五メートル、造成には一五〇万トンの土が必要だったと考えられている。

現在、土城の内部では発掘調査が行われている。出土した土器などを分析した結果、風納土城は少なくとも三世紀以前には築城が終わっていたらしい。このような土城の規模と発掘された遺物から、ここは百済《ペクチェ》の王城だった可能性が高いと見られている。

衛氏朝鮮滅亡以後、紀元前一世紀頃から朝鮮半島の南部地域には北方からの移住民の南下が続いていた。彼らは土着民族と結合して鉄器文化を基盤とした小国を形成した。やがていくつかの国が集まって馬韓、辰韓、弁韓という連盟体勢力を形成していった。

馬韓、辰韓、弁韓の中で、政治上の中心勢力となったのが、馬韓の「目支《モクチ》国《グク》」で、このほかにも「伯済国《ペクチエグク》」「斯盧国《サログク》」「狗耶国《クヤグク》」などの小国があった。

『三国史記』の百済建国神話には、紀元前一八年、高句麗の始祖・朱蒙の息子である温祚《オンジョ》が、兄沸流《ピリュ》と共に南下し、河南・慰礼城《ウィレソン》を都として伯済を建国したとある。これが後の百済となった。この河南・慰礼城の位置については、ソウルの北漢山、京畿道広州市、忠清南道稷山市など諸説あるが、有力候補と考えられているのがソウルの風納土城である。伯済は三世紀の後半には馬韓の中心勢力「目支国」を征服し、朝鮮半島の中西部を勢力圏に収め、やがて百済となった。

第一三代の王・近肖古王《クンチョゴワン》（在位三四六～三七五）の代には、馬韓の残余勢力まで服属させ、高句麗と帯方郡の故地を巡って戦った。近肖古王は三七一年に三万の軍勢を率いて高句麗の平壌城にまで進撃し、故国原王を戦死させた。百済は四世紀後半には、北は黄海道一帯から南は全羅南道の南海岸地域にまで進出し、広大な領土を手にする。この時期、百済は大きく栄え、倭や東晋とも交流する国際的な貿易国家としての一面も持っていた。

しかし五世紀中頃に差しかかると、百済の領土拡大は高句麗に阻まれる。四二七年、高句麗の長寿王が、集安の国内城から平壌城への遷都を行い、朝鮮半島南部への領土拡大に本腰を入れ始めたのである。

度重なる高句麗の侵略に対して、百済は新羅と羅済同盟を結んで対抗したが、四七五年には長寿王の侵攻を受ける。長寿王は兵三万をもって百済の王都・漢山城を攻め、第二一代の王・蓋鹵王《ケロワン》（在位四五五〜四七五）を殺害し、男女八〇〇〇あまりの捕虜を高句麗に連れ帰った。蓋鹵王の後、王位を継いだ第二二代の王・文周王《ムンジュワン》（在位四七五〜四七七）は熊津《ウンジン》（現在の忠清南道公州市）へと遷都を余儀なくされた。

しかし、熊津に遷都した後、百済は第二四代の王・東城王《トンソンワン》（在位四七九〜五〇一）、第二五代の王・武寧王《ムリヨンワン》（在位五〇一〜五二三）らの努力で復興する。公州《コンジュ》・宋山里古墳から発見された武寧王陵とその副葬品、扶余・陵山里古墳から発見された百済金銅大香炉などから、当時の百済の隆盛ぶりが窺われる。

武寧王の後を継いだ第二六代の王・聖王《ソンワン》（在位五二三〜五五四）は、高句麗に奪われた漢江流域の旧領土を取り戻すため、五三八年に熊津から泗沘《サビ》（現在の忠清南道扶余市）に遷都した。そして五五一年、新羅と連合して念願であった漢江流域の旧領土奪還に成功する。しかしその喜びもつかの間、翌年には新羅に、その地を奪われてしまう。五五四年、聖王は奪われた地を奪還しようと、新羅の管山城《クワンサンソン》（忠清北道沃川郡）へ侵攻する。しかし百済は大敗し、聖王は新羅の伏兵に奇襲されて戦死した。

百済・武寧王陵

●百済からの仏教文化の伝来●

高句麗・百済・新羅の三国のうち、華々しい歴史的な事件に乏しく感じられるのが百済である。大陸の勢力と戦って大きな領土を獲得した高句麗、三国統一を成し遂げた新羅、それに対し、百済は高句麗によって漢江流域の王都を奪われて熊津へと押され、最後には新羅と唐によって滅亡への途をたどっている。しかし、古代日本に与えた影響は三国のうちで百済が最も大きい。

日本に漢字が伝えられたのは、『日本書紀』の記述によると、四～五世紀の頃。『日本書紀』『古事記』には王仁《ワンイン》▼博士（和邇吉師《わにきし》）が百済から『論語』や『千字文』をもたらしたとされている。

仏教も、百済から伝えられた。『日本書紀』によれば百済の聖明王が仏像と経典を献じたとされる。いつ公式的に仏教が伝来したかは、『元興寺伽藍縁起幷流記資財帳（元興寺縁起）』や『上宮聖徳法王帝説』にある戊午の年の五三八年と、『日本書紀』にある壬申の年の五五二年の二説あるが、五三八年が妥当と考えられている。この時期、百済は前述した通り、都を熊津から泗沘に移して、旧領土の回復に積極的になっている。新羅に南方から圧迫する手段として仏教を通じて日本との関係の緊密化を図ったとも考えられるのである。

また、六〇二年、百済の僧観勒が暦本を伝え、年月の経過を記録することが始まり、この暦を使って歴史書や諸記録も書かれた。『日本書紀』に記された百済と日本（倭）の文化・学術・思想交流は次の通りである。

欽明　七（五三八）年：百済・聖明王が釈迦仏の金銅像と幡蓋、経論を贈る。

王仁：（生没年不詳）百済から日本に渡来し、漢字『千字文』と儒教『論語』を伝えたとされる。『日本書紀』では王仁、『古事記』では和邇吉師として現れる。

ただし、現存する『千字文』が五世紀にはまだ成立していなかったという点を考慮すれば王仁が『千字文』を伝えたという記事は疑わしい。ただ、現存する『千字文』以外に魏（二二〇～二六五）の鍾繇（しょうよう）が編纂した『千字文』があったと伝えられているため王仁による『千字文』伝授を全面的に否定することはできない。

欽明一五（五五四）年：百済が僧・曇慧と五経、易、暦、医博士らを交替で派遣。

敏達　六（五七七）年：百済・威徳王が経論と律師、禅師、比丘尼、呪禁師、造仏工、造寺工を贈る。

崇峻　元（五八八）年：百済、仏舎利を献じるとともに僧、寺院建築工、鑪盤博士、瓦博士、画工を派遣。善信尼ら受戒のために百済へ向かう。

推古　三（五九五）年：百済僧・慧聡が渡来。

推古一〇（六〇二）年：百済僧・観勒が渡来し、暦、天文地理、遁甲方術を伝える。

（盧重国「先史・三国と日本」趙恒来『講座韓日関係史』から作成）

百済による仏教の伝播は飛鳥文化に影響を与えただけではなく、古代日本の国家形成と樹立にも大きな役割を果たした。

国家として領土を統治して確実に税を取り立てるには各地域に官吏を置いて戸数や人員を掌握し、文字（漢字）によって記録しておくことが不可欠である。このために百済から王仁博士らが招かれ、漢字や『論語』が伝えられたのである。

また『日本書紀』『古事記』に見られるように日本がなぜ積極的に仏教を受容したのかについては、国家を統治する知識や都市建設に必要な技術を持った渡来人の間に仏教信仰があり、彼らを優遇する上で仏教を受け入れていったと考えられている。

六世紀初めの日本では、豪族の物部氏と蘇我氏が激しく対立しており、両氏は仏教の受容の可否を巡っても対立した。『日本書紀』によると蘇我氏は受け入れ賛成の立場をとったが、物部氏・中臣氏は、受け入れに反対。この対立は武力衝突に発展して五八七年には蘇我馬子が物部守屋を滅ぼし、政権内の権力を掌握したのである。

大和朝廷で武器生産を担当した物部氏は権勢を誇ったが、「物部氏の製鉄の技術も次第に古くさい物になっていき、あたらしい渡来人のもたらした新式の製鉄技術にとって代わられていった」(上垣外憲一『日本文化交流小史』)。この新しい製鉄技術を持った渡来人を保護したのが蘇我氏であり、蘇我氏は新しい技術を持った彼ら渡来人を優遇するために仏教擁護に力を入れたのだ。

この蘇我氏と物部氏の戦いには廏戸皇子《うまやどのおうじ》(聖徳太子)も参加し、「この戦いに勝ったならば必ずや四天王を安置する寺を建てる」と四天王に祈り、勝利を得たので建立されたのが四天王寺といわれる。

五九四年には廏戸皇子によって仏法興隆の詔が出されている。この詔は「仏・法・僧」の三宝を興せというもので、日本での仏教発展のきっかけとなった。仏法興隆の詔により諸寺の建立が進み、蘇我馬子の法興寺（飛鳥寺）、廏戸皇子の法隆寺（斑鳩寺）なども造られている。さらに聖徳太子は推古天皇のもとで冠位十二階制（六〇三年）と憲法十七条（六〇四年）を定めた。制定の理由は、天皇を頂点とする国家秩序を確立させ、豪族に官吏として守るべき心構えを説くためである。つまり、憲法十七条に見られるように、和をもって貴しとし、篤く三宝を敬い、仏教の真理に従って国家を統治しようとしたのである。このように百済をはじめとした朝鮮半島からの仏教伝来とその受容は、日本（倭）の豪族連合政権を中央集権的律令国家に改革する一つの力になったと言えるだろう。

● 百済滅亡と定林寺五層石塔 ●

忠清南道扶余市の中心に「定林寺址《チョンニムサジ》」という百済の遺跡がある。土塀に囲まれた広い敷地にぽつんと石塔と石仏が立っている。百済の時代にも「定林寺」と呼ばれていたかは定かではなく、寺跡の発掘過程で出土した高麗時代の瓦の破片に「太平八年戊辰定林寺大蔵当草」と刻まれていたので、この名前がある。石塔は五層で、高さ八・三三メートル、花崗岩の石材一四九枚を用いて造られている。

王都・泗沘城の建設とともに建立されたと思われるこの定林寺は、一直線に中門・塔・金堂・講堂と並んだ百済様式の代表的な石塔寺院である。

百済王朝は五五四年に管山城の戦いで、聖王が戦死して衰え始める。一方、百済に勝利した新羅は、次々と周りの小国を統合し、五六二年には百済の影響下にあった伽倻諸国▼のうち大伽倻をも影響下に収め、さらには東海岸に沿って北上し、現在の北朝鮮領である咸興平野まで領土を拡大した。朝鮮半島は名実ともに百済、新羅、高句麗の鼎立する三国時代を迎えたのである。

定林寺五層石塔。１層目に、大唐平百済国碑銘と刻まれている

五八九年に隋が中国を統一すると、高句麗は北方の守りを固める必要に迫られ、隋との戦いを繰り返す。隋に代わって唐が中国を統一してからも安市城《アンシソン》の戦い（六四五年）をはじめとした戦闘が続き、次第に高句麗は国力を弱めていった。

伽倻諸国：
伽倻諸国は半島南部を支配しており、新羅・百済と覇権を争う過程で新羅に統合された。海上貿易に有利な地にあったため、早くから周辺国家と交易して発達した。優れた鉄器文化を持ち、鉄製甲冑や馬具などがよく交易品となった。日本とも交流があり、伽倻の土器技術を日本は受け入れて須恵器のような良質の土器を生産している。

領土を拡大してくる新羅に対して、六四二年、百済第三一代の王・義慈王《ウイジャワン》（在位六四一～六六〇）は大耶城など新羅西部の四〇もの城を陥落させた。この百済の攻撃を受けた新羅は唐と手を結ぶことを画策、翌年、王族の金春秋《キムチュンチュ》▼は唐に渡り、唐の軍事的援助を引き出すことに成功する。

金春秋の援軍要請を受けた唐は、百済に六四二年の侵攻で得た領土と捕虜を新羅に返還し、攻撃を中止するよう強要してきた。

しかし百済の義慈王はこれを無視し、六四三年に高句麗と麗済同盟を結ぶと、翌年、新羅の三〇あまりの城を攻略した。百済は、かつての宿敵・高句麗と力を合わせてでも台頭してきた新羅を退けたかったのだ。

そして唐の太宗は新羅の要請を受け入れる一方、高句麗を攻略する機会を狙っていた。前述したように六四五年には遠征を行い、安市城の戦闘を繰り広げている。しかし戦闘が持久戦となり、結局、唐軍は撤退を余儀なくされた。そして太宗は、南方から高句麗を攻めようと考え始めた。それを具体化させたのが、新羅との連合であった。

かくして六六〇年、新羅と唐の連合軍は百済への攻撃を開始した。

将軍金庾信《キムキムキム》▼（五九五～六七三）の率いる五万の新羅軍が、黄山平野▼の戦いで階伯《ケベク》▼将軍（?～六六〇）率いる百済の防衛軍五〇〇〇を撃破して、王都・泗沘城を包囲。さらには唐の武将蘇定方の率いる一三万の兵が錦江の河口に上陸

金春秋：
後の新羅第二九代の王・武烈王（六〇四～六六一、在位六五四～六六一）。

金庾信：
新羅の将軍。新羅の朝鮮半島統一に貢献をした。妹が武烈王（金春秋）に嫁いで文明夫人となった。長子は後の文武王。

黄山平野：
黄山は、新羅の郡名（現在の忠清南道論山市）で、国防上の要衝の地であった。錦江以北の論山平野の一部。

階伯将軍：
百済末期の将軍。金庾信将軍らの新羅・唐の連合軍と黄山平野の戦いで決戦、戦死。

し、泗沘城に攻撃を加えた。百済は準備不足と内部対立のためにわずか一〇日の戦闘で総崩れとなり、王都・泗沘城は陥落した。義慈王は一時、熊津に身を避けていたが、泗沘城が陥落すると降伏し、捕虜となって唐へと連行された。泗沘城が陥落する際に追いつめられた百済の宮女たちが、錦江《クムガン》の岩壁から身を投じ、花の散るがごとく百済と運命を共にしたという。その岩壁「落花岩《ナククワアム》」が現在も錦江沿いに残っている。

武将・蘇定方は、百済を滅亡させた功績を記念して定林寺の五層石塔に「大唐平百済国碑銘」と刻み、統治するために熊津都監府を置いた。

武寧王陵の遺物や百済金銅大香炉にみられる繊細で優美な文化を誇り、古代日本に大きな影響を与えた百済王朝はここに幕を閉じたのである。

●百済遺臣軍と白村江の戦い●

百済が滅亡した当時、日本には百済によって仏教をはじめ大陸の様々な文化がもたらされ、百済の王子豊（豊璋王）が朝廷で重用されていた。百済の遺臣たちは、百済復興の兵を挙げるとともに、日本に行っていた王子豊を擁立して、百済再興のために日本に援軍を要請した。中大兄皇子（後の天智天皇）は、これを了承して三回に分けて二万七〇〇〇の援軍を送っている。白村江の戦いである。

錦江の沿岸に今も残る落花岩

六六三年八月二七日から、錦江（白村江）の河口で始まった倭と唐との戦いで、倭軍は四度戦いを挑むのだが、いずれも大敗した。

中国北宋の歴史家・司馬光が一一世紀に著した史書『資治通鑑』は、倭船の燃える炎が空を焦がし、錦江の水は血で真っ赤に染まったと伝えている。

大敗した倭軍は多くの百済遺民を連れて日本に帰国した。彼らが多く移り住んだのが、近江国（滋賀県）の神崎郡や蒲生郡で、百済の民が故郷を偲んで建てたといわれる三重石塔が、石塔寺に今も残っている。百済の将軍であった鬼《き》室福信《しつふくしん》の子、鬼室集斯《きしつしゅうし》は後に朝廷で学識頭を務めた。彼を奉った神社が蒲生郡に残る鬼室神社である。

倭軍の大敗を知った天智天皇は、唐・新羅の連合軍の侵略を恐れ、防人の制度を整備し、百済人の技術を用いて大宰府の水城をはじめ朝鮮式の山城を築くとともに、万一の場合に備えて都を近江宮に遷都▼した。

●新羅の誕生●

三国の残る一つ新羅も高句麗・百済と同様に初めは部族の連合として出発した。一然が著した歴史書『三国遺事』の新羅の建国神話・朴赫《パクヒョク》居世《コセ》説話は、「辰韓（斯盧）の地に、むかし六つの村があった」という書き出しで始まり、六つの村の村長たちの強い要請で始祖朴赫居世が降臨し、六つの村の人々に推

近江宮に遷都：近江大津遷都の理由は諸説ある。唐・新羅侵攻の脅威に対抗する政治体制構築のため、抵抗勢力の多い飛鳥から遠い大津を選んだとする説が有力で、唐・新羅軍が侵入することがあっても、大津ならば琵琶湖から湖上路、陸上路を通じてどの方面にも避難しやすいためであろう。

されてやがて君主となった。国号を徐羅伐《ソラボル》といい、王位は朴氏から昔氏、金氏へと受け継がれ、和白という評議会によって政治を行い、王を立てたという。

この建国神話にも語られているように新羅は、紀元前一世紀頃、朝鮮半島南部に生じた辰韓の中の斯盧国が発展した国だ。斯盧国は慶州とその付近を根拠地とする六村を中心にして形成されたと考えられている。

そして三世紀の末頃から四世紀中頃にかけて斯盧国を含む辰韓諸国は新しい国際関係の激動に直面する。高句麗が楽浪・帯方の二郡を滅ぼし、朝鮮半島の中部地域まで勢力を拡大してきたのである。これに危機を感じた馬韓諸国は百済を中心として連合し、斯盧国は辰韓勢力を統合していった。

やがて第一七代の王・奈勿王《ナムルワン》（在位三五六〜四〇二）の代になると、斯盧国は洛東江流域にまで領土を確保し、より中央集権的な国家としての体制を整えていく。新羅という国名が国際的に使われ始めるのはこの頃からである。奈勿王は、三七七年と三八一年に中国の前秦に使臣を送っている。三八二年の使臣として派遣された衛頭は前秦の皇帝に「斯盧は既に往時の斯盧ではない」と述べたという。これは斯盧国の国力の増進に伴う自信の表れと見ることができる。

第一九代の王・訥祇王《ヌルジワン》（在位四一七〜四五八）の代には百済と協力して高句麗に対抗し、慈悲王（在位四五八〜四七九）の代には王都の整備、次の炤知王《ソジワン》

新羅の古墳や遺跡が多く残る慶州市内

（在位四七九～五〇〇）の代には郵路と市場が整理された。智証王《チジュンワン》（在位五〇〇～五一四）の頃には農業が推奨されて水利事業なども盛んに行われた。法興《ポプン》王《ワン》（在位五一四～五四〇）の代には律令の頒布と仏教が公認され、真興王《チヌンワン》（在位五四〇～五七六）の代には、花郎《ファラン》制度も整備された。これは新羅の三国統一に最も貢献したとされる制度である。学識があり、容姿端麗な上級貴族階級の青年男子を花郎として推戴し、その下に花郎徒として多くの青年男子を集めて修養させた。平時は道義によって精神的・肉体的修養に励み、戦時には戦士団として活躍した。

花郎は新羅末までに二〇〇人ほど、各花郎に属した花郎徒は数百から一〇〇〇人を数えたとされ、新羅王朝を通して最も活躍したのが、王族の金春秋と将軍金庾信である。金春秋は巧みな外交手腕で新羅に加勢してくれるように唐を説得し、金庾信は黄山平野の戦いで唐の蘇定方とともに百済を滅亡させ、後には唐の軍隊を朝鮮半島から退けた。両名とも新羅の三国統一の功労者である。

この花郎徒の活躍によって新羅は、百済、高句麗との覇権争いを勝ち抜いていった。真興王の代には百済、高句麗を退けて洛東江流域から北朝鮮の咸興平野までを領土とするまでに成長したのだ。

六五四年に金春秋は武烈王として即位し、その六年後の六六〇年、唐軍との連合によって百済を滅亡させた。百済を滅ぼした唐は、翌年から本格的に高句麗に侵攻を行い、六六八年には新羅と連合して高句麗を滅ぼした。

新羅の三国統一の野望は、達成目前にまで迫るが、そう簡単に事は進まなかった。唐は新羅に鶏林大都監府を置き、半島を支配しようとしたのである。先に滅ぼした百済と高句麗には軍政のための五都監府をすでに設置していた。結局、唐と新羅の連合は、共通の敵を倒すまでのものでしかなかった。

唐の半島支配を新羅が受け入れるはずはなかった。新羅は高句麗や百済の旧領民と協力して唐に対抗した。この抗争は六年に及んだが、粘り強い抵抗に唐は半島の支配をあきらめるしかなかった。

六七六年に、唐は半島内に設置した都監府をすべて廃止し、ようやく新羅は半島を統一することができたのである。

●新羅の王都・慶州●

朝鮮半島を支配しようとした唐との戦争に勝った第三〇代の王・文武王《ムンムワン》（武烈王の息子：在位六六一〜六八一）にとって、次の問題は広大な領土をいかにうまく統治するかであった。

新羅は統一以前から慶州周辺の六カ村の村長（後には上級貴族）たちの合議によって政治を行っていく連合体国家で、王権はそれほど強くなかった。その上、対唐戦争での勝利は地方豪族や下級貴族、旧百済、旧高句麗の領民たちの活躍によるところが大きかったため、王の支配を地方にまで行き届かせる官僚・律令制度を確立することが急務だった。律令制とは土地と民は王の支配に服属するという理念を具現化するための制度である。

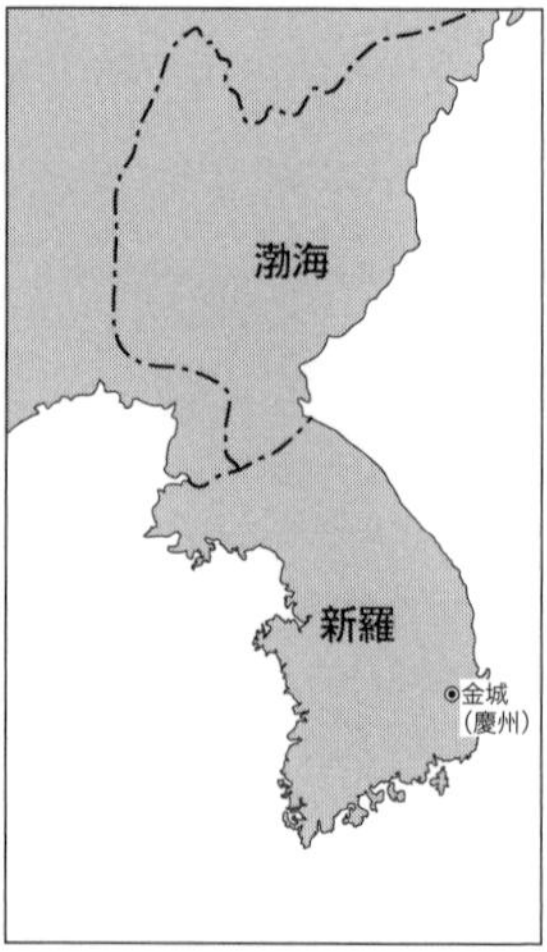

統一後の新羅の領土

第三一代の王・神文王《シンムンワン》（在位六八一～六九二）は、六八七年に全国を九つの州に分割し、王都とは別に北原、中原、西原、南原、金海の五京を置いて統治するものとし、それに先駆けて六八二年には各地に派遣する官僚を養成する機関として国学を設置している。さらに地方の豪族や貴族の力を弱めるために、彼らを王都に移住させたり、田制を改正したりして、私有地を制限しようとした。

国学では支配の秩序を守り、徳をもって行政を行う官僚を養成するために儒教（儒学）を教えた。『論語』『孝経』を必須科目とし、コースによって『礼記』『周易』『詩経』『春秋左氏伝』『尚書』『文選』を学ばせた。七八八年には国学の制度を補完する目的で読書三品科《トクソサムプムクワ》▼を設け、それぞれの科目の理解度によって人材を登用した。このようにして新羅王朝では領土を統治する官僚を育成して律令体制、専制王権の強化を図っていった。この律令制度が最も整備され

読書三品科：『春秋左氏伝』『礼記』『文選』に精通し、『論語』『孝経』を理解する者を上品、『曲礼』『論語』『孝経』を読んだ者は中品、『曲礼』『孝経』だけを読んだ者は下品とした人材登用制度。

たのは、八世紀の第三三代の王・聖徳王《ソンドグワン》（在位七〇二～七三七）と第三五代の王・景徳王《キヨンドグワン》（在位七四二～七六五）の時期だ。しかし九世紀頃になると、従来の貴族連合体制を求める貴族たちと律令制を推進する貴族たちとの間で争いが起こる。これは統一新羅が滅びる一つの要因となり、新羅末期まで続くこととなる。

新羅は三国時代から都を慶州《キヨンジユ》（当時は金城と呼んだ）において国を治めた。慶州は五世紀中頃から整備が進められ、王都としての容貌を整えていった。三国統一を迎えて地方の豪族や貴族が王都に移り住むようになると貴族の邸宅や寺院も数多く建てられるようになった。

八世紀に入って中国との対外関係が落ち着いて政治が安定を見せると、産業・手工業も発達して人口も一七万戸を超えた。中国をはじめ各国からの文物がもたらされて慶州に住む貴族たちの生活は贅を極めたという。国際交流も盛んで多くの新羅商人や僧が中国を訪れたり、イスラム商人が新羅を訪れたりしていたことが知られており、当時、慶州は東アジア有数の大都市だった。

現在の慶州市を訪ねても、市内各地に点在する天馬塚をはじめとした歴代王族の古墳や史跡、国立慶州博物館に収蔵された副葬品などからその繁栄ぶりを窺い知ることができる。統一を祝って建てられたという雁鴨池《アナプチ》の臨海殿跡からも瓦類や仏像、香炉など貴族たちの当時の贅沢な生活を物語る遺物が多数出土している。

● 仏教国家・新羅 ●

新羅王朝は王権を強め、律令制を確立するために儒教を取り入れたが、国教としては、百済や高句麗と同様に仏教を重んじた。六世紀初めに仏教を公認して以来、王朝は護国信仰として仏教を手厚く保護し、興輪寺をはじめ永興寺、皇龍寺、祇園寺、芬皇寺、感応寺など多くの寺院を建立した。

慶州市の東側にある小高い吐含山、この中腹に位置する仏国寺《ブルグクサ》は、仏教の理想社会を建築で表現したもの、石窟庵《ソククラム》は阿弥陀仏が住む世界を造形したものと言われている。慶州市の南側を取り囲む南山には磨崖仏や仏像・寺院跡が多数点在しており、新羅王朝がどれほど仏教を保護し、人々が仏教を篤く信仰していたかを今に伝えてくれる。さらに王朝の手厚い仏教保護によって義湘《ウイサン》▼（六二五〜七〇二）や元暁《ウオニョ》▼（六一七〜六八六）ら高僧も輩出され、新羅の仏教は日本の仏教にも大きな影響を与えた。入唐僧の義湘は華厳宗を新羅に興し、高弟の審祥は日本に渡って華厳宗を奈良の東大寺に伝えている。東大寺は華厳宗の総本山である。

新羅が唐と戦って関係が悪化し、それが好転する八世紀中頃までは、新羅からは唐を牽制するためにも多くの新羅使が日本に送られてきた。唐と新羅の関

義湘：
　新羅華厳経の開祖。唐へ渡り、唐華厳宗の智儼に学んだ。帰国後、太伯山に浮石寺を創建して華厳経の布教に努めた。また、日本とも関係が深く京都・高山寺には明恵上人らがまとめた「華厳経縁起絵巻」の中に「義湘図」がある。

元暁：
　新羅・華厳経の僧・仏教学者。義湘と共に唐に渡ろうとしたが、かなわず、華厳学の研究に専念し、『金剛三昧経論』をはじめ二四〇巻もの著作を著した。義湘と同じく日本との関係が深く、高山寺には明恵上人らによる「元暁図」が伝存する。

係が好転した後は、外交は途絶えるものの、民間の交流は盛んで正倉院の中には新羅商人によってもたらされた西方や中国、新羅の文物、経典などが多く収められている。

統一新羅時期の新羅商人の活動は大変盛んで、中でも新羅の地方将軍であった張保皐《チャンボゴ》(?〜八四一)は新羅、唐、日本の三国を股にかけた海上貿易で巨万の富を築いて海洋王として名を馳せた。遣唐使の入唐や帰国の際には新羅商人の航路や船が使われており、日本の大陸文化受容の陰には彼らの協力もあったのである。また、前述したように新羅では官僚になるための必須の教養として儒教を取り入れたため、六品頭貴族▼(王族に次ぐ貴族)の師弟がこぞって唐に留学した。六品頭貴族の子であった崔致遠《チエチウオン》(八五八〜?)は一二歳で唐に渡り、科挙に合格、唐の高官・高駢の従事官として上表文や檄文などを草して文名を高めたことで知られる。しかし唐に留学した新羅の者の多くは、高級貴

石窟庵

仏国寺

六品頭貴族・新羅の身分制度：

新羅の社会は骨品制という血統に基づいた身分制度をとっていた。王族を聖骨、真骨とし、それ以下の貴族を六頭骨から一頭骨に分けた。貴族の最高位は六頭骨だが、それでも第六官等の位までしかつくことはできなかった。

族ではあっても王族ではなかったため高級官僚にはなれなかった。唐ではその才能を高く評価された崔致遠も新羅では認められることはなかった。真聖女王《チンソンヨワン》の政治を批判したとして重用されることなく、晩年は海印寺《ヘインサ》に籠り、そこで一生を終えている。

華やかな王都・慶州の貴族たちの生活は民の税によって賄われており、民は重い税に悩まされ続けていた。身分制度の矛盾から才能があっても高い位につくことができない貴族や地方豪族らの間でも不満が強まっていった。さらに八世紀後半に入ると、新羅では王族の間で王位争いが続いた。こういった王権の動揺によって従来の貴族連合体制を求める貴族たちの声が高まり、律令制を推進する貴族たちとの間で争いが起こり、各地で反乱が頻発するようになった。結局、第四一代の王憲徳王《ホンドグワン》（在位八〇九～八二六）の代には律令制から、かつての貴族連合体制が復活したため、新羅王朝は地方政権の一つとなってしまった。

九世紀末には地方の豪族であった甄萱《キョヌオン》、弓裔《クンイエ》らが台頭し、九〇〇年には甄萱が後百済を、九〇一年には弓裔が後高句麗《フゴグリヨ》を建て、朝鮮半島では新羅、後百済《フベクチェ》、後高句麗が鼎立する「後三国時代」の乱世を迎え、やがて栄華を誇った新羅王朝も九三五年には滅亡してしまった。

第 2 章

고려시대
高麗時代

概要 高麗時代

八世紀を過ぎると新羅王朝では、王位の継承争いや王族と一般住民との対立の原因となった身分制度である骨品制による社会矛盾が表面化し始めるようになる。中央で政争が続いたことで新羅王朝は次第に全国的な統制力を失い、地方では甄萱《キョヌオン》、梁吉《ヤンギル》、弓裔《クンイエ》ら豪族の台頭を招いてしまった。八九二年には甄萱が後百済《フベクチエ》を建て、九〇一年には弓裔が、梁吉を倒して後高句麗《フゴグリヨ》を建てる。いわゆる新羅、後百済、後高句麗の三勢力が覇権を争う後三国時代と呼ばれる乱世を迎えるのである。この乱世を治めて、高麗王朝を建て九三六年に朝鮮半島を再統一したのが後高句麗の武将だった王建《ワンゴン》だ。

高麗王朝では中国の科挙制度が導入され、仏教を建国理念とし、儒教を統治理念とした中央集権的な国家体制が整備された。仏教儀式である八関会や燃灯会が国家行事として行われ、新羅時代からの仏教哲学に対する理解も深められた。また『高麗大蔵経』『続蔵経』の刊行が行われ、天台宗や曹渓宗が成立して発達した。こうした仏教文化や新羅以来の貴族文化の高まりは高麗青磁などの工芸品も生み出した。

高麗王朝の成立した一〇世紀から一三世紀にかけては、中国大陸では九〇七年に唐が滅び、五代十国時代を経て契丹《きったん》、女真《にょしん》、モンゴルなど北方民族が大きく栄え、やがてモンゴル族がモンゴル帝国を築く時期である。中国との関係に重きを置いていた高麗王朝は常に大陸との外交関係には心を砕くものの、契丹やモンゴルなどの侵略に幾度も苦しめられた。

内政的には一一七〇年、文臣に抑圧されていた武臣たちが反乱を起こし、一〇〇年にも及ぶ武臣政権が続き、その間にもモンゴルの侵略を受けている。

高麗王朝は武臣政権の指導のもと頑強に抵抗したが、一二五九年、モンゴルに降伏する。だが、これを不服とした武臣たちは、三別抄《サムビョルチョ》という軍隊が中心となって朝鮮半島の南部や済州島で抵抗を繰り返した。しかし、これも討伐され、高麗はモンゴルの支配下に置かれるようになった。元に支配された高麗では、モンゴルの歴代の皇女を王妃に迎えるなど高麗王室とモンゴル皇室との一体化が進み、庶民層に肉食が広まるなどモンゴルの文化が定着した。

一四世紀に入って中国大陸で明が建国されると、高麗王朝ではモンゴルにつくか、新興の明につくかで支配層が分裂した。結局、倭寇の討伐や北方の防衛で名高い武将・李成桂《イソンゲ》は元を助け、明を討伐するために軍を率いて高麗を出発する。しかし李成桂は途中で軍を反転させて都を襲い、高麗王朝の権力を掌握して朝鮮王朝を建て、高麗王朝は滅んだ。

高麗時代の朝鮮半島

● 高麗の建国 ●

新羅時代末期には新羅王朝の支配力が弱まり、地方では豪族や農民を取り込んだ反乱勢力が台頭するようになっていった。その中でも大きなものが甄《キョ》萱《ヌオン》▼、梁吉《ヤンギル》、弓裔《クンイエ》▼らの勢力だった。

農民の子として生まれた甄萱は生まれつき体格もよく、志を立てて軍人となり、王都・慶州に上って武将となった。

しかし、当時、新羅では真聖女王《チンソンヨワン》（在位八八七～八九七）の寵愛を受けた数人の臣下が権力をわが物にして、農民に重税を課しており、飢饉が続いたことも重なって農民たちは塗炭の苦しみにあえいでいた。重税に耐えきれなくなった農民が流民化したり、徒党を組んで反乱を起こしたりして新羅の社会は混乱を極めていた。

このような中、甄萱は農民らを糾合して八九二年に武珍州《ムジンジュ》（現在の全羅南道光州市）を都に後百済《フベクチェ》を建国した。

反乱勢力のもう一つ、弓裔は権力闘争に敗れた新羅王族の末裔で、彼は元々僧侶だったが世の中が混乱すると梁吉の部下となって勢力拡大に努め、やがて梁吉を退けて江原道、京畿道、黄海道の農民を糾合、九〇一年に松岳《ソンアク》（後の開《ケ》京《ギョン》、開城《ケソン》、現在の北朝鮮・朝鮮民主主義人民共和国開城市）を都に後高句麗《フゴグリョ》を

甄萱：後百済の始祖（在位九〇〇～九三五）。

弓裔：後高句麗を建国した王（在位九〇一～九一八）。新羅第四七代憲安王の子、もしくは第四八代景文王の子と伝えられる。

建てた（後に国号を摩震《マジン》とし、都を鉄円《チョロン》（後の江原道鉄原）に移し、さらに国名を泰封国《テボングク》とした）。やがて後高句麗は、旧高句麗領民の支持を集めて国力を強め、後百済と覇権を争うようになっていった。このようにして一〇世紀初めの朝鮮半島は新羅、後百済、後高句麗の三国が鼎立する時代を迎えた。後高句麗の王・弓裔は自らを「弥勒仏」と称して略奪した食糧などを人々に分け与えて支持を集めたが、彼は猜疑心がとても強く、部下を信頼することなく幾人もの部下を殺したため、やがて武将の一人だった王建《ワンゴン》に王位を奪われてしまう。九一八年、弓裔を追放した王建は武将たちに推されて王位に上った。王建は都を松岳に戻し、国号を泰封（後高句麗）から「高麗《コリョ》」とした。高麗国の誕生である。

王建（在位九一八〜九四三）は、新羅に対しては友好的な態度をとったが、後百済に対しては敵対的な態度をとっていた。これは九二七年に新羅の景哀王《キョンエワン》が、後百済の甄萱の侵攻を恐れて王建に救援を求めたことからもわかる。

ただ、この救援要請は一歩遅く、後百済は新羅に侵攻して景哀王を殺し、王都・慶州を荒らし回った。この侵攻によって新羅では敬順王《キョンスンワン》が立つが、彼は九三五年に王建に投降した。王建は敬順王を礼遇し、妃を新羅王室から迎えるなど新羅人を手厚く遇した。これによって高麗は新羅の地を平和的に手に入れ、対峙するのは後百済のみとなった。そして新羅の敬順王が高麗に降った翌年、後百済では内乱が起こった。甄萱が偏愛する四男の金剛《クムガン》を後継者として推し、それを妬んだ長男の神剣《シンゴム》との間で継承争いが起こったのである。神剣は父の甄萱を金山寺（全羅北道金堤郡）に幽閉し、弟の金剛を殺して王位についてしまった。死を恐れた甄萱は、金山寺を逃れてやむなく高麗の王建に助けを求めた。王建は、年上であった甄萱を礼遇し、要請を受け入れて後百済侵攻を決める。王建は歩騎八万七〇〇〇余りを出撃させ、一利川《イリチョン》（慶尚北道善山郡）の戦いで後百済軍を一気に大破し、王建は朝鮮半島を再び統一した。

●科挙制度の確立●

後三国の混乱を収拾し、朝鮮半島を統一した王建は、武将としても政治家としても優れていた。彼は各地で勢力を誇っている豪族たちを支配して国内を安定させるために、豪族の娘と次々に婚姻したり、位を与えたりして権力を集中させていった。彼には二九人もの妃がいたという。しかしこうして多くの妃を持ったために王建の死後、次の王となった恵宗《ヘジョン》も、その次の王の定宗《チョンジョン》もわずか二、三年で王位を追われ、早くも高麗は危機を迎えてしまった。

この混乱を収拾し、王権を強化して統治機構の整備を行ったのが、第四代の王・光宗《クワンジョン》（在位九四九～九七五）だ。彼は、弱体化した王権を強めるために三つの方法を考えた。一つは奴婢の解放、もう一つは科挙《クワゴ》の実施、そして官制の整備である。

　九五六年、光宗は奴婢の解放令である「奴婢按検法《ノビアンゴムポプ》」を公布する。その頃の豪族たちは、所有する奴婢の男と良民の女の婚姻を強要して妻子を奴婢の身分にし、自分たちの奴婢の数を増やして経済力・軍事力を強めていた。そのため農民の数が減って高麗王朝では財政力も国防力も弱くなっていた。光宗は無理やりに奴婢とさせられた者を解放することで、豪族の弱体化と王権の強化を図ったのだ。「奴婢按検法」施行の二年後、九五八年には科挙制度が施行された。この科挙制度の狙いは、君主に対する忠誠を本分とする儒教思想を持った人材を起用して、全国に王の支配を行き届かせることにあった。光宗代には八回の科挙が実施され、三九人が及第している。高麗の科挙制度は新羅時代の「読書三品科《トクソサムプムクワ》」を発展させたもので、製述科《チエスルクワ》▼・明経科《ミヨンギヨンクワ》・雑科《チヤプクワ》・僧科《スンクワ》の四つに分けられていた。この科挙制度施行によって、科挙及第のための学校や私塾が全国に建てられ、儒教思想は次第に高麗社会に定着していった。これは王権を強化する基盤となった。

　さらに光宗は科挙制度を導入する一方で、豪族を懐柔する配慮も忘れなかった。先祖が正五品以上の官吏だったり、功績があった官吏だったりした場合には、科挙試験なしでその子孫に官職を与えたのだ。この制度を「蔭叙制度《ウムソジエド》▼」という。科挙制度施行の二年後、九六〇年には官僚制度の整備を目的として「百

製述科：
　製述科は儒教思想に立脚した文章を作る試験、明経科は儒教の経典を解釈する試験。雑科はいくつかの分野の技術官吏を登用する試験で、法律専門家を登用する明法業、計算の専門家を選抜する明算業、書記を担当する官吏を選ぶ明書業、医学の医業、占いをする呪禁業、風水地理の地理業などがあった。僧科は僧侶に僧階を与えるために実施された。

蔭叙制度：
　蔭叙制度は事実上、官吏登用の抜け道となり、後に豪族が門閥を形成して、その特権を維持していく手段となってしまった。

官公服」の色が定められた。これは官僚の等級に従って官吏の官服の色を定めたものだ。同じ年には軍政改革も行われ、軍の統帥権も中央に集中させた。

●契丹との戦争●

高麗王朝が成立した一〇世紀初め、中国大陸では大きな変化が起こっていた。九〇七年に唐が滅び、五代十国時代の乱世を経て、九七九年に宋が中国を統一し、中国北部では遊牧民族の契丹が、九二六年に渤海《パレ》▼を滅亡させたのだ。

中国・中原（中国で文明の興った黄河中流域の平原地帯）への領土拡大を考えていた契丹は、まず、朝鮮半島側の地域の安定のために高麗と親善関係を結ぼうとした。

九四二年に契丹は、高麗に使臣と駱駝五〇頭を贈って国交を求めてきた。ところが王建は「契丹は渤海を滅亡させた無道な国である」と語り、使臣を島流しにし、駱駝は飢え死にさせて契丹との対立を露にした。九六〇年に宋が建国されると宋に使者を送って国交を結んだ。これは中原への進出や国境周辺の領有を巡って宋と敵対する契丹に、高麗征服を決意させる契機となった。

九九三年、契丹の将軍・蕭遜寧《しょうそんねい》は八〇万の大軍を率いて鴨緑江を渡り、圧倒的な軍事力で清川江以北の地を占領すると高麗に降伏を強要してきた。

高麗王朝では和親か、抗戦かで意見は分かれたが、結局、宋と断交して契丹

渤海…　中国東北地方を中心に、沿海州から朝鮮半島北部にわたり栄えた国。六九八年、靺鞨族の首長・大祚栄が建国。唐の制度・文物を摂取して仏教を保護。日本とも国交があった。九二六年に契丹族の遼によって滅ぼされる。渤海の滅亡は高句麗の旧領土を失う結果となり、これ以降朝鮮民族の勢力は朝鮮半島とその周辺に限られることとなった。

高麗は旧渤海の領民を迎え入れ、旧渤海の人々が建てた定安国を支援している。

を中心とする冊封体制に入った。これにより契丹の第一次侵略は終了した。

その翌年、高麗は女真族を討伐して鴨緑江流域から清川江にかけての江東六州（興化・通州・龍州・鉄州・郭州・亀州）の地を支配した。ところが、江東六州は契丹と国境を接する要衝の地であったため、契丹は高麗の支配に不満を持ち、再び高麗に侵攻する機会を窺っていた。

一〇〇九年に高麗で、臣下の康兆《カンジョ》が第七代の王・穆宗《モクチョン》（在位九九七〜一〇〇九）を殺して顕宗《ヒョンジョン》（在位一〇〇九〜一〇三一）を即位させるという「康兆の政変」が起こると、契丹の聖宗は、不義を正すという口実のもと高麗に侵攻した。契丹には、高麗が支配した「江東六州」を返還させて、高麗を完全に屈服させようとする意図があった。

一〇一〇年、契丹の聖宗は四〇万の大軍を派遣して平壌を攻撃し、翌年一月には開城（開京）を占領して宮殿と民家を焼き討ちし、開城は廃墟と化した。顕宗が講和を求めると、契丹は顕宗の入朝を条件に軍を撤収した。

ところが高麗の顕宗は病を理由に入朝しなかった。契丹は江東六州の返還と高麗王の入朝を再び要求してきたが、高麗はこれを断乎として拒否、一〇一四年には宋と国交を回復、契丹とは国交を中断した。これに対して契丹は、第三次侵攻を決定する。一〇一八年一二月、契丹の蕭排押《しょうはいおう》は一〇万の兵力を率いて高麗に侵攻した。高麗は二〇万の軍隊でこれを迎え撃ち、名将・姜邯賛《カンガムチャン》

江東六州

（九四八〜一〇三二）は亀州の戦いで契丹の軍隊に圧勝した。この時、逃げ帰った兵は数千人に過ぎなかったという。この大敗を契機に両国は講和へと歩み寄り、一〇二〇年、講和が結ばれた。

●仏教と儒教の隆盛●

契丹との戦争が終わり、平和を取り戻した高麗には中国・宋や諸外国との交流を通して仏教経典をはじめ多くの文物がもたらされ、儒教や仏教が大きく発展した。

王都・開城近くを流れる礼成江河口の国際港には、宋や日本、女真からも商人が訪れた。高麗から宋に輸出されたものは、金、銀、銅や高麗人蔘をはじめ書籍、紙、筆などの文房具が多かった。特に高麗紙は宋の貴族たちの間で人気が高かった。宋から高麗へは絹布、書籍、磁器、薬材などがもたらされた。

また、遠くはアラビアの商人もシルクロードを通って宋を経由して高麗を訪れており、今日、韓国が「コリア」と呼ばれるのは、彼らが高麗のことをそのように呼んだものが広がったためだ。

王建は王位継承者の守るべき規則として「訓要十条」を残し、その中で仏教を建国理念として定めるとともに、護国仏教として手厚く庇護して寺院を建てること、国家行事として仏教行事の燃灯会や八関会を行うこと、儒教も併せて重んじることを説いている。そのため興王寺をはじめとした寺院が全国に建てられ、燃灯会や八関会が営まれる際には宋、日本、耽羅など、周辺国家からも使節が招かれて盛大に行われた。

高麗時代初期、高麗の仏教界は、新羅時代からの影響で教宗（禅宗以外の宗派）と禅宗に分かれて対立していた。この対立をなくしたのが宋に留学した義天《ウィチョン》（一〇五五〜一一〇一）だ。彼は第一一代の王・文宗《ムンジョン》（一〇四六〜一〇八三）の第四子として生まれるが、文宗の命により僧侶となり、後に宋に渡って華厳宗と天台宗を学んで帰国している。そして彼は教宗と禅宗を調和させた天台宗を広めた。これに触発された禅宗の勢力は結束し、知訥《チヌル》（一一五八〜一二一〇）が曹渓宗を興した。天台宗は貴族たちを中心に広まり、禅宗は庶民に歓迎されたという。仏教が護国と精神的な支えとして人々から信仰されたのに対し、儒教は統治理念として、科挙制度の定着とともに広まり、儒教教育制度も整備された。王都・開城には儒教の教育施設である「国子監」が設置された。これは国立大学の一種で、このほかにも科挙の試験官の経歴を持つ儒学者たちが競って私学を開いた。

代表的なものが儒学者の崔冲《チェチュン》▼（九八四〜一〇六八）が開いた私塾・九斎学堂だ。また財政的支援をする奨学機関として養賢庫が設けられ、一七代の王・仁宗《インジョン》（在位一一二二〜一一四六）の代には、地方の教育機関として郷校が設

崔冲：高麗前期の文臣・学者。書と文章に秀で海東孔子（朝鮮の孔子）と称される。

立されて地方貴族の子弟が学んだ。こうした儒教振興策の結果、官僚養成の基盤が確立され、金富軾《キムブシク》をはじめとする多くの文人・学者が輩出された。しかし、このような文臣中心の傾向はやがて武臣らの反発を買うようになり、後に述べる武臣の乱を招く原因となった。

●高麗青磁と印刷技術●

仏教、儒教の発達はその副産物として様々な文化遺産を生み出すこととなった。その代表的なものが高麗青磁と印刷技術である。青磁と印刷技術はその当時の世界における最先端の技術であった。

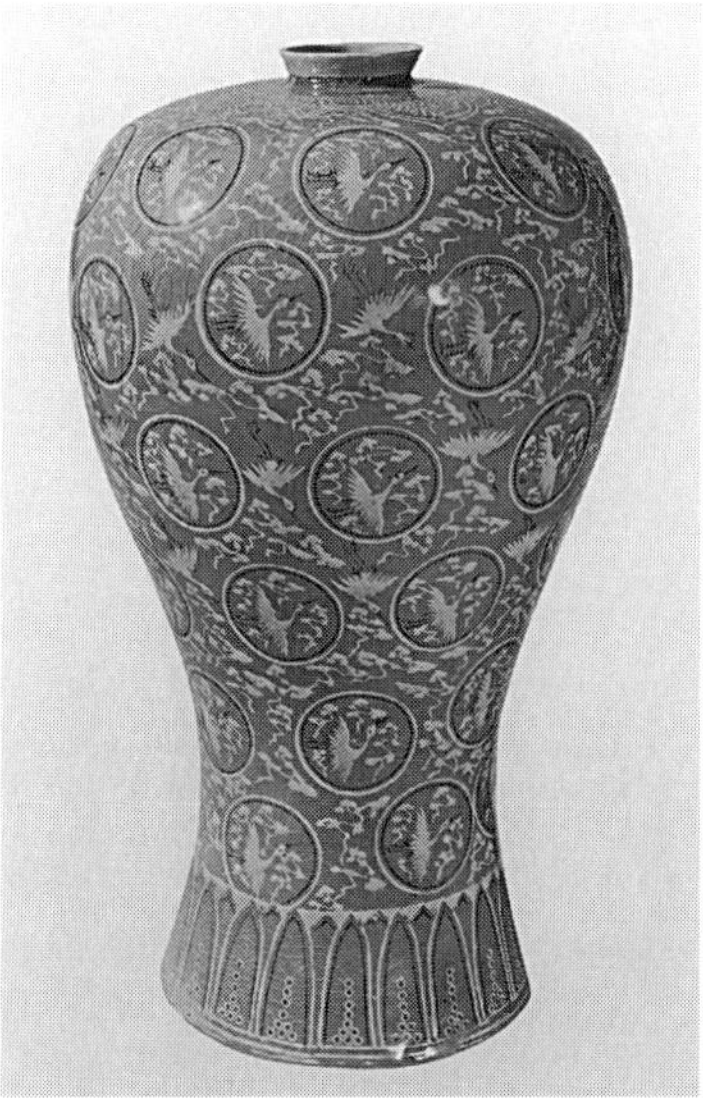

青磁象嵌雲鶴文梅瓶（澗松美術館所蔵）

高麗時代には青磁、白磁、黒釉磁など様々な種類の陶磁器がつくられているが、高麗時代を代表する陶磁器といえば青磁である。高麗の青磁は三国時代からの陶磁の技術に中国の陶磁の技術が導入されて発展し、やがては高麗独自の技法によって独特の造形美を形づくっていった。

初期の高麗青磁《コリョチョンジャ》は文様のないものであったが、次第に文様や形が多様化していった。文様の技法としては鉄分の含まれた赤土で文様を描き釉薬をかけた「鉄絵青磁」、酸化銅が含まれた辰砂彩で彩飾した「辰砂彩青磁」などがある。形態の面では、青磁の壁面を穿って形を作る「透刻」、人や動物の形を真似た象形青磁などが作られた。一二世紀頃には象嵌の技法が発達して青磁の技法は頂点に達した。「象嵌」は器の表面にへらで模様を刻み、ここに白土や黒土を埋め込み、青磁の釉薬をかけて焼いたものである。このように焼いた象嵌青磁は、青い地に赤黒い色が映える神秘的な色感を見せるようになる。

一一二三年に高麗に赴いた宋の使臣・徐兢《じょきょう》は『宣和奉使高麗図経』▼の中で「高麗人は青磁の色を翡色といい、象形青瓷の造形は中国と異なって独創的なもの」と記し、高麗青磁の美しい色をカワセミの羽の青色（翡色）にたとえて称賛した。青磁は庶民の生活用具であると同時に、高級な儀礼用具や文房具、茶器なども作られた。これらは高麗の仏教文化と貴族生活文化を反映するものだった。

もう一方の印刷技術の発達は、『大蔵経《テジャンギョン》』▼の刊行や書籍鋪などの官庁における書籍の刊行などが背景にある。これらは木版で刊行されたものであったが、豊富な木版印刷技術の蓄積は金属活字の発明を促す契機となった。書籍鋪は儒教

『宣和奉使高麗図経』：一一二三年、宋の国信使に随行して高麗を訪れた徐兢が見聞したことを図版とともに著した書籍。一一二四年撰、全四〇巻。

大蔵経：「大蔵経」とは釈迦の説法を記録した「経蔵」、すべての戒律をまとめた「律蔵」、仏弟子たちの論説をまとめた「論蔵」からなる仏教聖典の叢書。梵語・パーリ語の原典のほか、チベット語・中国語・蒙古語・満州語の訳本がある。「漢訳大蔵経」は漢字を用いて翻訳された仏典の総称で、中国・朝鮮・日本で著述された文献も含まれている。

の教育機関である国子監の付属機関であったから、印刷技術の背景には仏教と儒教の隆盛があったと言える。また高麗時代には、新羅・百済・高句麗の歴史に関する歴史書として、文臣の金富軾らが編纂した官撰の歴史書『三国史記』（一一四五年）と僧侶・一然が著した私撰の歴史書『三国遺事』（一二八〇年代）が刊行されている。この二つの歴史書は現存する韓国の歴史書としては最も古いものだ。

金属活字については、かつては一四四五年に発明されたグーテンベルクの金属活字が最も古いものと思われてきたが、一九七二年にパリの国立図書館で高麗の金属活字で刊行された『白雲和尚抄録仏祖直指心体要節』が発見されてから、高麗の金属活字が世界最古のものと認められるようになった。

この書籍は一三七七年に忠清北道清州の興徳寺で鋳造された金属活字によって印刷された本で、一四四五年に発明されたグーテンベルクの金属活字に六八年先立つものである。さらに現在伝わっていないが『詳定古今礼文』という書籍を金属活字で印刷したという記録があり、これは一二三四年のことと考えられている。この記録は金属活字を造ったという記録ではなく、使用したという記録であるため、発明年代は遥かに遡る。高麗時代に世界最初の金属活字が作られたと考えられるのである。

● 武臣政権の誕生 ●

科挙制度の定着によって高麗は、官僚国家として発展していった。しかし次第に官僚の地位も世襲化し、門閥が形成されて権力争いが起こるようになった。中でも大きいものが李資謙《イジャギョム》の乱と妙清《ミョチョン》の乱だ。李資謙の乱とは高麗王室と姻戚関係にあった李資謙が、権力を握って王位を奪おうと起こした乱だ。一一二六年に起こったこの乱で王宮は焼き打ちされ、国情は著しく乱れた。

僧・妙清はこうした王朝の危機は、開城の地徳が衰えているからだと風水地理説をもとに主張し、西京（平壌）への遷都を主張した。朝廷内は開城派と西京派とに分かれて激しく対立し、妙清は一一三五年、挙兵して反乱を起こした。妙清の乱である。この乱は金富軾によって鎮圧されるのだが、鎮圧に一年余りかかるほど激しいものだった。

また、高麗の科挙制度は、文臣だけのもので武臣には適用されなかったため、文臣が優位に立ち、武臣は次第に蔑まれるようになっていった。妙清の乱を文臣の金富軾が鎮圧したことで、武臣を蔑む風潮に拍車がかかった。第一八代の王・毅宗《ウィジョン》（在位一一四六〜一一七〇）の代になると文臣の専横と武臣の冷遇は極まり、酒宴の席で武臣たちをからかったり、将軍・鄭仲夫《チョンジュンブ》（一一〇六〜一一七九）のひげをロウソクの炎で焼いてふざけたりすることもあったので、武臣たちの怒りは頂点に達していた。

　一一七〇年八月、武臣たちの怒りがとうとう爆発した。毅宗が臣下を引き連れて開城郊外の普賢院に行幸した際に、警護の列についていた将軍の鄭仲夫と李義方《イウィバン》、李高《イゴ》らは反乱を起こし、兵士たちもこれに続いた。文臣らに対する粛清は数日間続き、毅宗は巨済島《コジェド》に、太子は珍島《チンド》に追放された。武臣らは王の弟の翼陽公《イギャンゴン》・晧《ホ》を第一九代の王・明宗《ミョンジョン》（在位一一七〇～一一九七）として擁立し、鄭仲夫、李義方、李高らは国家の要職を独占した。こうして高麗では武臣政権が誕生して一〇〇年あまり続くことになる。しかし武臣政権は誕生した当初、権力闘争が続いてなかなか安定しなかった。政権が安定したのは一一九六年に崔忠献《チエチユンホン》（一一四九～一二一九）が権力を摑んでからである。崔氏政権は崔忠献、崔瑀《チエウ》（後の崔怡《チエイ》）、崔沆《チエハン》、崔竩《チエウイ》へと四代にわたって続いた。

　崔氏政権は政権発足当時から頻発していた農民戦争を鎮圧し、三〇年余りにも及ぶモンゴルとの戦争を戦い抜いた。一二三二年には江華島に遷都したが、これには政権維持と戦争遂行という二つの目的があった。しかし長きにわたる戦争で崔氏政権下では激しい収奪が起こった。一般民衆の生活はますます苦しくなり、農民・賤民の蜂起が頻発した。民衆の生活基盤が崩壊して正常な徴兵ができなくなり、国防力は弱化してゆくばかりであった。

　一二五八年に崔氏政権の崔竩が、モンゴルとの講和をねらった国王派によって殺害され、崔氏政権は崩壊、翌年太子・倎《チョン》（後の元宗《ウォンジョン》）がモンゴルに入朝して降伏の意を伝え、江華山城の破壊を約束した。

しかし武臣の林衍《イムヨン》らが徹底抗戦を主張して元宗と対立した。講和派によって一二七〇年に林惟茂《イムユム》（林衍の息子）が殺害されて政権が崩壊するまで武臣政権は江華島で抵抗を続けた。

● モンゴル（元）の侵略 ●

高麗で武臣の崔氏政権が誕生して政情が安定を取り戻していた頃、中国北方では大きな変化を迎えていた。

モンゴルの部族を統合したチンギス・ハン▼が、西夏や金、宋などの周辺諸国を征服し、モンゴルがユーラシア大陸の大部分を占める広大な勢力として現れたのである。

一二一八年、モンゴルが中国東北部の金を攻めた際に、金の支配下にあった一部の契丹族が高麗に侵入する事件が起こった。高麗軍はモンゴル軍とともに侵入してきた契丹族を討伐すると、モンゴルはその代償として高麗に賄いきれないような厖大な貢物を要求するようになった。これによって高麗では反モンゴル感情が高まり、一二二五年にはモンゴルの使者が鴨緑江付近で殺害されるという事件が起きた。この事件によって高麗とモンゴルは関係を断った。

チンギス・ハン：モンゴル帝国の創設者（在位一二〇六～一二二七）。

やがてチンギス・ハンの跡を継いだオゴタイ▼が即位すると、高麗との軍事的緊張は一気に高まった。オゴタイは父チンギス・ハンの偉業を継いで領土を拡大し、西は南ロシア、ハンガリーを経略し、東は金国を滅ぼしたモンゴル第二代の皇帝である。彼は中国東北部に広がる金を攻める一方、元帥サルタイに高麗への侵攻を命じた。モンゴルとの戦いの始まりである。

一二三一年、元帥サルタイ率いるモンゴル軍が高麗に侵入、モンゴル軍は亀城・安州などで高麗軍の強硬な抵抗にぶつかったが、その一部が王都・開城を経て忠州《チュンジュ》に到達した。窮地に立った高麗王朝はモンゴル軍と和議を結んで、翌年モンゴル軍は撤退した。

この一次侵略の後、モンゴルは高麗に監督官を派遣して莫大な量の貢物を要求してきた。この横暴に武臣政権の執権者・崔瑀は一二三二年、江華島《カンファド》に都を移して抗戦を決意した。

江華島は、ソウルの西北、京畿湾の漢江河口付近に浮かぶ島である。現在は江華大橋と草芝大橋によって京畿道金浦市と陸続きになっている。島の東部に広がる繁華街から一キロほど離れた所に「高麗宮跡」という遺跡がある。ここが一二三二年から一二七〇年までの三八年間高麗の王宮になった。現在、高麗宮跡には建物の遺構と石段しか残っていないが、高麗宮を守るために築かれた城壁跡は今も残っており、城門の復元とともに今日にその威容を伝えている。

オゴタイ：モンゴル帝国第二代皇帝（在位一二二九～一二四一）。

モンゴル軍は民衆の抵抗と、海と山城に阻まれて高麗を攻略することができず、戦争は断続的に三〇年余りにわたって続くことになる。

モンゴルの要求は抵抗を続ける高麗の王室が江華島を出て開城に遷都することと、高麗の王がモンゴルに入朝することだったが、高麗王朝は最後までこの二つの要求に抵抗し続けた。しかし、長年にわたるモンゴルとの戦争で、厭戦ムードが高麗に広がり、一二五八年に崔氏政権の崔竩が、モンゴルとの講和をねらった国王派によって殺害され、崔氏政権は崩壊、一二七〇年には武臣政権も崩壊して、講和を求める国王・元宗によって開城への遷都が断行された。しかし、講和に反対する裵仲孫《ペジュンソン》将軍ら反モンゴル勢力は、三別抄《サムビョルチョ》という抵抗軍を率いて珍島・済州島などに拠点を移して抗戦を続けることになる。

● 三別抄によるモンゴルへの抵抗 ●

武臣政権が崩壊し、国王・元宗がモンゴル（モンゴルは一二七一年に国号を元とした）に屈服した後にも「三別抄」はモンゴルに対する抗戦を続ける。この三別抄は高麗が一二三二年に江華島に遷都した後、形骸化し弱体化していた正規軍に代わってモンゴルに対する強力な抵抗勢力となっていた。

先に述べたようにモンゴルとの戦争は三〇年あまりにおよび、武臣政権の崩壊と、開城遷都によって、モンゴルとの戦争は一応終結するのだが、モンゴルとの講和に反発した裴仲孫将軍ら三別抄は徹底抗戦の姿勢を崩さなかった。

　元宗は開京への遷都に反対して、モンゴルへの服属を拒否した三別抄の解散を命じたが、裴仲孫が率いる三別抄は王族の温《オン》を王に推戴して新しい政府を建て、反モンゴルと反政府の姿勢を明確にした。

　三別抄は江華島を根拠地にするのは苦しいと判断して、蜂起後すぐに一〇〇〇隻あまりの船に乗って南下し、全羅南道の珍島に根拠地を移した。ここには龍蔵城が築かれ、宮殿が造営された。三別抄の檄文に応じて高麗本土でも呼応する蜂起が相次いで起き、三別抄は珍島と済州島を中心にして全州・羅州など全羅道地域と巨済島、馬山、金海、東莱など慶尚道一帯を掌握した。

　しかし、一二七一年の五月には高麗・モンゴル連合軍によって珍島の龍蔵城が陥落する。裴仲孫と王族の温はここで命を落としている。残った三別抄軍は首領・金通精《キムトンジョン》に率いられて済州島で抵抗を続けた。だがこの抵抗もむなしく、一二七三年四月、モンゴル軍と高麗軍、合わせて一万余りの総攻撃を受けて済州城が陥落、三別抄の活動も終息する。この三別抄鎮圧の後、モンゴルと高麗による日本侵攻（元寇）が行われたのである。

●八万大蔵経の製作●

　韓国南東部の大都市・大邱《テグ》郊外の陜川《ハプチョン》にある海印寺《ヘインサ》には一九九五年にユネ

三別抄が籠城して戦った龍蔵城跡
（全羅南道珍島）

スコの世界文化遺産に指定された国宝「八万《パルマン》大《デ》蔵経《ジャンギョン》」とその版木が所蔵されている。一般に「八万大蔵経」は高麗時代にモンゴルの侵攻を撃退しようという願いを込めて製作されたと言われている。

一二三一年にモンゴル軍が高麗に侵攻し、朝鮮半島全土を荒らし回った。モンゴルの騎馬軍団の圧倒的な威力に、高麗軍の劣勢は如何ともしがたく、崔瑀をはじめとする指導者層は、仏の力で敵軍を撃退しようと大蔵経の製作を始める。これが今に伝わる「八万大蔵経」だ。八万大蔵経という名は完成当時の版木（経板）の枚数が八万一一三七枚であったことに由来する（現在保管されているのは八万一二五八枚）。海印寺に所蔵されたのは朝鮮時代のことである。

一般的に韓国で「大蔵経」と言えばこの海印寺に所蔵された「八万大蔵経」を指す。もともとは「再雕大蔵経」と呼ばれたが高麗時代に製作された大蔵経のうち、唯一現存するものであるため「高麗大蔵経」とも言う。

漢訳大蔵経は九七一年に刊行された中国・宋の「蜀版大蔵経」が最初のものだが、その次に漢訳大蔵経を完成させたのは高麗だった。一〇一〇年の契丹の侵攻の際に、王と臣下が大蔵経の製作を誓うと、開城までやって来ていた契丹軍が自ら退却したという逸話がある。

この大蔵経の製作作業は一〇一一年から七六年の歳月をかけて行われ、この時に作られた大蔵経を「初雕大蔵経▼」と呼ぶ。この大蔵経には国家を外敵の侵

初雕大蔵経：
「初雕大蔵経」刊行後も高麗はこれに満足せず、文宗の息子・義天が中心となり、中国と高麗の禅師らが著述した文献まで網羅した「続蔵経」の刊行に着手。宋・遼・日本の文献まで収集して一〇九二年から九年にかけて経板が製作されたが、この「続蔵経」も戦乱で焼失してしまった。しかし「初雕大蔵経」「続蔵経」は後の「再雕大蔵経」（八万大蔵経）製作の際に重要な資料となった。

攻から守ろうという高麗人の願いがこめられていた。「初雕大蔵経」は大邱にある符仁寺《プインサ》に保管されていたが、一二三一年のモンゴル軍の侵入によって焼けてしまった。そのため高麗王朝は遷都した江華島で、再び大蔵経の製作に着手したのである。一二三六年に製作が始まり、一二五一年九月に完成した。この作業は大蔵都監という部署が主管し、済州島・莞島・巨済島などから産出する白樺や山桜の木を材料とし、腐敗を防ぐために木を海水につけた後、十分に乾かして漆を塗って使用した。戦争中にこのような大規模国策事業を行うのは大変なことであったと思われ、『高麗史』も大蔵経の彫版事業をすることに対して地方の人々はこれを苦役と感じたと記している。

海印寺に収められている八万大蔵経版木

　一五年もの歳月をかけて作られた八万大蔵経は木版印刷技術の結晶であると同時に、内容も誤字脱字がほとんどなく世界が認める完成度の高い大蔵経である。「蜀版大蔵経」「契丹版大蔵経」なども参照しているた

め人類最初の漢訳大蔵経である宋の「蜀版大蔵経」の内容をうかがうことができる唯一の資料として、また現在伝わっていない「契丹版大蔵経」の内容を推測する貴重な資料となっている。

完成した八万大蔵経は国外にも伝えられ、仏教の研究と拡大に寄与した。日本の「大正新脩大蔵経」も高麗の八万大蔵経を底本としている。

●モンゴル（元）の干渉に対する抵抗●

一二五九年、高麗は太子の倎《チヨン》（後の元宗）がモンゴル（一二七一年に国号を元とした）に入朝して降伏の意を示し、三〇年余りにわたるモンゴルとの戦争を終結させた。

元は高麗の支配を容易にするために政略結婚を強要した。高麗の歴代の王は元の王女を正室に迎えて高麗の王位を継承した。高麗はモンゴルの領土に編入されたわけではなかったが、高麗の王室ではモンゴルから来た王妃と宦官が権勢をふるったため、モンゴルに追従する者が権力を握った。このように高麗は一応の独立を保ったもののモンゴルの干渉下に入ったわけである。

モンゴル帝国は高麗王の権威を格下げして、王の廟号（廟に祀る際に贈る称号）も太祖、太宗といったように「祖」「宗」を付けることを認めず、「王」とし、官制も改編させ、東北地方を自国の領土に編入するなど、露骨な干渉を行った。こうしたモンゴルの干渉によって民衆は高麗王朝とモンゴルからの二重の収奪に苦しめられた。

モンゴルと言えば多くの日本人が思い浮かべるのが「元寇・蒙古襲来」だろう。モンゴルの皇帝フビライは高麗の使者を通じて一二六八年に入朝を求める国書を日本に送ってきた。


　モンゴルに中国も高麗も従い、高麗の王とは父子のような関係となっている。日本は高麗や中国と交流があるにもかかわらず、モンゴルと国交を持たないのはどうしたことか。日本が我々のことを知らないとは困ったことなので、使いを送るから、使いをよこすように。さもないと軍を送ることになる。日本国王はよくよく考えて返答してほしい。


という内容で、南宋を征服するために戦っていたモンゴルが、日本と南宋との関係を分断するために国交を持とうとしたのではないかと考えられている。

しかし、この国書を読んだ鎌倉幕府や朝廷は、恐れおののき、きちんと返書を送ることをしなかった。こうした日本の態度にフビライはとうとう日本を攻める決意をする。

日本へのモンゴルの侵攻は二度にわたって行われた。一二七四年の侵攻（文永の役）ではモンゴル軍一万五〇〇〇、高麗軍からは戦船九〇〇隻をはじめ五六〇〇人が駆り出された。一二八一年の侵攻（弘安の役）でも高麗軍は加担を強いられた。二度の侵攻は日本軍の激しい抵抗や偶然にも台風に見舞われたことで、いずれも失敗に終わったが、高麗は兵士の他に食糧、艦船など膨大な量の物資を喪失した。

高麗ではこうした戦費負担に加え、モンゴルから来た王妃らの豪奢な生活や王・王妃の元京への往来などの費用も重い負担となっていた上、金銀、人蔘、薬材から職工、女性に至るまで朝貢しなければならなかった。

しかし、こうしたモンゴルの干渉を受けた時期であっても、親元（モンゴル）派の奇一族などの勢力は栄華を誇った。権臣の奇轍《キチョル》の妹はモンゴルの順帝の第二皇后となり、息子は皇太子になっている。しかし、一四世紀半ばになって、モンゴルが衰えを見せると奇一族も没落の道を歩む。

一三五五年、第三一代の王・恭愍王《コンミンワン》（在位一三五一〜一三七四）はモンゴルの衰退に乗じて、奇轍を殺害、モンゴルの干渉機構だった「征東行省」を廃止した。さらにモンゴルの領土に編入されていた東北地方の一部を奪回した。翌年にはモンゴルの年号使用を中止し、官制や軍制を高麗のものに戻した。

しかし、モンゴルと結託していた一派である崔濡《チエユ》はこうした動きに反発し、恭愍王を廃位し、王族の徳興君を王として擁立しようと企てた。モンゴルも恭愍王の反モンゴル政策を阻止しようとしてこれを積極的に支援した。崔濡はモンゴルから一万の兵を得て高麗に侵攻したが、彼らは崔瑩《チエヨン》（一三一六〜一三八八）と李成桂《イソンゲ》が率いる高麗軍に撃滅されて大敗、モンゴルも恭愍王の復位を認め、崔濡を高麗に送還した。これによって高麗はモンゴルの干渉からほぼ完全に脱することができた。

● 高麗の終焉と威化島回軍 ●

モンゴルの干渉から脱した高麗では、恭愍王のもと国権回復と改革事業に力を入れようとした。しかし親元派権力層の反対、倭冦や紅巾賊の侵入などで改革は一時頓挫し、恭愍王も殺害されてしまった。そして高麗はモンゴルの支配から脱したのも束の間、モンゴルを退けて中国を統一した明の圧力を受けるようになった。

中国を統一した明の太祖が、一三八八年二月、高麗に対して領土の割譲を要求してきたのである。モンゴルの干渉期に高麗の領土としていた鉄嶺以北の土地を明に返せという一方的な通告だった。これに対して高麗の禑《ウワン》王と崔瑩は逆に遼東地域を攻撃しようとした。これには遼東を占領することによって明の圧力を排除し、親明反元派の新進官僚勢力と李成桂ら武人の勢力を牽制しようとするねらいもあった。

このような出兵決定に対して李成桂は、次の四つの理由を挙げて反対した。一つは小さな国が大きな国に逆らうのはよくない、二つ目は農繁期である夏に軍隊を動員するのは民心に背く。三つ目はこの時期に軍隊を動員すれば倭冦が隙を突いて侵攻してくる恐れがある。四つ目は夏なので弓の膠が溶け、梅雨になると兵士らの間に伝染病が流行るというものであった。だが、禑王と崔瑩はこれを無視して遼東攻撃を敢行した。崔瑩を総指揮官、曺敏修《チョミンス》と李成桂を司令官とする征伐軍が組織された。

騎兵二万に歩兵三万の高麗軍は四月一八日に平壌を出発し、五月七日には鴨緑江を越えて、川の中洲である威化島に到着した。ここでも李成桂は禑王に撤退を要求した。川の水が氾濫して渡るのが難しく、糧食も不足しているというのがその理由だった。しかし、この要求も拒否され、決意を固めた李成桂は曺敏修を説得し、五月二二日に独自の判断で撤退を開始した。これが「威化島回《ウィファドフェ》軍《グン》」である。六月一日、開城に到着した征伐軍は崔瑩の軍との内戦で勝利を収めた後、崔瑩を流刑にして禑王を退位させた。そしてひとまず禑王の息子・昌《チャン》王《ワン》を即位させたが、昌王が王権を継承する家系ではないとして、李成桂は昌王を廃位し、代わりに恭譲王《コンヤンワン》を即位させた。李成桂は軍事力を背景に政権を掌握して改革を推し進めて反対派を退け、恭譲王も追放した。そして一三九二年七月、李成桂が自ら王位に上り、朝鮮王朝を開いたのである。

第3章

조선왕조의 성립

朝鮮王朝の成立

概要

朝鮮王朝の成立

一三八八年、高麗の武将であった李成桂《イソンゲ》は明へ出兵すると見せかけて、鴨緑江の中洲・威化島《ウイファド》で軍を引き返して王都・開城（開京）を攻めるというクーデター（威化島回軍《ウイファドフェグン》）を起こして実権を掌握した。一三九二年には高麗の最後の王・恭譲王《コンヤンワン》から譲位のかたちで王位を継承し、翌年には国号を朝鮮と改めた。朝鮮王朝の始まりである。

李成桂は、開城から漢陽（現ソウル）へと遷都し、学者・官僚であった鄭《チヨン》道伝《ドジョン》に命じて王都の建設と王朝の政治機構の整備を行わせた。彼は、まず朝鮮王朝の基本法典である『朝鮮経国典《チヨソンキヨングクチヨン》』を編纂、そして儒教を基にした統治理念を示すとともに政治機構を確立した。朝鮮王朝の政治機構は国王を頂点として、その下に最高行政機関の「議政府《ウイジヨンブ》」と中央官庁にあたる六つの部署「六曹《ユクチヨ》」が置かれた。また全国を八つの行政区画（八道）に分けて統治した。これが現在の韓国の行政区画の基本となっている。行政を担う官僚は両班《ヤンバン》と呼ばれ、科挙制度によって選ばれた。彼らが社会の支配層となり、人々を支配した。

第三代の王・太宗《テジョン》は、それまでの議政府が大きな力を持つ官僚制度から王権を強化した体制をつくるために尽力した。また「崇儒排仏」政策を掲げて高麗時代以来大きな力を持ってきた寺院から土地と奴婢を没収して国家財政と国防の強化を図った。こうした財政基盤を基に次の世宗《セジョン》の代には、ハングルの創制をはじめ歴史書、地理志など多くの書籍が編纂され、測雨器や時計など各種科学器具も開発された。

第九代の王・成宗《ソンジョン》の代には基本法典である『朝鮮経国典』を補完した『経国大典《キヨングクテジョン》』も完成し、建国一〇〇年ほどで朝鮮王朝の文物制度がすべて整えられた。その一方、地方で性理学（儒教の中の新しい学問体系）の研究を行い、影響力を拡大してきた両班層（士林派《サリムパ》という）が中央政界へ進出し、実権を握っていた従来の官僚層（勲旧派《フングパ》という）と対立するようになった。

一五世紀末、成宗の息子・燕山君《ヨンサングン》の代には士林派勢力が中央政界でさらに拡大した。これによって勲旧派との対立が激しくなると「戊午士禍」と「甲子士禍」という大規模な粛清が起こり、士林派勢力はほとんど粛清された。

しかし暴政を行った燕山君が「中宗反正《チュンジョンバンジョン》」（燕山君を退けて中宗を擁立するクーデター）によって追放されると、新しい王である第一一代の王・中宗は士林派を再登用して少壮学者の趙光祖《チョグワンジョ》を重用した。中宗と趙光祖は性理学の理念に基づいた政治を実践しようとしたのである。趙光祖のこの政策は、士林派の政治的・社会的地位を高めることとなったが、やがて士林派勢力が王権を圧迫し出すと、士林派は「己卯士禍」によって失脚させられた。その後も士林派は「乙巳士禍」などによって何度か失脚させられるが、第一四代の宣祖《ソンジョ》の代には、士林派が再び数多く登用されるようになり、王権は弱体化して士林派勢力が政権を掌握する。

だが、今度は政権を握った後の士林派内部で政権争いが繰り返されるようになる。このため支配層が対立する度に大規模な粛清が行われて政治は混乱した。その上、一部の両班官僚たちは、地方に書院や荘園を持っていたため、荘園の拡大によって国家の財政力が弱まり、農村を疲弊させていた。このような社会的変化が起こる中で、朝鮮王朝は「倭乱《ウェラン》」という戦乱を経験することになる。

「倭乱」とは一五九二年と一五九七年に起こった日本による侵攻である。これを韓国では壬辰倭乱《イムジンウエラン》・丁酉再乱《チヨンユジエラン》という。日本でいう文禄・慶長の役である。

この戦いでは一時は日本の軍勢が朝鮮全域を制圧するが、中国・明からの援軍や義兵の奮戦、名将・李舜臣《イスンシン》の活躍、豊臣秀吉の死去などで日本軍は撤退し、戦乱は収まった。しかし、この戦いによって国土は荒廃し、多くの文化財が焼失するなど、朝鮮は大きな被害を受けた。特に農村の荒廃は激しく、支配階級で権力闘争（党争）が続いたことも相まって伝統的な身分制度を揺るがす原因となった。

戦乱によって危機に瀕した朝鮮王朝を立て直すため、宣祖の後に即位した光《クワン》海君《ヘグン》は、内政と外交にわたる革新的な政策を推進した。内政政策としては、戦乱の被害から復旧するために産業と財政基盤を再建し、国防強化に努めた。

対外政策としては、明の弱体化と女真族（後金）の台頭を見抜いて女真族と親善を図り、日本とも通交を回復させた。しかしこのような光海君の実利的で革新的な政治は、名分を重要視する士林派の不興を買い、光海君は追放されてしまう。これを「仁祖反正《インジヨバンジヨン》」という。

●朝鮮王朝の建国●

李成桂《イソンゲ》は一三八八年に実質的なクーデターである威化島回軍《ウィファドフェグン》を行って実権を握った。実権を握った李成桂はまず、国家財政を立て直すために田制改革に着手した。親元（モンゴル）派の貴族が持っていた土地を没収し、土地の私有化を禁止した。さらに彼らが持っていた奴婢を解放して国庫財政の立て直しを図った。こうした奴婢の解放や田制改革などを通して、民心の支持を得た李成桂は、鄭道伝《チョンドジョン》▼（一三三七～一三九八）らの推戴によって一三九二年、恭譲王《コンヤンワン》から王位を譲り受けるかたちで王位に上って朝鮮王朝を開いたのである。李成桂（在位一三九二～一三九八）のブレーンであった鄭道伝は、それまで構想していた理想国家の建設に奔走し、国号の制定や王都の移転、国家政治理念の確立など朝鮮王朝の基礎を固めていく。彼は朝鮮という国家のマスタープランを立案し、五〇〇年続く朝鮮王朝の骨格をつくる偉業を成し遂げた人物である。

国号の「朝鮮」は、古朝鮮の栄光を継承するという意味がある。前王朝の「高麗」は「高句麗」の栄光を継承するという意味を含んでいたため百済や新羅の旧領民にとっては馴染みがたいものだった。これに比べて「朝鮮」という国号には、すべての民が古朝鮮の末裔であるという意味があり、民族統一意識が強まった。

鄭道伝：高麗末・朝鮮初期の文臣・学者。朝鮮建国の一等功臣で、儒教（性理学：朱子学）を統治理念に掲げて仏教を批判・排斥した。著書に『朝鮮経国典』『経済六典』、文集『三峯集』などがある。

一三九四年には高麗の王都・開城《ケソン》（開京《ケギョン》）から漢陽《ハニャン》▼（現在のソウル）に遷都し、鄭道伝の王都設計プランに基づいて景福宮《キョンボククン》をはじめとした王宮、宗《チョン》廟《ミョ》、社稷《サジク》、官庁施設などが整備されていった。現在もソウルに残る東大門《トンデムン》（興仁之門）、南大門《ナムデムン》（崇禮門）、西大門《ソデムン》（敦義門）などの四つの大門や景福宮などの宮殿の名前は彼がつけたものである。

儒教（朱子学）を社会改革の理念に掲げた彼が、国家・王権を立て直すためにまず着手したのは土地改革だった。鄭道伝は「計民授田（土地を農民に）」

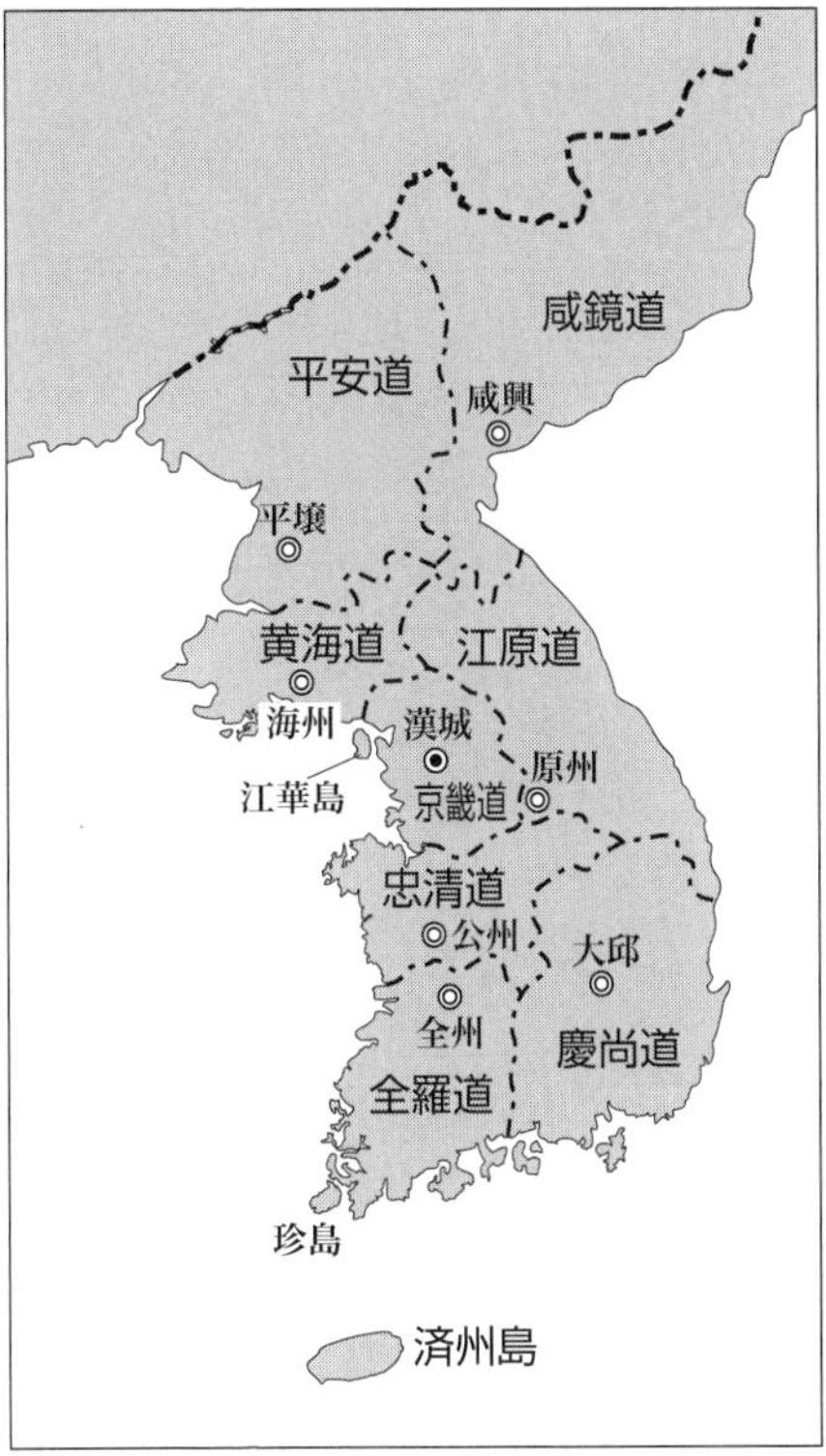

朝鮮時代の行政区画

漢陽：漢陽は一三九五年には漢城（ハンソン）と改称している。

というスローガンを掲げ、不正に蓄財した権力者の土地を農民に返還することを骨子とした土地改革を進めるとともに、税制を改革して農民の負担を軽減、均等な納税のために戸籍制度や科挙制度を整備した。

　さらに朝鮮王朝の基本法典となる『朝鮮経国典《チョソンキョングクチョン》』を編纂し、政治制度、官僚機構、兵制などの方針と業務の実例を論じた『経済文鑑《キョンジェムンガム》』も著した。こうした鄭道伝のプランによって国王を頂点として、その下に最高行政機関の「議政府《ウイジョンブ》」と中央官庁にあたる六つの部署「六曹《ユクチョ》」が置かれる政治機構が完成した。また全国を八つの行政区画（八道）に分けて統治した。このように鄭道伝は朝鮮建国における企画者であり、李成桂はその実行者に過ぎなかった。

朝鮮王朝の正宮・景福宮

　だが、朝鮮王朝建国の最大の功臣である鄭道伝は、王位後継者問題に関与したことから、一三九八年八月、李成桂の息子の李《イ》芳遠《バンウォン》（後の太宗《テジョン》）によって殺害されてしまった。李芳遠は父・李成桂が後継者を異腹弟の李芳碩《イバンソク》と決めたことに反発し、李芳碩の教育に当たっていた鄭道伝らを逆恨みしたのである。

さらに鄭道伝のプランによる議政府を最高行政機関とした政治体制は、王権を著しく制限するものだったので、強力な王権の確立をめざしていた李芳遠にとって鄭道伝は邪魔者でしかなかったのだ。

後継者問題で朝廷は混乱し、李成桂の跡を継いだ定宗《チョンジョン》（在位一三九八〜一四〇〇）が在位二年で王位を降りたため、李芳遠が第三代の王・太宗（在位一四〇〇〜一四一八）として王位に上った。太宗は王権の強化を図り、王権を脅かす恐れのある臣下は、功臣であれ、妻の兄弟であれ容赦なく排斥していった。そして議政府の機能を弱めて王権の臣権に対する優位を確立した。さらに太宗は仏教を排斥し、全国の寺院を二四二カ所だけ残して廃寺とし、土地と奴婢を没収した。こうした太宗の大胆な改革によって王権は盤石なものとなった。この安定した王権と国家財政によって第四代の王・世宗《セジョン》（在位一四一八〜一四五〇）は大きな治績を残すことができたのである。

●朝鮮独自の文字　ハングルの創制●

韓国（朝鮮）固有の文字を「ハングル▼」という。しかし、このハングルとい

ハングル：
ハングルは、「偉大なる文字」という意味で、その原理は中国の漢字音韻学に則っている。子音文字（初声字）一四種、母音文字（中声字）一〇種からなり（制定当時は子音文字一七種、母音文字一一種）、音節ごとに子音と母音を組み合わせた形で文字として用いられる表音文字である。子音字は「牙・舌・脣・歯・喉」などそれぞれの発音器官の形に倣って作られ、母音字は東洋哲学の原理を元に「天・地・人」を表す形から作られた。

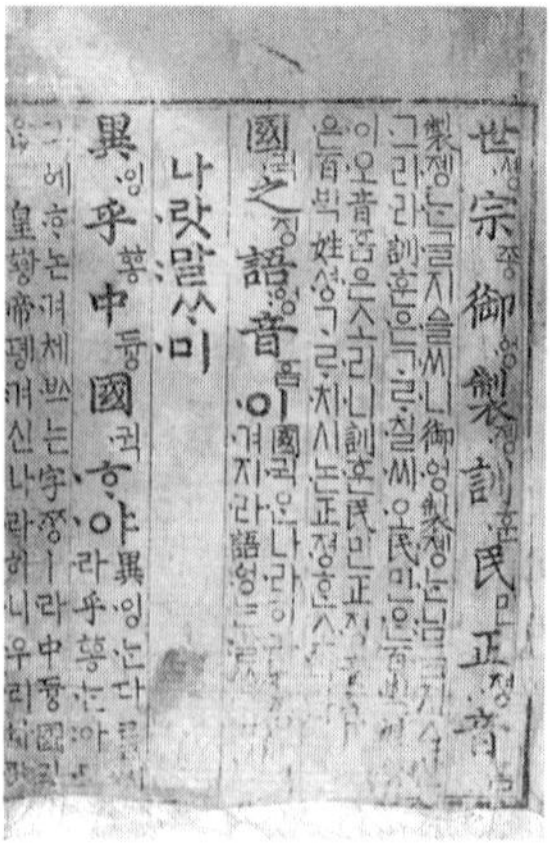

訓民正音（左）と世宗王肖像

う名称は、近代に入ってつけられたもので、元々は「訓民正音《フンミンジョンウム》」という。「民を啓蒙する正しい音」という意味である。世界に文字の種類は多いが、その作られた動機や原理、時期が正確にわかっているのはハングルが唯一のもので、文字を創制したのは第四代の王・世宗である。

　世宗は集賢殿《チピョンジョン》という研究機関を置き、優秀な人材を集めてハングル創制の研究をさせた。一四四三年、世宗の主導のもと鄭麟趾《チョンインジ》・申《シン》叔舟《スクチュ》・姜希顔《カンヒアン》・成三問《ソンサムムン》・李塏《イゲ》らが中心となってハングルを完成させた。

文字が作られた理由は、一四四六年に刊行された『訓民正音』という書の序文に述べられている。

　一つは朝鮮の言葉は中国語と異なるのに、漢字（漢文）を表現の手段として使っているために不便な点が多く、朝鮮の言葉に合った新しい文字を作る必要があったということだ。当時はまだ朝鮮固有の文字がなかったため補助的な表記手段として漢字の音を借りて表記する「吏読《イドゥ》」という表記が行われていた。

もう一つは知識のない民衆が、ハングルを学んで読み書きができるようにすることだった。漢字・漢文は知識層の占有物で、一般の人々には読むことも書くことも難しかった。ハングルの創制は、表記の難しい漢字による文字生活から脱する契機となった。

世宗はハングルの創制とともに『訓民正音』や釈迦の一代記をハングルで記した『釈譜詳節《ソクポサンジョル》』や釈迦を称える歌である『月印千江之曲《ウォリンチョンガンジゴク》』を刊行するなどハングルの普及に力を注いだ。

だが、世宗によるハングル創制の目的は『訓民正音』に述べられているように、朝鮮の言葉に適合した表記手段の開発であったことは確かだが、単純に表記手段を持たない民衆を哀れんで、といったものではなかったと思われる。ハングルの創制には、民衆に文字を普及させることで、儒教倫理に基づく民衆の教化を行いやすくする目的もあったのである。このため朝鮮時代には儒教の経典や農業書、倫理書、兵学書などがハングルに直されて刊行されている。また世宗の代にはハングルで書かれた最初の抒情詩である『龍飛御天歌《ヨンビオチョンガ》』（一四四七年）が刊行された。その内容は朝鮮王朝ひいては李氏王朝の正統性を示したもので、文学作品ではあるが、政治的意味合いが強いものである。

そしてハングル創制のもう一つの目的は、中国の漢字音を正確に表記することであった。儒教を統治理念として採択した朝鮮は、儒教の経典を正確に読み取ることを重要視した。そのためには中国の漢字音を正確に学んで駆使しなければならないと考えた。漢字音を正確に学ぶための補助手段としてハングルが必要であったのである。『東国正韻《トングクチョンウン》』（一四四八年）、『洪武《ホンム》正韻《ジョンウム》訳訓《ヨクン》』（一四五五年）はこうした目的で編纂された。

一六世紀にはハングルによる歌辞文学が発達した。定型詩の一つである「時《シ》調《ジョ》」もハングルによる表記によって人々に広まって発展した。一七世紀以降になるとハングル小説が発達して許筠《ホギュン》の『洪吉童伝《ホンギルトンジョン》』▼などの小説が書かれ、一八世紀には庶民の娯楽として流行ったパンソリ▼からテーマを得て『春香《チュニャン》伝《ジョン》』▼『沈清伝《シムチョンジョン》』▼『興夫伝《フンブジョン》』▼などの傑作が生み出されるようになった。

しかし、東アジアの社会においてはすでに漢文が「国際共通語」となっていたこともあり、ハングルは、支配層から冷遇された。そのため「訓民正音」という正式な名称の代わりに女や僧が使う文字だとして

朝鮮時代の水時計　自撃漏

『洪吉童伝』：
　光海君の代（一六〇八〜一六二三）に、許筠が書いた朝鮮最初のハングル小説。庶子として生まれたために能力がありながら科挙も受けられず、冷遇された洪吉童が、盗賊・活貧党の首領になって官衙や寺を襲い、庶民に盗品を分け与え、やがて朝鮮国を離れて理想郷を建設するという内容で当時の庶子差別や腐敗した社会を批判するために書かれたとされる。

パンソリ：
　太鼓などの節に合わせて物語を演唱する伝統芸能の一つ。

『春香伝』：
　妓生の娘・成春香と両班の息子・李夢龍との恋物語。特権階級の横暴を告発し、春香の貞節を称えて、庶民の身分上昇願望を表現している。

「アムクル」「チュンクル」などと呼ばれた。支配層がハングルを公文書に用いるのは一八九四年の甲午改革以降で、ハングル創制から実に四五〇年後のことである。

第四代の王・世宗から第九代の王・成宗《ソンジョン》の統治した時代である一五世紀は、ハングルの創制のほかにも多方面にわたって文化や科学技術が発達し、歴史上注目に値する発展を遂げた期間でもある。『高麗史《コリョサ》』『東国通鑑《トングクトンガム》』などの歴史書をはじめ地理志である『世宗実録地理志《セジョンシルロクチリジ》』、農業に関する知識を集めた『農事《ノンサ》直説《チクソル》』や七〇〇種類あまりの国産の薬草について解説した『郷薬集成方《ヒャンヤクチプソンバン》』、漢方百科『医方類聚《ウイバンユチュイ》』も編纂された。また、農業生産を向上させるために朝鮮独自の暦法である『七政算内篇《チルジョンサンネピョン》』なども編纂され、日時計である仰釜日晷《アンブイルグ》、自撃漏《チャギョンヌ》などの時計や降水量を測定する測雨器なども作られた。

●首陽大君のクーデター　癸酉靖難●

名君・世宗が国家の基盤を固めて朝鮮王朝は安泰かのように思われた。しかし、世宗の他界後わずか三年で支配層に大混乱が起こった。一四五三年、世宗の次男・首陽大君《スヤンデグン》がクーデターを起こしたのである。癸酉靖難《ケユジョンナン》である。「靖難」とは「乱を平定する」という意味で、これが癸酉年に起こったためにこの名がある。

『沈清伝』：
地上と龍宮を舞台にした親孝行物語。盲目の父と暮らす親孝行の娘・沈清が、父の目を治すために仏に願をかける。そして供養米三〇〇石を工面するために中国商船の人身御供となって航路の難所・印塘水に身を投げる。やがて蓮の花と化した沈清は、皇帝に差し出され、還生して皇后となり、父と再会。驚きのあまり父の目も明く。

『興夫伝』：
正直者の弟・フンブと欲張りの兄・ノルブという二人の人物を通じて兄弟の友愛と善悪をテーマに書かれた物語。

世宗に続いて即位した第五代の王・文宗《ムンジョン》（在位一四五〇～一四五二）は健康が優れず即位して二年後に死に、息子の端宗《タンジョン》がわずか一二歳で跡を継いだ。文宗は幼い王を心配して、皇甫仁《ファンボイン》（領議政）、金宗瑞《キムジョンソ》（右議政）、南智《ナムジ》（左議政）らの大臣に端宗（在位一四五二～一四五五）を保護してくれるように遺言を残していた。このため皇甫仁、金宗瑞らが政権を握るようになっていた。

政権を彼らから取り戻すために、端宗の叔父である首陽大君は一四五三年、クーデターを起こしたのだ。首陽大君は、韓明澮《ハンミョンフェ》とともに右議政の金宗瑞を殺害し、さらに弟の安平大君さえも追放して流刑に処した後、王命を借りて死を強要した。一四五五年、首陽大君は王位について世祖《セジョ》（在位一四五五～一四六八）となった。

ところが首陽大君が王位に上ったことに皆が納得したわけではなかった。多くの臣下が「二君に仕えず」として世祖の王位簒奪を非難した。即位の翌年には、端宗の復位を目指す成三問、河緯地《ハウィジ》、李塏、柳誠源《ユソンウォン》、朴彭年《パクペンニョン》、兪応孚《ユウンブ》らが世祖の暗殺計画を立てるという事件が起こる。だが、これは計画が事前に漏れて鎮圧され、成三問ら関係者はすべて処刑された。彼らを「死六臣《サユクシン》▼」という。この事件によって端宗は王から「魯山君《ノサングン》」へと格下げされて流刑に処され、さらには平民の身分に落とされて死を迎えている。

世祖はクーデターという不当手段で王となったが、彼が数々の治績を残した

死六臣：
成三問ら処刑された六人を死六臣（サユクシン）というのに対し、世祖を批判して職を辞した金時習（キム・シスプ）・元昊（ウォン・ホ）・李孟専（イ・メンジョン）・趙旅（チョ・リョ）・成聘寿（ソン・ダムス）・南孝温（ナム・ヒョオン）ら臣下六人を「生六臣（センニュクシン）」という。

ことは事実である。

彼は世帯数を正確に把握して軍役制度を改革するとともに国防制度を整備した。さらに安定した国家財政を確保するために養蚕を奨励して農地の開墾を進め、財政制度を改革した。また、王権の強化と富国強兵政策をとることが必要であると考え、儒教を抑圧して民間信仰や道教、仏教などを尊重した。仏教政策として円覚寺を建て、『月印釈譜《ウオリンソクポ》』を刊行し、国家事業として仏教経典のハングル訳▼を推し進めた。基本法典である『朝鮮経国典』を補完した『経国大《キョングクテ》典《ジョン》』の編纂に着手したのも世祖である。

このような世祖の政策は王権の地位の向上と、財政の安定をもたらしたが、官僚や地方地主たちが反発し、李施愛《イシエ》の乱などの地方豪族の乱を招いた。

一四六八年に世祖が在位一三年で亡くなり、息子の睿宗《イエジョン》が即位したが、この睿宗も即位後一年足らずで亡くなった。そして一三歳の成宗《ソンジョン》（在位一四六九～一四九四）が即位した。

成宗は世祖代の政策を変えて儒教政治を推し進め、建国功臣である勲旧派《フングパ》の臣下たちと、性理学による政治を重んじる士林派《サリムパ》の臣下たちを協力・調和させて建国以来の文物・制度の整備事業を完成させた。彼は、世祖が着手した『経国大典』を完成させるとともに地理志『東国輿地勝覧《トングクヨジスンナム》』や詩文集『東文選《トンムンソン》』、通史『東国通鑑《トングクトンガム》』を刊行するなど大きな功績を残した。

仏教経典のハングル訳‥朝鮮王朝は、国家の統治理念として儒教を重んじ、仏教や道教、民間信仰を排斥、抑圧する政策をとった。だが、高麗時代以来これらは既に民間に定着して、排斥することは実質不可能であったため、寺院数や僧侶の数は厳しく統制したものの、人々の信仰の自由は認めた。また王室の安寧や王族の冥福を祈る仏教行事も国家行事として盛んに行われた。つまり王族は統治理念としては儒教を重んじたが、人々の精神的な拠り所である仏教や民間信仰は認めていたのである。

●燕山君と士禍の始まり●

朝鮮王朝の二七人の王の王号には、ほとんど「祖」や「宗」がついている。しかし、二人だけ「君」がついている王がいる。第一〇代の王「燕山君《ヨンサングン》」（在位一四九四〜一五〇六）と第一五代の王「光海君《クワンヘグン》」（在位一六〇八〜一六二三）である。「君」は王であることを認められず、王子として残ったという後世の評価を表すもので、「燕山君」は暴政を行ったために追放された不名誉な王だった。

燕山君は第九代の王・成宗の長男である。燕山君は一四九四年に、一九歳で王位に上った。即位した初期には国防を強化するなど政治に意欲を燃やした。しかし燕山君はいくらもたたないうちに贅沢で放蕩な生活に染まっていった。

王が政治に関心を持たなくなると、官僚同士の対立が激しくなった。当時の朝鮮の中央政界は「勲旧派」と「士林派」の両派に分かれて、権力闘争が繰り広げられていたのである。前者は建国功臣や王族との姻戚関係を通して政界で権力を握った官僚勢力、後者は地方地主出身で、地方で性理学（自己修養によって理を把握することで社会秩序を維持し、社会を文治しようとする思想）の研究を行い、その理念を中央政界で具現化しようとした新進官僚勢力である。彼らは成宗が儒教政治の充実を図って人材を抜擢、登用したことによって中央政界に進出してきていた。

燕山君が即位して、先の王の歴史をまとめた『成宗実録』が編纂される際、勲旧派は、士林派に属する史官の金馹孫《キムイルソン》が世祖の王位簒奪を非難した金宗直《キムジョンジク》の文章を実録の草稿に入れたと非難、燕山君を焚き付けて士林派を粛清するように仕向けた。一四九八年、燕山君は多くの士林派人士を死刑や流刑に処した。これを「戊午士禍《ムオサファ》」という。

「士禍」とは主に、勲旧派によって士林派が弾圧、粛清された事件のことを指し、「戊午士禍」の後も、大きいもので「甲子士禍《カプチャサファ》」（一五〇四年）、「己卯士禍《キミョサファ》」（一五一九年）、「乙巳士禍《ウルササファ》」（一五四五年）がある。

戊午士禍によって士林派が排斥されると、燕山君の放蕩はさらにひどくなり、国家の財政は混乱した。やがて王の放蕩をたしなめる臣下たちと燕山君は対立を極めていった。

そして臣下を弾圧する機会を狙っていた燕山君は一五〇四年、かつて生母が廃妃されて処刑されたことを知ると、これを口実にして勲旧派、士林派を区別することなく、生母の死に関わった人々を粛清した。これにより、多くの勲旧派の臣下と先の戊午士禍で難を逃れた士林派の臣下、数十人が死刑に処された。これを「甲子士禍」という。

燕山君は稀に見る暴君で、統治理念の儒学を軽視したり、全国から美女を集めて妓生を養成し、国立大学である成均館を遊戯場にしたりした。こうした王の放蕩にたまりかねた勲旧派は、朴元宗《パクウオンジョン》、成希顔、柳順汀《ユスンジョン》らが中心となって一五〇六年にクーデターを起こす。これによって燕山君は廃位され、成宗の次男の晋城大君《チンソンデグン》が王として擁立された。これが「中宗《チュンジョン》」である。このクーデターは「中宗反正《チュンジョンバンジョン》」と呼ばれている。廃位された燕山君は江華島に流刑にされ二カ月後に病死した。

● 士禍から党争へ ●

中宗（在位一五〇六～一五四四）は燕山君時代の乱れた国政を立て直すために、性理学の理念に基づいた政治を基本として、士林派を多く登用することにした。その中心となったのが、趙光祖《チョグワンジョ》である。趙光祖▼（一四八二～一五一九）は性理学の理念に立脚した国家改革に着手し、儒教的道徳の普及と農村の相互扶助、民衆の福利増進を図った。

趙光祖によって、彼に近い新進の両班層が中央政界に進出すると、中宗の擁立に功績のあった勲旧派官僚と対立するようになっていった。

趙光祖に反感をもっていた勲旧派の南袞《ナムゴン》、沈貞《シムジョン》は洪景舟《ホンギョンジュ》と共謀して、趙光祖ら士林派を失脚させる工作を行い、趙光祖が徒党を組んで私利私欲を貪っていると非難した。これが契機となって士林派に対する大々的な粛清が始まっ

趙光祖：
　文臣。士林派の領袖。王道政治の実現を説いて中宗の信任を得て、賢良科（経学に明るい優秀な人材を実践的な試験問題によって選抜する科挙）の実施や昭格署（道教寺院）の廃止などの改革を進めるが、南袞ら勲旧派によって失脚させられ賜死。

李滉〈李退渓（イ・テゲ）〉：
　文臣・儒学者。号は退渓。儒学では理気互発説を主張し、嶺南学派を形成。李珥らの畿湖学派と対立し、東人・西人党争とも係わった。日本儒学界に大きな影響を及ぼした。陶山書院を設立し、後進養成と儒学研究に尽力した。

た。この事件で趙光祖は流刑に処され、多くの士林派人士が処刑された。趙光祖も流刑地の全羅道和順で死去した。これを「己卯士禍」という。

趙光祖ら士林派の改革政策は、燕山君以後の社会混乱を乗り越えて、国家の新しい秩序を樹立しようとするものだった。しかしその手法があまりに急進的であったため、既得権を握っていた勲旧派勢力の反発を買って改革は失敗に終わってしまった。この士禍によって士林勢力は大きな打撃を受けた。

しかし、士林派は、郷村に大きな農荘を所有し、書院を通じて強固な組織的基盤を持っていたため、四回にわたる士禍にもかかわらず、中央政界への進出が途切れることはなかった。このため趙光祖が提唱した政治理念は、宣祖以後に再び政界に進出した士林派の理念的支柱となり、李滉《イファン》▼（一五〇一～一五七〇）、李珥《イイ》▼（一五三六～一五八四）などの儒学者に大きな影響を与えた。

宣祖の代には趙光祖は名誉を回復されて士林勢力の精神的な象徴になり、朝鮮後期の政治に大きな影響を与えた。しかし、一六世紀後半に士林派政権が成立して、中央政界に進出する人々の数が増えると、少ない役職をめぐって士林派内で対立抗争を繰り返すようになる。これが党争である。発端は一五七五年に官僚の人事権を握る役職を巡って金孝元《キムヒョウオン》と沈義謙《シムウイギヨム》とが対立し、士林派の官僚たちが金孝元の東人派▼と沈義謙の西人派とに分かれて論争を繰り広げたことである。

李珥〈李栗谷（イ・ユルゴク）〉：
文臣・儒学者。号は栗谷。刑曹・兵曹判書などの要職を歴任し、「十万養兵説」を唱え、大同法の実施などに尽力。儒学では理通気局説を主張し、畿湖学派を形成。李滉らの嶺南学派と対立した。

東人派：
東人派は、その中心人物だった金孝元の邸宅が漢城の東側に、西人派はその中心人物であった沈義謙の邸宅が漢城の西側にあったことからその名がついた。

やがて東人派は、西人派に対する態度を巡って強硬派の北人派と穏健派の南人派に分裂、さらに北人派が南人派に対する態度を巡って強硬派の大北派と穏健派の小北派に分かれるなど対立と分裂が繰り返された。

またこれらの党争には、朝鮮性理学の見解を巡っての対立も深く関わっていた。官僚層は、朝鮮性理学で宇宙や物事の成り立ちを考える時の見解の違いから、李滉の嶺南学派と李珥の畿湖学派に分かれて論争を繰り返した。▼これがやがて党争と結びついて子孫や郷村の同族、師から弟子へと受け継がれたため、長期間にわたって政治は混乱した。この混乱は、後述するように壬辰倭乱《イムジンウェラン》・丁《チョン》酉再乱《ユジェラン》（文禄・慶長の役）への対処の遅れをもたらすなど朝鮮王朝後期の政治社会に大きな影響を及ぼした。

●三浦倭乱と倭寇●

朝鮮王朝は、建国当初から南部地方の沿岸にたびたび訪れる倭寇《ウェグ》に悩まされていた。倭寇とは一三世紀から一六世紀まで朝鮮半島や中国沿岸で活動した海賊集団のことだ。高麗末にはその被害も大きかったため、高麗王朝と朝鮮王朝では倭寇の被害を減らすために討伐や懐柔を行ったが、根絶できなかった。なおも倭寇の侵攻が続くと一四一九年、朝鮮では倭寇の本拠地と見られた対馬を大々的に討伐した。韓国でいう己亥東征《キヘドンジョン》、日本でいう応永の外寇である。

朝鮮性理学と党争：東人派は、李滉の学説を、西人派は、李珥の学説を支持した者が多かった。

この後、朝鮮と日本は一四四三年に癸亥約条《ケヘヤクジョ》を結び、釜山浦、薺浦（乃而浦）、塩浦（蔚山）の三港を開港した。そして港に倭館《ウエグワン》を設置して、交易を行うようにして、交易を倭冦と識別できるようにし、人数や往来の回数なども統制した。この三つの港を合わせて「三浦」といい、そこに設置された倭館を「三浦倭館」という。日本との交易に対する朝鮮側の統制はしばらく機能して、対日関係も安定していた。しかし、一六世紀に入ると日本側の交易要求は強くなり、朝鮮王朝の統制にもかかわらず、倭館に住む日本人の数も次第に増加していった。日本人の急増を危惧した朝鮮王朝が統制を強めると、三浦に居住していた日本人たちが、対馬の援助を受けてしばしば、反乱を起こすようになった。この中で最も大きいのが一五一〇年に起こった三浦の乱（三浦倭乱《サムポウエラン》）である。

反乱によって朝鮮に居留していた日本人は追放され、日本と朝鮮の国交も断交状態になった。乱が終わった一年後に室町幕府は使臣を派遣し、対馬との通交再開を要請した。朝鮮では意見が分かれたが、条件付きで和議に応じ、一五一二年に壬申約条を結んで交易の再開を許した。しかし、この条約で三浦での日本人居住は禁止され、対馬からの船の制限や漢城へ入る日本人の武器携帯の禁止などが定められた。

このような日本人の乱を受けて朝鮮王朝は国防を担当する備辺司《ピビョンサ》という機

関を設けて、倭乱に備えることにしたが、これも文治政治一辺倒となる一六世紀末には機能しなくなってしまった。国の存亡を左右する国防問題が党争の余波を受けて、推進できなくなってしまったのである。

一五八三年、兵曹判書（国防長官）となった西人派の李珥が「十万養兵説」を唱えて、国防に備えるように王に提言した際にも、東人派は平和に波風を立てるものだとして反対、後述するように豊臣秀吉の朝鮮侵略に対しても朝廷内の意見が分かれ、結局は大きな被害を招いてしまった。

● 壬辰倭乱の勃発 ●

朝鮮国内が士禍と党争によって揺れていた時期、日本では室町幕府が倒れ、戦国時代の戦乱を経て、豊臣秀吉が天下を握った。豊臣秀吉は地方大名の勢力を利用して朝鮮半島や中国大陸にまで勢力を伸ばし、東アジアの支配者になろうとしていた。しかし朝鮮では、党争のために秀吉の朝鮮侵攻への対応策はとられていなかった。

豊臣秀吉は一五八七年、明を征伐するため朝鮮国内の通過を求める使臣を派遣した。朝鮮では使臣の持ってきた文書の内容が傲慢であるとして回答を先延ばしにし、翌年に通信使を派遣できないと回答した。

二年後の一五九〇年三月、朝鮮は黄允吉《ファンユンギル》（一五三六～？）と金誠一《キムソンイル》（一五三八〜一五九三）を日本に派遣して朝鮮侵攻の可能性を探らせた。

朝鮮に帰国した後、朝鮮侵攻の可能性について西人派の黄允吉は「ある」と答えて日本への警戒を主張したが、東人派の金誠一はこれを非難して対日安心論を展開した。結局、結論の出ないまま豊臣秀吉の朝鮮侵略に対する策は立ち遅れてしまった。だが、これは事の真偽を推し量りかねて結論が出なかったというよりも、東人派と西人派の派閥対立があったためである。一五九一年には対馬からの使臣が一年後の侵攻を伝えたが、朝廷が防備を命じても成果ははかばかしくなかった。

この時、日本から伝えられたのは「征明《せいめい》嚮導《きょうどう》」（明を征伐する道を貸せ〈仮道入明ともいう〉）という要求であった。これは明と朝鮮に対する宣戦布告を意味していた。

豊臣秀吉は僧侶を

釜山鎮での攻防戦を描いた釜山鎮殉節図
（ソウル・陸軍士官学校博物館蔵）

探偵として送り込み、朝鮮半島の地形や政治状況を調べるなど着々と朝鮮侵攻の準備を進め、九州、四国、中国地方の大名を中心に軍隊を再編し、小西行長《こにしゆきなが》、加藤清正《かとうきよまさ》、黒田長政《くろだながまさ》などの軍勢を先鋒として編成した。

一五九二年四月一三日、小西行長の先鋒が釜山に、釜山浦に侵攻、釜山城、東莱城を陥れた。続いて加藤清正の軍勢が釜山に、黒田長政の軍勢が金海に上陸し、五月までに二〇万人あまりの軍勢が朝鮮に上陸した。そして朝鮮側の応戦が少なかったこともあり、釜山上陸後二カ月足らずで朝鮮全土が日本軍に蹂躙される危機に陥ってしまった。万策尽きた朝鮮の王・宣祖は漢城を捨てて明に逃れ、明に援軍を求めた。明は李如松率いる援軍を派遣し、明軍は一五九三年には平壌で小西行長の軍勢を打ち破ったが、その後、小早川隆景《こばやかわたかかげ》の軍に大敗してしまった。そして危機に陥った祖国を救うために立ち上がったのは「義兵」と呼ばれる義兵（義勇兵）の集団だった。義兵とは外敵の進入に際し、国家の命令や徴発を待たずに自発的に立ち上がった民兵をいう。

彼らは李舜臣《イスンシン》（一五四五〜一五九八）の水軍とともに日本軍を悩ます主要勢力として成長する。官軍が十分に戦うこともできず敗退を繰り返していた反面、義兵はあちこちで日本軍の駐屯地を襲撃したり、移動中の日本軍を奇襲攻撃したりして打撃を与えた。義兵は敗退した官軍の代わりに地方の両班の中で人望のある者が主唱者となり、門下生が地域民衆や奴婢を動員するという形態

李舜臣肖像

で組織された。義兵が強い組織力を持っていたのは書院を中心にした強固な学縁・地縁のためであった。義兵の身分は両班から賤民に至る幅広い階層だったが、主力は農民層であった。このほかにも寺院の僧侶によって「義僧軍」という義兵が組織された。

もともと義兵は郷土を日本の軍勢から守るために立ち上がった人たちだったため、土地勘があり、地の利を得た待ち伏せや奇襲などのようなゲリラ戦術を使って日本軍に大きな被害を与えた。

義兵が最も早く組織されたのは日本の軍勢が早期に侵入した慶尚道で、指揮者は慶尚道宜寧《ウィリョン》の郭再祐《クワクチエウ》（一五五二〜一六一七）だった。郭再祐は赤い衣装をまとっていたので「紅衣将軍」と呼ばれ、日本軍に恐れられた。郭再祐が率いる義兵の部隊は二〇〇〇人を数え、日本軍の主力部隊を撃滅するなど強力な戦闘力を誇った。そのほか全羅道の高敬命《コギョンミョン》、忠清道の趙憲《チョホン》、僧侶の霊圭《ヨンギュ》などが率いる義兵は全国の各地で日本軍に対抗して激烈な戦闘を繰り広げ、大きな戦果を上げた。

　そして義兵の活動とともに朝鮮が日本軍を撃退できたのは、名将・李舜臣が率いる朝鮮水軍の活躍によるところが大きかった。李舜臣は戦争が勃発する一年前から日本軍の侵入に備えていた。さらに朝鮮初期に作られた亀船を改良して亀甲船を建造した。この船は木造船の上に鉄板を被せて、その上に棘のように槍や刀が植えられていたため、敵の侵入を防ぐことができた。また漕ぎ手は外側から守られていたので、日本の船に接近して大砲や銃で攻撃することができ、日本軍との海戦で大きな威力を発揮した。このような義兵の活躍により、戦線は膠着状態となって朝鮮と日本は休戦状態に入り、明国軍と日本軍との間で和議が進められ、戦乱は一旦終息を迎えた。

　やがて明国との和議交渉が決裂すると、一五九七年に豊臣秀吉は、一四万七〇〇〇余りの兵を朝鮮に出兵させた。「丁酉再乱」、日本でいう慶長の役の勃発である。これは一次侵攻の際に成功しなかった朝鮮半島南部の全羅道、慶尚道、忠清道、京畿道の占領が目的であったとされる。

　日本水軍の奇襲を受けて李舜臣の後任者である元均《ウォンギュン》は惨敗していた。李舜臣が直ちに水軍の修復に乗り出し、彼は鳴梁海峡▼において日本軍と戦って大勝した。この大勝は閑山島▼大捷とともに李舜臣の二大戦功とされ、これらの海戦での勝利は日本軍敗退の決定的な要因となった。

亀甲船復元模型

鳴梁海峡：
　朝鮮半島の南西部、全羅南道海南郡と珍島郡（珍島）との間の海峡。

閑山島：
　朝鮮半島の南東部、慶尚南道統営市閑山面に属する島。

開戦二カ月で平壌まで陥落させた日本軍は、義兵の抵抗によってそれ以上進撃することができずに押し戻され始めた。義兵たちのゲリラ活動で日本軍の後方の陣地が壊滅し、船による補給も李舜臣らの水軍によって絶たれた。穀倉地帯である全羅地方への陸路侵入も義兵の抵抗によってできなかったためである。

一五九八年八月、豊臣秀吉が死ぬと日本軍は一斉に撤兵を始めた。一一月、李舜臣は逃走する日本軍を追って朝鮮半島南部の露梁に進撃したが、戦闘中に胸に弾丸を受けた。彼は自分の死を知らせるなと言い残して戦死したと伝えられている。

こうして七年にも及ぶ戦争は終結したが、朝鮮はおびただしい人命損失とともに、莫大な財産的被害を被った。土地台帳と戸籍が大部分焼失して国家運営が麻痺状態に陥り、耕地面積も三分の一以下に減り、国家の租税収入も激減した。また、多くの貴重な文化財が奪われたり焼失したりした。戦争を契機として朝鮮では身分秩序が動揺し始めた。

日本では豊臣秀吉に代わって徳川家康が全国を統一すると、朝鮮は徳川幕府の和議を受け入れて使節を派遣し、一六〇九年には己酉《きゆう》約条を締結して貿易を再開した。日本は朝鮮から搬出した活字、絵画、書籍と捕虜になった工匠や知識人を通じて性理学など多くの学問と技術を発展させた。明は戦争によって国力が消耗し、財政が逼迫して反乱が相次いで起こり、明の衰退に乗じて北方では女真族が「後金」を建てた。

このように「壬辰倭乱・丁酉再乱」は、それまで東アジアの儒教文化圏で後進国として認識されてきた日本と女真族が発展を遂げる契機となり、中華文化の正統を自認してきた明と朝鮮が衰退するなど、東アジアの国際秩序を大きく変化させた。

●漢方医学の粋『東医宝鑑』●

中国との関係において朝鮮は文化輸入国だった。朝鮮が信奉していた儒教の宗主国であり、漢字文化圏の中心である中国との関係のために文化の輸入は不可避だったのである。しかし朝鮮のいくつかの書物は中国に輸出された。中でも中国人に広く紹介されたのが許浚《ホジュン》(一五四六〜一六一五)の『東医宝鑑《トンイボガム》』だった。中国の医学者も『東医宝鑑』を「今まで出た医学書の欠点を補完した天下の宝」とまで評した。また『東医宝鑑』は中国のみならず日本でも漢方医学の基礎教材として使用された。朝鮮では『東医宝鑑』の要約本が市中に流通して一般人に医療知識が広く普及した。四〇〇年が過ぎた今でも『東医宝鑑』は漢方医学の基本教材として広く使われている。

一五九六年、宣祖は許浚を編纂の総責任者に任命して『東医宝鑑』の執筆作業に着手させた。しかし着手一年後に勃発した丁酉再乱（慶長の役）で作業は中断してしまう。戦後、宣祖は再び許浚に編纂作業を命じた。戦後の厳しい情況でも許浚はほとんど一人でこの膨大な著作物の編纂に執念を燃やした。宣祖が亡くなった後も編纂作業を続け、一六一〇年（光海君二年）に編纂を完了することができた。執筆を終えるまで一四年の歳月がかかり、二五巻二五冊を印刷するのにさらに三年もの歳月を要した。編纂を命じた宣祖はこの事業を持続的に後援し、編纂の完成を喜んだ光海君もやはり全面的な支援を惜しまなかったという。『東医宝鑑』の編纂は実に一七年の歳月をかけて成し遂げられた大規模な国家事業だった。二代にわたる王が、それほどまでにこの本の刊行に関心をもったのはわけがあった。

　朝鮮時代中期に明の医学が導入されて医学発展の契機になりはしたが、体系化されたものではなく、また朝鮮の人々の体質を考慮したものでもなかったため朝鮮の医学は混乱に陥っており、また戦争や異常気象により感染症や疾病が蔓延していたのである。

　許浚は、それまでに完成していた『郷薬集成方』や『医方類聚』などの医学書を整理し、中国の医学書を参考にしながら、朝鮮の風土と、人々の体質に合うように体系化した医学書を完成させた。また、彼は医術の大衆化のために医書をハングル訳した『諺解救急方《オネクグプパン》』『諺解胎産集要《オネテサンチビヨ》』なども著した。

● 光海君の内政と外交政策 ●

壬辰倭乱で荒廃した国土の復旧に努め、国政の改革や財政の再建、国防の強化、文化事業などにおいて様々な業績を残したのは第一五代の王・光海君である。先に述べた燕山君のように名前に「君」が付いているが、これは後に彼に反対する西人派のクーデター（仁祖反正《インジョバンジョン》）によって、廃位させられたためで、光海君は戦乱から国を復興させ、後金や日本と講和を結ぶなど卓越した外交手腕を持った名君であった。

光海君がまず着手したのは大同法の実施による農民の貢納（年貢）負担の軽減と国庫財政の立て直しであった。それまで年貢として各地の特産物を納める規定があったが、この法律はそれを米穀に換算して納められるようにした徴税制度で、光海君が即位した一六〇九年に京畿道で初めて施行された。

朝鮮の財政収入の一つであった貢納は農民の生産物を基準にした課税ではなく、国家の需要を基準にした課税だったため、その地方で取れない産物の納付が義務づけられるなど課税に無理がともなった。命じられた産物のない地方にとっては非常な負担となっていたのである。

また光海君は収税及び役の公平な施行のために戸籍法にあたる号牌法を整備し、耕作面積を調査する量田を実施して財源確保に努力した。さらに戦争で焼失した昌徳宮の再建工事を一六〇九年に終わらせ、ついで慶徳宮や仁徳宮を再建して破壊された王都の復旧に力を注いだ。加えて城閣と兵器の修理、書籍編纂、史庫の整備、『東医宝鑑』の編纂など戦後の復旧作業を推進した。

光海君の治績のうちで注目すべきものは、激動する国際情勢の中で名分よりは実利をとった自主的外交を追求した点である。光海君は、女真族が後金を建国すると、国防策として大砲を鋳造して警戒を怠らず、さらに後金の強大さを知って、戦争を避けるために中立の姿勢を貫いた。

一六一八年、女真族・後金のヌルハチ（後の清の太祖）が明を攻撃すると、明は朝鮮に後金征伐のための援兵を要請してきた。明には「倭乱」の際に援軍を送ってもらった恩がある。だが、光海君は、国内の復興が十分でないうちに後金と戦火を交えることをためらった。

光海君は、姜弘立《カンホンニプ》と金景瑞《キムギョンソ》に一万人あまりの兵を率いさせて明を援助しながらも、形勢を見て降伏せよと命じたのである。明が後金に敗れると姜弘立は後金に降伏し、不本意な出兵であったと弁解した。この弁明が通って朝鮮は戦乱から逃れることができた。

また日本とは一六〇九年に己酉約条を締結して関係改善に努めた。これにより壬辰倭乱で中断していた対日外交は回復し、使臣の往来が可能になった。当時の性理学的観念からすれば、大恩のある明を侵した野蛮な「北狄」に降伏したり、「倭賊」と和議を結んだりするということは考えられないことであったが、これは現実に即した光海君の優れた外交感覚の現れと言えるだろう。

卓越した光海君の国際感覚で朝鮮は後金の侵略を避け、日本と和議を結ぶこともできた。しかしこのような光海君の巧妙な外交戦略もクーデターで水の泡になり、結局朝鮮は再び戦乱に巻き込まれることになるのである。

一六二三年、西人派政権は「崇明排清」を掲げて、綾陽君《ヌンヤングン》を擁立してクーデターを起こした。「仁祖反正《インジョバンジョン》」の勃発である。光海君が壬辰倭乱の際に、明の「再造之恩」(国をもう一度建ててくれた恩恵)を忘れ、明との関係をおろそかにして後金と和議を結ぶなど野蛮人との交流を行ったというのがクーデターの大義名分であった。

このクーデターにより、光海君は王族の身分を剥奪され、江華島に流刑に処された。また光海君の支持勢力だった北人・大北派の臣下が数多く処刑されたり、流刑に処されたりした。同年、綾陽君は王位に上り、仁祖《インジョ》となった。そして「崇明排清」を掲げて仁祖を擁立した西人派政権はおのずと、後金(清)との対立を深めていくことになるのである。

第 4 章

사회변화와 실학

社会の変化と実学

概要　社会の変化と実学

第一五代の王・光海君《クワンヘグン》（在位一六〇八〜一六二三）の卓越した外交手腕によって壬辰倭乱・丁酉再乱（文禄・慶長の役）の後、一〇年を経ずして日本との間で国交が回復され、朝鮮通信使が往来するようになった。

しかし、光海君は一六二三年、仁祖反正《インジョバンジョン》（仁祖を擁立して光海君を退けた政変）によって王位を追われた。仁祖を擁立した西人派政権は「崇明排清」を掲げて後金（後の清）と対立し、後金との戦争「丁卯胡乱《チョンミョホラン》」（一六二七年）と「丙子胡乱《ビョンジャホラン》」（一六三六年）を招いてしまった。朝鮮はこの戦いで敗れて清国に臣下の礼を尽くすことを受け入れ、二人の王子・昭顕世子《ソヒョンセジャ》と鳳林大君《ボンニムテグン》は清国へ人質として連行された。苦しい異国での生活から帰国し、第一七代の国王・孝宗《ヒョジョン》となった鳳林大君は清を討伐する意志を見せ、「北伐論」を掲げて軍備を増強する。だが結局、具体的な行動には移せなかった。

朝鮮では、光海君から第一九代の王・粛宗《スクチョン》（在位一六七四〜一七二〇）の代までに戦火によって荒廃した農村の復旧と枯渇した国家財政を立て直す改革が行われている。土地制度の整備が行われ、農民の租税負担を軽減するための「大同法」も全国で実施されるようになった。農業技術も発展し、商工業も活性化されていった。

第二一代の王・英祖《ヨンジョ》（在位一七二四〜一七七六）、第二二代の王・正祖《チョンジョ》（在位一七七六〜一八〇〇）の代には、「蕩平策《タンピョンチェク》」という政策によって各党派から公平に人材を登用、党争のない安定期を迎えた。また「均役法《キュニョクポプ》」を実施して軍布納入の不合理が改められるとともに奎章閣《キュジャンガク》が設立されて学術振興にも力が注がれた。

だが、こうした租税負担の軽減などが行われたものの、農業生産の増大、貨幣経済の発達による富農と貧農の格差拡大によって、両班と良人・奴婢間の厳格な上下関係は崩れ、社会は混乱をきたしていた。その上、統治理念である儒教・朱子学は政争の道具となり、空理空論化して実社会の問題を解決する手段とはなり得なくなっていた。

その一方で、中央を離れた学者の中から、そのような社会問題の是正をするために北学や実学といった思潮が生まれてきた。実学者らは清国からもたらされた西学（西洋の自然科学・西洋思想・天主教など）を研究して社会改革に役立てようとし、正祖も彼ら実学者を積極的に登用して社会改革に努めた。

やがて、そうした実学者の中から西学を研究するうちに天主教（カトリック）に傾倒し、入信する者が出てきた。こうして天主教は朝鮮に伝わり、その平等思想や来世思想によって次第に両班層以外にも教徒を増やしていった。しかし、天主教は、その教理が儒教の祭祀を否定することが問題となって邪教とされた。

一八〇〇年に正祖が亡くなると第二三代の王として純祖《スンジョ》が即位、一八〇一年には天主教に対する弾圧「辛酉迫害」が行われた。これにより正祖に重用されていた実学者らは処刑・追放され、やがて純祖の外戚・安東金氏による勢道《セド》政治《チョンチ》（権力を握った一族が国政を左右する政治）が始まった。

●日本との和議と朝鮮通信使●

前章で述べたように壬辰倭乱《イムジンウエラン》・丁酉再乱《チョンユジエラン》（文禄・慶長の役）は、一五世紀初期から続いてきた日本と朝鮮の通交関係▼を中断させた。朝鮮は戦争によって深い傷を受け、日本を不倶戴天の敵国と見なすようになり、豊臣秀吉を「万世不忘之讐」（万世忘れることのできない敵）、「此賊乃吾邦百年之讐」（この賊、すなわち我が国、百年の敵）とまで言うようになっていた。

しかし日朝の外交関係は意外に早く回復した。これは光海君《クワンヘグン》の卓越した外交手腕が発揮された結果であった。

朝鮮通信使来朝図　（羽川藤永 筆画　神戸市立博物館蔵）

当時、中国大陸の明では農民の反乱が多発し、後金（後の清）が台頭してきて東アジア情勢に変化が現れようとしていた。朝鮮半島南部の安定を図るためにも日本との速やかな

日本と朝鮮の通交関係‥朝鮮半島からの使節である「通信使」は、朝鮮王朝になって往来が行われるようになったのではなく、高麗時代の一三七五年にも倭寇の禁止を室町幕府に要請するために、通信使として羅興儒（ナ・フンユ）が派遣されている。こうした要望に足利義満は応えて倭寇を鎮圧した。室町時代の通信使往来は一四二八年、三九年、四三年の三回。

また、一五世紀に書かれた朝鮮側の日本渡来記として宋希璟の『老松堂日本行録』、申叔舟の『海東諸国記』がある。

国交回復が望まれたのだ。そのため丁酉再乱の終戦から一〇年にもならない一六〇七年、朝鮮から使節が派遣されて国交が再開された。

だが、この講和の機会は日本側の外交窓口であった対馬藩によって恣意的に作られたものだった。藩の財政収益の多くを朝鮮貿易に頼っていた対馬藩にとって、通交断絶状態が長引くことは死活問題だったからだ。

対馬藩主・宗義智《そうよしとし》は、朝鮮との国交回復を徳川家康に嘆願し、自らも朝鮮の捕虜を返したり、朝鮮に使者を送ったりした。朝鮮では日本との通交を避けるべきではないという方向で議論が一致し、「徳川家康の謝罪書翰」と「戦時中に王陵を荒らした犯人」を引き渡せば講和に応じると対馬藩に回答していた。だが、このような内容の書翰が江戸幕府からもたらされるはずもない。「徳川家康の謝罪書翰」は同藩によって偽造され、「陵墓を犯したとされる対馬島人二人」も死刑囚に因果を含めて送ったものだった。

朝鮮側では偽文書と偽の犯人である可能性を考慮したが、国交関係を成立させることで戦争の再発を防ぎ、通信使派遣によって日本の政情を探ることができると考えて対馬藩からの書翰を受け入れた。

このような過程を経て、一六〇七年、江戸時代初めての朝鮮通信使▼が日本に派遣され、一六〇九年に「己酉《きゆう》約条」が結ばれて国交が回復した。この使節団の往来は一八一一年まで一二回続くことになるが、第一回から第三回までは

江戸時代の朝鮮通信使：
一六〇七年（修好）
一六一七年（大坂平定・日域統合の賀）
一六二四年（家光の襲職）
一六三六年（泰平の賀）
一六四三年（家綱の誕生）
一六五五年（家綱の襲職）
一六八二年（綱吉の襲職）
一七一一年（家宣の襲職）
一七一九年（吉宗の襲職）
一七四八年（家重の襲職）
一七六四年（家治の襲職）
一八一一年（家斉の襲職）
なお、第三回までは「回答兼刷還使」で国情探索も兼ねている。それ以降は「通信使」。最後の一八一一年は、対馬までの往来。

「回答兼刷還使」と呼ばれた。対馬・宗氏によって偽造された国書に対する回答と日本に連れ去られた儒家、陶工などの捕虜を朝鮮に連れ帰るのが主目的であったためだ。さらに彼らは日本の国情探索も目的としていた。

しかし、一六三一年の「柳川一件▼」で国書の偽造が明るみに出たのを契機に、その名称は「朝鮮通信使」に改められて外交使節・文化交流使節へと役割が変わっていった。

江戸時代を通じて一二回派遣された朝鮮通信使は、政治的な意義を持つだけの外交使臣ではなかった。通信使には約三〇〇～五〇〇人の人員が随行して国書と贈物を携えて釜山と江戸の間を往復した。江戸まで往復の約六カ月間、通過する江戸・京都・大坂はもちろん、往来する沿道各地で丁重に歓迎が行われた。通信使の宿泊先には多くの文人墨客が集まって交流がなされた。また、幕府の有力な学者と朝鮮通信使との詩文のやり取りも行われており、藤原惺窩《ふじわらせいか》をはじめとした儒家同士の交流があった。そのため朝鮮側は当代第一級の儒学者を通信使にあてていた。朝鮮の思想家・李退渓《イテゲ》の評価は、こうした交流によって日本でも高くなり、林羅山《はやしらざん》、貝原益軒《かいばらえきけん》、三宅観瀾《みやけかんらん》、山崎闇斎《やまざきあんさい》らがその尊崇者となった。朝鮮の正使・趙泰億《チヨテオク》が儒者・新井白石との交流の有り様を記した『江関筆談』は有名である。

儒学者の雨森芳洲《あまのもりほうしゅう》は対馬藩に仕えて、釜山の倭館に滞在して朝鮮との対応

柳川一件：
対馬の大名・宗義成（そう・よしなり）と家老柳川調興（やながわ・しげおき）の御家騒動から、国書の偽造や改ざんが明るみに出て、幕府の外交上の大問題となった事件。
最初の使節が、家康からの国書に答える「回答兼刷還使」であったため、対馬藩関係者は朝鮮から使節が来る度に、朝鮮からの書翰を「返書」から「来書」の形にする書翰の偽造を行わざるを得なくなっていた。

に活躍した。一七一一年や一七一九年の朝鮮通信使往来には、通信使に随行して江戸に赴いている。彼の朝鮮語と中国語の能力は高く、朝鮮側の日本語辞典『倭語類解』の編纂に協力するとともに、朝鮮語の学習書『交隣《こうりん》須知《すち》』を著している。この書籍は明治中期まで朝鮮語の入門書として広く用いられた。

また、江戸時代には、朝鮮からもたらされた『医方《ウィバン》類聚《ユチュイ》』『東医《トンイ》宝鑑《ボガム》』などが、医者必携の書となっていたため、幕府の要請で通信使には良医や医員を加えることが慣例とされ、各地で医学を巡る問答も行われている。

そして通信使の通る沿道の庶民もこの行列に注目した。色鮮やかな通信使の行列を模した祭りとして今日に伝わっている唐人踊り（三重県津市分部町、鈴鹿市東玉垣町）、唐子踊り（岡山県瀬戸内市牛窓）などが、それらである。さらに滋賀県五個荘町の小幡人形などにも通信使人形が伝わっている。また、浮世絵「朝鮮通信使来朝図」をはじめ通信使節に関する屏風、絵入り本なども数多く描かれ、出版された。歌舞伎・浄瑠璃の演目にも朝鮮通信使を題材とした「世話料理鱸包丁」「漢人韓文手管始」「世話仕立唐縫針」が残っている。

朝鮮通信使は、名目上は将軍家を祝賀するためにやって来た使節であったが、日本側にとっては異国文化に触れる珍しい機会でもあったのだ。

幕府は老中を朝鮮通信使歓待の責任者とし、通信使の通る道すじの大名には、準備のため江戸から国元に帰るよう命じた。朝鮮通信使は国家レベルの交流と捉えられ、歓待は日本の国力を誇示し、幕府の威力を示すものと捉えられていた。宿所の新築、船団の編成、道路の整備、人足や馬の調達などの準備を行い、豪奢な食事を調えるのに莫大な費用が投じられた。通信使の一回の接待ために費やされた費用は一〇〇万両とも言われる。

そのため一七八七年に徳川家斉が将軍に就任した際には、天明の大飢饉による財源不足のため、老中松平定信は通信使延期を要請しており、江戸ではなく対馬への招聘を打診した。これにより一八一一年に実現した朝鮮通信使の来訪は対馬止まりとなっている。

一八三七年、徳川家慶が将軍となった際にも、経費削減のために従来の江戸招聘から大坂招聘への検討がなされ、朝鮮側も了解するものの、双方の国内事情で派遣が延び延びとなって中止されてしまった。

やがて一九世紀に入ると朝鮮側では「勢道《セド》政治《チョンチ》」と呼ばれる門閥政治に伴う国政の混乱・疲弊と凶作が続き、朝鮮通信使を派遣できる状態ではなくなっていき、対馬藩と朝鮮との間だけで通交が続けられることになる。

だが、これも日本の明治維新・明治政府誕生によって途絶えてしまうのである。朝鮮通信使の来訪がなくなって以来、両国の諸外国に対する意識の差は大きく広がり、それによる外交の断絶は明治維新後の征韓論台頭の遠因にもなっていった。

●大同法と農村の変化●

壬辰倭乱は朝鮮全土に戦禍を及ぼした。戦後、光海君は復興事業・財政再建に力を注ぎ、改革の一つとして大同法の施行を行っている。この法律の施行によって農民の税負担は改善され、後には商業の発展をもたらす要因ともなっていった。大同法とはどのような法律であったのか紹介しておくことにしよう。

戦火で農村は荒廃し、耕作面積は激減したため、年貢の過重な徴収と軍布(兵役の代わりに納める布)の負担が増えて、税が払えないために農民が村から逃げてしまう事態が起きていた。光海君はこのような弊害をなくして国家財政を確保するという難しい課題に取り組まなければならなかった。光海君はこれら税制の短所を補い、税収入を安定させるために「大同法《テドンポプ》」を導入した。

さらに当時の農民たちは、田税と軍役のほかに貢納▼や進上の負担を負っていた。貢納とは朝廷の各官庁で使用する必需品を納めること、進上とは王室で使用する必需品を納めることだった。品目は各種の鉱物や水産物、手工業品、毛皮、木材、果物など多岐にわたり、これらを現物で納品しなければならず、その採取や生産、運搬は農民たちの負担となっていた。また、村々の戸数に応じて税負担が調整されることもなく、自分たちの地方で生産されない物品が割り当てられることもあったので、貧しい村や農民により大きな負担がかかる弊害

貢納：
　貢納には常貢と別貢があり、大同法によって穀物や綿布によって代納を認めたのは常貢分のみで、不定期に徴収された別貢や王室で使う進上の場合は、現物徴収が行われた。

があった。後には貢納請負人が、農民たちに代わって特産地などで貢納品を調達して中央に納品し、その代価として農民たちから米や綿布▼を納めてもらう代納（防納《パンナプ》）の方法がとられるようになったが、その代価は貢納品の数倍、数十倍となる場合もあったため、農民たちは非常に苦しめられていた。

　大同法はこの現物による貢納の制度を改め、所有する水田の規模に応じて米（米のとれない地方では綿布）で中央に上納させ、それによって朝廷や官庁が必要な品を購入する制度だ。

　大同法は、光海君が即位した一六〇八年に京畿道で初めて施行され、仁祖《インジョ》が即位した翌年の一六二四年に江原道《カンウォンド》まで拡大されたが、それ以後は、すんなりと広まらなかった。一七世紀半ばまでに忠清道《チュンチョンド》、全羅道《チョルラド》、慶尚道《キョンサンド》までようやく広がり、一七〇八年に黄海道《ファンヘド》で実施されて全国で施行されるに至った（山岳地の多い平安道《ピョンアンド》・咸鏡道《ハムギョンド》を除く）。大同法の全国実施に、このように長い年月がかかったのは両班地主層と中間利益を得ていた貢納請負人たちの反対があったからである。

　大同法の実施は土地を多く所有する両班地主層には不利に働いた。反面、農民たちの負担は軽減され、田税の不足分も大同法によって補填されて国家の財政は潤い、商業の発達にも影響を与えた。朝廷が納められた米や綿布をもって必要な品物を商人から買い入れたからだ。それに伴って漢城や周辺の農村での

綿布：
　朝鮮では、高麗時代より布がそのまま貨幣としての機能を果たしていた。高麗時代は主に麻布で、朝鮮時代に入ると綿布が用いられていた。そのため貨幣経済が発達するのは、一七世紀後期以降である。一六三三年に常平通宝の鋳造が行われ、一旦は中断されたものの一六七八年からは恒常的に鋳造、発行がなされ、全国に広まった。

手工業が活気を帯び、タバコ、朝鮮人蔘、鍮器や螺鈿漆器など特定の産物を扱う農民たちも出てきた。

だが、この大同法の施行にもかかわらず、小作農の生活は相変わらず苦しかった。月日が経つに連れて、地主たちは支払うべき税を、そのまま小作農に押し付けるようになったためだ。

さらに大同法が施行された朝鮮時代後期には、移秧《いおう》法（苗代で苗を育てた後に、田植えを行って稲を育てる稲作法）の普及によって米の生産が増えたり、二毛作が行われたりして富農と貧農の格差は広がる一方となり、土地を持たない小作農たちの中からは、土地を離れて流民となる者も多くなっていった。

また、大同法と合わせて農民の軍役の負担を軽減させるために、一七五〇年には均役法《キュニョクポプ》が施行されている。当時は一六歳以上、六〇歳以下の良民の男子に軍役が課され、軍役につく代わりに軍布を二匹納めることになっていた。だが、朝鮮時代後期になると官吏たちと結託した富農が免税措置を受けるようになり、帳尻を合わせるために死者に税をかけて家族から軍布を徴収したり（白骨徴布）、一六歳未満の者に税を課したり（黄口簽丁《こうこうせんてい》）、親戚・近隣の者から徴収する（隣徴）などの不正が行われ、あまりの負担に逃げ出す人たちが続出した。そのため、均役法によって納める二匹の軍布を一人当たり一匹に減らす措置が取られたのである。

ソウルを訪れた観光客が、まず訪れる観光名所といえば、食品からファッション雑貨まで様々な商品が並び、多くの人々で賑わう南大門市場《ナムデムンシジャン》や東大門《トンデムン》市場だろう。

●漢城の商業●

ソウルでの市場の始まりは、朝鮮時代、朝廷が特定の商人に許可を与えて鍾路《チョンノ》に経営させた市廛《してん》が始まりだ。市廛の商人の多くは、元々、貢納請負人（貢人）で大同法の施行によって市廛の商人となった。彼らはやがて地方で開かれる五日市などの定例市などで、特定の品物を大量に扱い、生産者の農家や工匠を支配して御用商人（都賈）になっていく。また、こうした市廛の中でも特に絹織物、綿布、綿紬、苧布、紙、魚などを扱う商人を六矣廛《ろくいてん》と呼んだ。

この市廛の商人たちは彼らが扱う商品に対して専売権を持っていた。誰であっても漢城で商品を売りたい場合は、市廛を通して売らなければならず、漢城で行商をする者は、必ず市廛から商品を購入しなければならなかった。これを「禁乱廛権《クムナンジョンクオン》」という。この専売権は、朝廷が戦後の財政難を乗り越えるために市廛から安定した税収を得ようと決めたものだったが、市廛側としても私商を排除して自分たちの利益を守るのに有利だった。

しかし一七、一八世紀に入ると朝廷の許可を得ず、自由に商業活動を行う私商たちの活動が活発になり始めた。朝廷も専売権を犯す私商たちの商業活動については取り締まったが、完全に抑えることはできず、ついに一七九一年「辛《シ》亥《ネ》通共《トンゴン》」という措置によって私商たちの活動が認められ、六矣廛以外の専売権は廃止された。これによってさらに商品経済が活発になり、また常平通宝が代表的な貨幣として普及したことによって貨幣経済が発展していった。

私商たちの漢城における本拠地は、南大門の外の「七牌《チルペ》」で、これが今日の南大門市場に発展し、東大門近くにあった「梨峴《イヒョン》」が後に広蔵《クワンジャン》市場になっていく。一八世紀前半にはすでに大規模な市場が形成されており、鍾路付近の「市廛」を凌ぐほどになっていたという。私商としては漢江を利用して米穀や魚などを扱う京江商《キョンガンサン》、釜山の東萊商人《トンネサンイン》、朝鮮人蔘を扱った開城《ケソン》の松商《ソンサン》、生糸や絹織物、銀などを扱い清や日本とも交易した義州《ウイジュ》の湾商《マンサン》などがいる。

● 胡乱と清への服属 ●

ソウルの南西、オリンピック公園から西に二キロほど離れた松坡区《ソンパグ》石村洞《ソクチョンドン》の歴史公園に「三田渡碑《サムジョンドビ》（大清皇帝功徳碑）」という碑石が立っている。亀の台座に載った高さ四メートルほどの大理石の碑で、蒙古文、満州文、漢文で碑文が刻まれている。

碑石は史跡として認められた文化財なのだが、観光ガイドブックには、ほ

三田渡碑

とんど出てこない。訪れる人もほとんどなく、碑石は草地にひっそりと立っている。だが、この石碑こそ、光海君を退けた西人派政権が自ら招いた戦争（丁卯《チョンミョ》胡乱《ホラン》・丙子《ピョンジャ》胡乱《ホラン》）で、朝鮮が清国に服従した証拠なのだ。

壬辰倭乱・丁酉再乱後、朝鮮は卓越した光海君の外交手腕によって日本と和議を結ぶこともでき、清との関係も順調だった。だが、一六二三年三月、西人派が起こした仁祖反正《インジョバンジョン》（仁祖を擁立し、光海君を退けた政変）によって事態は暗転していった。この政変によって光海君は廃位され、光海君の甥に当たる綾陽君《ヌンヤングン》が王位に上って仁祖となった。仁祖を擁立した西人派政権は「崇明排清」を掲げたため、やがて後金（清）との戦争を招くことになったのである。

仁祖反正の翌年、仁祖反正における論功行賞に不満を抱いた李适《イグワル》が反乱を起こした。反乱はまもなく鎮圧されたが、一部の者が後金に逃げ込み、仁祖の王位継承の不当さを訴え、後金に朝鮮侵攻を進言していた。もともと後金は、明と近い関係にあった朝鮮に対して不信感を募らせていたため、「崇明排清」を掲げた西人派政権の誕生は後金にとって見過ごせない事態だったのだ。

一六二六年に後金の国王となったホンタイジは翌年一月、三万の軍勢を朝鮮に侵攻させた。軍勢は平安道・黄海道を席巻して南進した。「丁卯胡乱」の始まりである。仁祖と臣下たちは漢城の北西にある江華島に難を避けたが、結局、侵攻から二カ月で後金と講和を結ぶこととなった。

講和の条件は①朝鮮と後金が兄弟国の盟約を結ぶこと、②朝鮮が後金に朝貢すること、③両国の国境で貿易を行うことなどだった。

しかし、その後、後金は明の征伐のための軍兵を徴用したり、明の根拠地を討つという口実でたびたび来襲したりしたので、朝鮮の後金に対する感情は悪化する一方だった。

一六三六年四月、ホンタイジは満州族、漢族、モンゴル族の三族から推戴されて「国王」から「皇帝」となり、国号を「大清」とした。ホンタイジ（後の太宗）は朝鮮に使臣を派遣して、両国の関係を君臣関係（宗属関係）に変えることを要求してきた。だが、仁祖は使臣に会うことすら拒否した。これに激怒したホンタイジは、一六三六年一二月、自ら一〇万の軍を率いて朝鮮に侵攻して来た。「丙子胡乱」の勃発である。

朝鮮は王都の防備を固めるとともに、王妃と王族は再び江華島《カンファド》に避難し、仁祖は漢城の東南にある南漢山城《ナマンサンソン》▼に避難した。仁祖は朝鮮全土に檄文を発して挙兵を呼びかけ、その一方で明に密使を派遣して援軍を求めた。

清軍は二〇万の大軍で南漢山城を包囲する一方、江華島を攻撃した。南漢山城には一万三〇〇〇の軍兵がいたが、糧食が五〇日分しかなく、厳しい冬の寒さで籠城は困難を極めた。抗戦むなしく江華島が陥落し、侵攻からわずか一カ月半ほどで降伏することになった。

一六三七年一月三〇日、仁祖は臣下とともに漢江のほとりの三田渡にあった清軍の宿営地に出向き、清のホンタイジに降伏した。それは清の太宗に三跪《さんき》九叩頭《きゅうこうとう》の礼（一度跪いて三回頭を地に着けることを三回繰り返す）を行うという屈辱的なものだった。

降伏の条件は、①明との関係を絶つこと、②清が明を討つ時には軍兵を派遣すること、③朝鮮王は清の皇帝に臣下の礼を尽くすこと、④清に朝貢を行うこと、⑤多額の賠償金を支払うことだった。さらに二人の王子（昭顕世子《ソヒョンセジャ》と鳳林大君《ポンニムテグン》）や臣下が人質として清に送られ、降伏に反対した臣下、呉発済《オバルチェ》・尹集《ユンジプ》・洪翼漢《ホンイクカン》は後に清軍によって瀋陽で処刑された。

さらに清は、清に反抗した大罪を朝鮮が忘れないようにと一六三九年に石碑を建立させた。これが先に述べた三田渡碑（大清皇帝功徳碑）である。

碑文には清が朝鮮を侵攻した理由、朝鮮が降伏せざるを得なかった理由、清

南漢山城：京畿道広州市の南漢山にある山城。その歴史は三国時代まで遡る。百済の温祚が造ったとされ、河南慰礼城であると推測された時もあった。一九五〇年代に李承晩大統領によって公園化された後、現在は道立公園に指定されている。

が朝鮮の降伏後、速やかに撤退したことについて刻まれている。碑石の名が「大清皇帝功徳碑」なのはそのためである。一六二七年と一六三六年の清（後金）の侵攻をそれぞれ「丁卯胡乱《チョンミョホラン》」「丙子胡乱《ピョンジャホラン》」という。丙子胡乱によって清に降伏したことで、朝鮮は明との関係を絶って清に臣下の礼をとることになる。この関係は一八九五年に清が日清戦争で敗れるまで続くことになる。

●孝宗と北伐論●

清に降伏し、人質として連行された昭顕世子と鳳林大君（後の孝宗《ヒョジョン》）は、瀋陽に九年間、留まった。昭顕世子は人質の身であったが、清に対しては融和的な態度をとった。

一六四四年には明を征伐する清軍とともに北京へ向かい、そこでドイツ人神父アダム・シャール▼（一五九一〜一六六六、中国名：湯若望）と出会い、天主教や西欧科学に関する知識を学んだ。

昭顕世子は一六四五年に朝鮮に帰国するが、その際には天文、数学、天主教に関する書籍や地球儀、天主像などを持ち帰ったとされる。

朝鮮の朝廷は反清親明政策をとる西人派が実権を握っていたために、清に融和的な昭顕世子には否定的で、王である仁祖も昭顕世子の瀋陽での行動に不満を持っていた。当時の朝廷では清を排斥して明の復讐を行おうとする「斥和

アダム・シャール：一六二二年に清国を訪れ、西安で布教。一六三〇年に崇禎帝に招聘されて入京し、多数の天文観測機器を製作するとともに西洋の天文学書を漢訳して崇禎暦書を完成させる。

論」が支配的だったからである。

結局、昭顕世子は帰国の二カ月後に原因不明の病気で急死してしまった（暗殺されたという説もある）。昭顕世子の死によって弟の鳳林大君が清から帰国し、仁祖の跡を継いで王位に上った。これが第一七代の王・孝宗（在位一六四九〜一六五九）だ。

孝宗は兄の昭顕世子と異なり、清には強い敵意を抱いていた。復讐心に燃える孝宗は即位後、政権を掌握していた金自点《キムジャジョム》ら親清派を朝廷から追放し、金尚憲《キムサンホン》、宋時烈《ソンシヨル》（一六〇七〜一六八九）ら西人派の中でも対清強硬派を重用した。そして清を征伐する「北伐計画」を推進した。

孝宗は大々的に軍制の改革と強化を行い、一〇万の北伐軍を養成することを主張した。しかし朝廷の重臣らは戦争と軍費拡充にともなう王権の強化を憂慮して反対の声が上がった。

さらに大きな問題は経済的な理由であった。孝宗は、軍備拡充のための財源確保のために両班たちが持っていた私田や奴婢の整理を行ったが、強力な抵抗で大きな成果を得られず、結局は財源捻出に失敗してしまった。北伐論を提唱した宋時烈らも孝宗の失政を非難し始め、一六五九年に孝宗が急死すると北伐計画はとりやめになってしまった。

●赴京使と北学派●

中国や日本と国交を持っていた朝鮮は定期的に外交使節を派遣していた。中国に派遣されていたのは「赴京使《プギョンサ》」で、日本に派遣されていたのは先に述べた「通信使《トンシンサ》」である。赴京使は「燕行使《ヨネンサ》」ともいい、清や明の都・燕京（北京）を往来したところからこの名がある。

赴京使は、清に対して臣下の礼をとる代わりに政治的な安定を保障してもらうための外交使節だったが、往来の際には経済的・文化的な実利を得るために赴京使貿易が行われ、清の先進文化に触れるために官吏や技術官吏が随行した。随行員の中にはヨーロッパから燕京に来ていたイエズス会士と交流して視野を広める者もいて、彼らの活動によって西学（西欧の自然科学・西洋思想・天主教など）が朝鮮に紹介された。

学者の朴趾源《パクチウォン》（一七三七～一八〇五）は赴京使の随行員としての体験を紀行文『熱河日記《ヨライルギ》』にまとめ、朝鮮社会の立ち後れた状況を打開するためには「学ぶところがあれば、たとえ夷狄の国（野蛮な国）であっても師とすべきだ」という主張を展開した。清の先進文物と優秀な技術を積極的に受容しようとする朴趾源らの主張は「北学」と呼ばれ、朴趾源らの主張に賛同した学者を「北学派」という。

北学派の中心的な学者としては洪大容《ホンデヨン》・朴趾源・李徳懋《イドンム》・朴斉家《パクチエガ》らがおり、彼らはいずれも燕行使に随行して清国の乾隆年代の先進文明に触れ、見識を広めた者たちだ。

清に対して臣下の礼をとっていた朝鮮で、朴趾源の提唱した北学が斬新なものだったとは、やや意外な感じを持つかもしれない。だが、北伐論が取りざされたことからもわかるように当時の朝鮮の支配層は、かたちの上では「臣下の礼」をとりながらも内心では清を夷狄（野蛮人）視して彼らを認めていなかった。「反清崇明」を掲げ、我が国こそが、明とともに滅んだ中華文明の正統な継承者であるという「小中華」の考え方が主流を占めていたのである。

だが、北学派の学者たちは清国の先進文物や制度だけではなく、清国に入ってきていた西学に対しても深い関心を持ち、これを受容しようとした。北学派の主張は清の文明を受け入れ、西欧文明に対する新しい認識の中で、商工業の流通・生産・技術を改良して社会矛盾を改革し、国家の発展を図ろうとするところにあった。この主張は後に重商主義的な実学思想へと発展していった。

● 英祖・正祖の蕩平策 ●

一七〜一八世紀の朝鮮では、大同法の施行や農業技術の発達、商業の発展にともなって裕福な庶民地主層を生み出し、また富を得た商人たちが、土地を失って労働者となった農民たちを雇用して手工業や鉱山を経営するようにもなってきた。さらに財力のある者たちの中には、租税を逃れるために両班の身分を買い取る者もいて、両班の権威や地位が落ちて身分制度が大きく揺らぎ始めた。

ところが国政を担っている朝廷の両班たちは、人々の生活を顧みることはなかった。依然として派閥争いは続いていて、朱子学や現実政治における朱子学の実践をめぐる見解の相違によって、政権を担うべき両班たちは大きく四つ（北人・南人・老論・少論）の派閥▼に分かれて争いを続けていた。

第二一代の王・英祖《ヨンジョ》（在位一七二四〜一七七六）は、この激化する派閥党争をなくすために「蕩平策《タンピョンチエク》」という政策を一七二五年から推進した。「蕩平策」とは王権を強化して各派閥から偏ることなく人材を登用して各党派の均衡を維持しようと実施した政策をいう。これは『書経』洪範篇の「無偏無党 王道蕩蕩 無党無偏 王道平平」から名付けられた。偏りなく中立公正であれば王道は広がっていくという意味である。

英祖は自分を擁立した閔鎮遠《ミンジヌオン》ら老論派を主として政権を築き、老論派と対立する少論派や南人派からも人材を登用して党争の弊害を未然に防ごうとした。この政策を通じて王権は強くなり安定していった。

英祖はこのほかにも数多くの社会改革を行った。農民の租税負担を軽減する

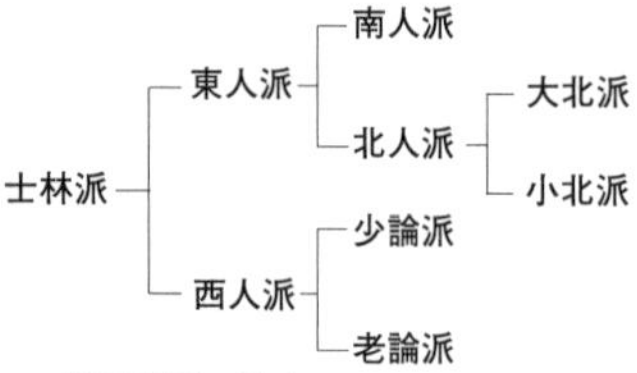

党派分裂の流れ

四つの派閥（四色朋党）：光海君を王に擁立した北人派（大北派）は「仁祖反正」の中心となった西人派や南人派によって追放されて勢力を失ったが、やがて孝宗・顕宗の代（一六四九〜一六七四）には、王妃の死去に伴う服喪期間の問題で西人派と南人派が対立、さらに粛宗（在位一六七四〜一七二〇）の代には朱子学の批判や修正を巡って西人派が老論派と少論派に分かれていた。

ための「均役法」をはじめ罪人の人権を尊重して過酷な刑罰を禁止したり、死罪に当たる罪を犯した者には三審制の裁判を行ったりする改革も行っている。

しかし、蕩平策によって力を弱めていた老論派をはじめとする各派は主導権を取り戻す機会を虎視眈々と狙っていた。

一七四九年、英祖は健康上の理由から側室の子・荘献世子《チャンホンセジャ》に国政を代行させるようになると、各派はこの機会を逃さず、世子を担ぎ出して政権をわがものにしようと画策を始めた。こうした情勢に危機を感じた老論派は、王と世子の関係を断ち切るように企んだ。

荘献世子が王政を代行して一三年後、英祖の外戚・金漢耉《キムハング》（英祖の継妃・貞純王后《チョンスンワンフ》の父）は荘献世子の非行を列挙して父王・英祖に上訴したのである。金漢耉は老論派の巨頭だ。英祖は激怒して、事の真相を確かめることなく、世子を庶民の身分に落として米櫃に押し込めて殺してしまった。

朝廷内はこの事件を契機に事件を正当化する老論派を中心とした「僻派」と、荘献世子の立場に同情する南人・少論派を中心とした「時派」とに分裂した。老論僻派が世子を誹謗したのは、老論に対立する勢力と親しい荘献世子の即位を恐れたためだろう。後に英祖は荘献世子を殺してしまったことを悔いて世子に「思悼世子《サドセジャ》」という諡号を与えている。

一七七六年、英祖が亡くなると、荘献世子の息子の正祖が即位した。第二二代の王となった正祖《チョンジョ》（在位一七七六〜一八〇〇）は英祖の遺志を引き継いで蕩平策を継続する一方、文物制度の補完・整備を推し進めた。正祖は王位にいる間、父を死に追い込んだ老論僻派と対立したが、世宗に次ぐ名君と呼ばれるほどの治績を残している。全国に暗行御史《アメンオサ》▼を派遣して地方の情勢を把握して問題を解決するとともに、地方両班の悪政を抑制し、先に述べたように一七九一年には、私商たちの活動と地位保障のために「辛亥通共」を実施した。

だが、こうした社会改革にもかかわらず、農民たちの生活は悪くなる一方で、それに伴い国家の財政も悪化の一途を辿った。

そのため、正祖は儒学者らが主張する節約と質素だけでは、財源の確保が無理だと判断し、「利用厚生」による生産力の向上と民生問題の解決を主張する学者を起用して農業生産の向上を図った。さらに国王の政治を討論し、文化事業を推進する機関として奎章閣を設置し、学問を活性化させた。英祖・正祖の治世期には、朝鮮の文物や制度について解説した百科事典である『東国文献備考《トングンムノンビゴ》』や『経国大典』以降の法律についてまとめた『続大典《ソクテジョン》』などが刊行されている。

この奎章閣には老論派の政敵である南人派の蔡済恭《チェジェゴン》や老論派の名門でありながら庶子であるために冷遇されていた朴斉家、李徳懋、柳得恭《ユドゥクコン》が採用された。また李家煥《イガファン》や丁若鏞《チョンヤギョン》▼（一七六二〜一八三六）らを要職につけている。彼ら

暗行御史：
朝鮮時代に王が地方の政情・事情を直接調査するために密使として派遣した官吏。

丁若鏞：
朝鮮後期の学者・文臣。文章と経学に秀で、刑曹参議などの要職を務めて正祖の信任が厚かった。
北学派の朴斉家と交わるとともに、柳馨遠らの実学思想を受け継いで集大成した。一八〇一年の辛酉迫害で全羅南道に配流され、一八年間の配流生活を送る。著書に『牧民心書』『欽欽新書』『経世遺表』などがある。

は伝統的な儒教を批判し、社会の事実に向き合い改善していこうという「実事求是」の思想を持っていた。彼らを実学派という。

● 社会改革を目指した実学思想 ●

実学が生まれた背景には、これまでも述べたように農業生産の増大、貨幣経済の発達による富農と貧農の格差拡大による農村の疲弊や伝統的な身分制度の崩壊がある。富農と貧農の格差の拡大は、裕福な庶民地主層を生み出し、人々は従来の封建的身分の権威や、その権威を背景とした社会的抑圧に対して疑いを抱くようになっていった。

地主と小作人、両班と良人・奴婢の間の厳格な上下関係が崩れ、田税納付の拒否、地代納付の拒否、「民乱」（反乱）などで支配層に対抗する人々も出現し、高利貸の蔓延、盗賊・火賊の横行、官職売買、人身売買、農民の流亡などが顕著になっていたのだ。こうした社会問題の是正を目指したのが実学である。この実学の思想を持つ学者はすでに一七世紀に現れていた。その代表的な学者が南人派に属する柳《ユ》馨遠《ヒャンウォン》だ。彼は配流の地、全羅道扶安郡で村人たちと暮らしを共にし、村人の暮らしを改善するために土地制度をはじめとした兵制などの改革案を『磻渓随録《パンゲスロク》』で著した。この柳馨遠の思想は、やがて一八世紀になると、同じ南人系の学者・李瀷《イイク》▼（一六八一～一七六三）に受け継がれ、

李瀷：実学派の学者。西学研究の基礎を固めた。その代表作『星湖僿説』（ソンホサソル）は、三〇五七の事柄について天地、万物、人事、経史、詩文の五部門に分類して解説した百科事典的な書物。

丁若鏞が配流生活を過ごした庵・茶山草堂（全羅南道康津郡）

彼の門下から星湖学派と呼ばれる多くの優れた学者が輩出されている。その星湖学派に属する学者の中で正祖に登用され、水原華城の建築など多くの功績を残したのが、丁若鏞である。

丁若鏞は土地問題の解決がすなわち社会政治的な問題解決の根本だと主張して土地の国有を原則として、土地を農村に分けて共同作業で農業を行うという案を提示している。

やがて丁若鏞ら南人派の社会改革の主張に賛同する老論派の両班たちも出てきた。それが、赴京使とともに北京を訪問し、すぐれた清国の文物に触れて、清国から学ぶ、北学を提唱していた北学派の人々である。

清国を訪れたことで見識を新たにした北学派の一人、朴趾源は、先にも述べたように、商業や貿易によって国を豊かにし、国を立て直そうと主張した。このような北学派や実学者の主張は、ある程度政策に反映され、一八〇一年の公

丁若鏞が設計・建設を指揮した
水原華城（京畿道水原市）

奴婢の解放や奴婢種母法（男の奴婢と良民の女との間にできた子の身分を母系に従うようにさせる法）などの成果として現れるが、抜本的な改革には結びつかなかった。実学が目指す改革を現実化できるほど、社会が成熟していなかったためである。

やがて正祖に登用され刑曹参議の地位にまで上り、改革を行っていた丁若鏞も、一八〇〇年に正祖が亡くなると失脚してしまった。辛酉迫害（一八〇一年の天主教弾圧）によって流刑に処されたのである。これは老論僻派が南人系の官僚の粛清を狙って起こしたものだった。

実学者の探究は、研究だけにとどまらず、それによって社会問題を解決し、朝鮮の自主的な近代化の基礎を築こうとする動きであった。それだけに実学が現実的な改革に反映されなかったことは、朝鮮時代末期の社会矛盾を深刻化させる遠因となった。その一方で、商業重視と海外通商の必要性に対する認識は、一九世紀後半になって開化派の開港通商論の思想的な基礎となった。

●天主教の受容と迫害●

朝鮮時代の後期には、朝鮮に天主教（カトリック）が受容された。朝鮮の天主教は一六、七世紀に海外から入国した宣教師の宣教活動によって教会が造られた日本や中国とは異なり、朝鮮社会の両班知識層の人々が学問研究を通して西学（西洋の自然科学・西洋思想・天主教など）に触れ、自ら天主信仰に目覚め、教会を自立的につくったというところに特徴がある。朝鮮人が天主教に接したのは、中国で活動していた宣教師を通してであった。

中国では既に明代の一六〇一年にイタリア人宣教師マテオ・リッチ（一五五二〜一六一〇、中国名：利瑪竇《りまとう》）▼が燕京（北京）に入り、天主教をはじめ天文学、数学、暦法、地理書、科学技術書などを漢訳している。赴京使としてもしくは彼らに随行して燕京を訪れていた両班知識層の人々は、それら西学に関心を抱いて漢訳された西洋の書物を朝鮮にもたらしている。

最初に西洋の書物を朝鮮にもたらしたのは、使臣として幾度も明に訪れた経験を持つ李睟光《イスグワン》で、彼は『芝峰類説《チボンユソル》』を著し、天主教の知識と西洋の文物について紹介している。

このようにして一七世紀には朝鮮の知識人、特に南人派に属する学者らの中には知識として天主教を探究する人々が出始めた。

当時は朝鮮の社会は、伝統的な価値観に対する懐疑と反発が顕在化していた時期だった。特に詞章を重視する儒教の学風や思弁的な既存の朱子学に対する反発とともに、天主教書籍に対する探求が実学にも影響を与え、同時に「西学」という西洋の学問を受容し、研究する気風が生まれていた。朝鮮が天主教を受け入れる土壌は整っていたのである。天主教がこのような定着過程を経た

マテオ・リッチ：
イタリア人、イエズス会の司祭。一六〇一年北京に入り、天主教の教えを説いた『天主実義』（一五九五年）や世界地図『坤輿万国全図』（一六〇二年）、ユークリッド幾何学の漢訳書『幾何原本』（一六〇七年）を刊行し、清の知識層に西学（西洋学）を広めた。彼の後に、中国で西学を広めたイエズス会宣教師にアダム・シャール（湯若望）、フェルナンド・フェルビースト（南懐仁）、ヨアキム・ブーヴェ（白進）、ジュゼッペ・カスティリオーネ（郎世寧）らがいる。

ため、天主教は当初「西学・西教・天主学」とも呼ばれ、後に「天主教」と呼ばれるようになった。

西学（天主教）を研究し、後に天主教に傾倒して信仰するようになった知識人には権哲身《クオンチヨルシン》、李檗《イビヨク》、李承薫《イスンフン》、李家煥、丁若銓《チヨンヤクチヨン》らがおり、いずれも南人派の実学者である。彼らは京畿道広州にある走魚寺で天主教の教理を研究する集まりを開いて教理を実践に移していった。その中でも李承薫は、赴京使として訪れた燕京で一七八四年に朝鮮人として初めて洗礼を受けた。

彼と親しかった李檗も李承薫から洗礼を受けて布教生活を始めている。一七九四年には中国人司祭・周文謨が秘密裏に朝鮮に入国して布教活動を行っている。天主教の「何人も神の前では平等である」とする「平等思想」と、「現世と来世」を区別する「来世思想」は庶民層にも受け入れられて教徒が増えていった。しかし、その教理が儒教国家で最も重要とされ、孝の象徴である「祭祀」を否定したため大きな問題になった。

一七八五年には天主教が邪教と規定され、燕京での天主教関係書籍の収集が禁止された。九一年には母親の祭祀に際して神主（位牌）を燃やした尹持忠《ユンジチユン》が死刑に処されている。それでも西洋の学問に対して理解を示していた正祖の代には、大きな弾圧がなかった。だが、一八〇〇年に正祖が亡くなると状況は一変、幼い純祖《スンジヨ》が第二三代の王として即位すると老論僻派が政権を握った。

一八〇一年、政権を握った老論僻派は対立する党派を排斥する口実として天主教信仰をあげつらい、天主教に対する徹底的な弾圧が行われた。中国人司祭・周文謨と南人派の実学者・権哲身、李承薫、李家煥らをはじめ教徒三〇〇人余りが刑に処され、正祖に重用された丁若鏞も流刑に処された。これを辛酉《しんゆう》迫害（辛酉教獄・辛酉邪獄）という。こうした弾圧によって朝鮮における西洋研究は途絶えてしまった。このため一九世紀に入ってからの西欧列強の接近に、朝鮮は賢明に対処する力を持てなかったのである。また、天主教の教徒と関係があると判断された時派（正祖の蕩平策と王権強化推進を支持した党派）の人々も流刑に処されて政界から追われている。時派の黄嗣永《ファンサヨン》は、この迫害の様子を帛書（白い衣）に記して、北京の主教に知らせようとして捕まった。そこには砲艦外交によって天主教を朝鮮に受け入れさせるように記されていたために朝廷は大変な衝撃を受け、天主教への弾圧はさらに厳しくなった。しかし、教徒は増え続けて一八三〇年代には九〇〇〇人余りの教徒がいたとされている。そのため一八三九年にはフランス人神父をはじめ七八人の天主教徒が刑に処され（己亥《きがい》迫害）、一八四六年には朝鮮最初の神父・金大建《キムデゴン》をはじめ多くの天主教徒が漢城の漢江の畔で処刑される大弾圧が行われた（丙午《へいご》迫害）。

一方、一八〇四年からは純祖の外戚・金祖淳《キムジョスン》が、老論僻派を退けて安東金氏による勢道政治が始まった。

第 5 章

열강의 침략과 근대화

列強の侵略と近代化

概要　列強の侵略と近代化

一九世紀に入って朝鮮では「勢道政治」という、王の外戚・安東金氏《アンドンキムシ》一族が国政をほしいままにする政治が行われていた。その結果、政治は甚だしく乱れ、不正汚職官吏の暴政によって疲弊した農村では民乱が続発した。その一方で庶民地主層の誕生や新興商人の台頭、商業や手工業の発展によって伝統的な身分制度が崩壊してきていた。この時期、天主教（カトリック）教徒が朝鮮国内で増え、儒教を統治理念とする朝鮮の朝廷は、これを危機と捉えて徹底的な弾圧を行った。しかし、この弾圧は列強諸国の反発を引き起こし、東アジアで勢力を拡大しようとする列強諸国に侵攻の口実を与えることとなり、天主教弾圧への報復を目的としたフランスや、通商・修好を目的としたアメリカやドイツの襲来を受けることになる。

こうした内憂外患に直面している最中に国王・哲宗《チヨルチヨン》が死去し、安東金氏と対立していた神貞王后《シンジヨンワンフ》（先王・憲宗の母）の指名によって、安東金氏とは関係のない翼成君《イクソングン》が第二六代の王・高宗《コジヨン》として即位した。だが高宗は幼くして王位を継承したため、実際の権力は父・興宣大院君が握ることとなった。

興宣大院君は国王の権威・権限を強めるために景福宮の再建を行うとともに両班に対する課税や天主教弾圧などの強硬政策をとった。だが、興宣大院君は地方に勢力を持つ儒者らの勢力を牽制するために行った書院の廃止が原因で失脚させられ、高宗の外戚・閔《ミン》氏一族が実権を握ることとなる。

さらに朝鮮との外交交渉に難航していた日本政府内で征韓論が台頭、鎖国を続ける朝鮮に対して武力で開国を迫るようになった。日本は一八七五年九月、江華島《こうかとう》事件を引き起こし、その翌年に江華島条約（日朝修好条規）を結んで朝鮮を開国させた。

開国後の朝鮮では近代的改革を主張する開化派と、それに反発する守旧派が対立するとともに壬午軍乱《イモグルラン》（一八八二年）、甲申政変《カプシンチョンビョン》（一八八四年）などの政変が繰り返される。さらには朝鮮への影響力を保持しようとする清国、江華島条約以後、朝鮮に進出してきた日本や西欧諸国と結んで勢力を拡大しようとする派閥が対立し、列強諸国を巻き込んだ抗争が続いた。

こうした中で日本は朝鮮における利権拡大を狙い、清との対立を招くことに

＊韓国で陽暦が使用されるのは1896年からだが、本書では1875年の江華島事件から陽暦で表記している。

なる。一八九四年に大規模な農民の蜂起（甲午農民戦争《カボノンミンチヨンジエン》）が起こり、これを口実に朝鮮に出兵した日清両軍の間に戦端が開かれ、日清戦争が始まった。この戦争に先立ち、日本は朝鮮へ内政改革を求めるとともに、大院君を担ぎだして、親日的な金弘集《キムホンジプ》内閣を樹立させ、朝鮮半島での日本の影響力を強めていった。やがて日清戦争で勝利を収めた日本は、朝鮮王室から清の勢力を排除して朝鮮の内政改革に乗り出した。

日本は軍国機務処《クングクキムチヨ》という議会機構を設置させ、官制改革、科挙の廃止、租税の金納化、身分差別の撤廃など甲午改革《カボケヒヨク》といわれる幅広い国政の改革を進めていく。しかし、これに反発した閔妃《ミンビ》（明成皇后《ミヨンソンフアンフ》）の勢力は、三国干渉（一八九五年）を主導したロシアと結び、日本を牽制する。だが、朝鮮半島におけるロシアの影響力拡大に危機を感じた日本は、王室とロシアを引き離すために王妃・閔妃を殺害するという暴挙に出る。この日本による蛮行は朝鮮民衆の激しい反発を呼び「乙未義兵《ウルミウイビヨン》」という抗日義兵活動が活発になっていった。

一方、閔妃を殺害されて身の危険を感じた国王・高宗は、一八九六年、ロシア公使館に避難して政治を行うようになった。だが、このような自主性のない王室の態度に、独立協会《トンニプヒョプペ》をはじめ国民から批判が高まると、高宗は翌年、王宮に戻った。そして清からの独立を宣言して国号を「大韓帝国《テハンチェグク》」と改め、自らを皇帝と称して光武改革《クワンムケヒヨク》を行っていく。しかし、高宗がロシア公使館に一年間も留まったことで、大韓帝国皇室へのロシアの影響力は著しく強まった。利権を巡って日本とロシアの間で緊張が高まり、ついに一九〇四年、日露戦争が勃発した。戦争の最中に日本は、大韓帝国（以下韓国とする）と日韓議定書と第一次日韓協約を結んで、韓国の外交と内政への干渉を強めていく。日露戦争後の一九〇五年に締結された第二次日韓協約によって「統監府」が設置され、韓国の外交権を剥奪し、内政全般にわたって日本が監督することになる。一九〇七年には第三次日韓協約によって軍隊も解散させられた。こうした日本の支配強化に対して全国各地で激しい反日闘争、すなわち義兵運動が起こり、一九〇九年には安重根《アンジュングン》が初代・統監の伊藤博文を中国・ハルビンで暗殺する事件も起こったが、植民地化への流れは止められず、一九一〇年、日韓併合条約（韓国併合ニ関スル条約）が結ばれて韓国は日本の領土に組み込まれた。

●社会の混乱と洪景来の乱●

一八世紀中頃を過ぎると朝鮮では、それまでにない社会変化が起きた。移秧《いおう》法《ほう》（苗代で苗を育てた後に、田植えを行って稲を育てる稲作法）や二毛作などの普及で米の生産力が向上して富農と貧農の格差が生じ、新しく庶民地主層が誕生したのである。田畑を持てなくなった農民たちは、土地を離れて都市や鉱山などでの労働に従事したり、富農に雇用されたりして生活の糧を得るようになっていった。また地方の私商や定期市を渡り歩く行商人、客主《ケクチュ》▼などの活動によって貨幣経済が一般化し、商業も発展していった。

そして一九世紀になると、安東金氏《アンドンキムシ》が実権を握って（安東金氏の勢道政治《セドチョンチ》）国政の要職を独占し、官職につくことのできなくなった両班たちの間でも不満が高まっていった。中でも平安道《ピョンアンド》の両班は朝廷の地方差別によって、科挙に合格して立身出世する機会が剝奪されていた。さらに対中国貿易で富を蓄積した義州《ウイジュ》の湾商《マンサン》や開城《ケソン》の松商《ソンサン》らの活動も、安東金氏の勢道政権と結託した漢城の商人たちによって縮小され、鉱山業者たちの活動も採掘禁止措置によって存立基盤が脅かされていた。農民たちも地主と地方官吏から過酷な収奪を受けていた。

役職につけずに没落した両班だった洪景来《ホンギョンネ》（一七七一〜一八一二）は、王

客主：行商人たちへの宿所の提供をはじめ商品の委託販売や保管などを行った中間業者。

の外戚などが政権を掌握する勢道政権を打倒し、平安道の人々に対する不平等をなくすために一〇年の歳月をかけて同志を集めた。不満を持つ両班や土豪、豪商などを指導者に据え、坑夫や貧民、流民らを兵として訓練し、一八一一年一二月、ついに挙兵した。「洪景来の乱（平安道農民戦争）」である。

一〇〇〇人余りの反乱軍が平安道嘉山郡《カサングン》の官衙（郡庁舎）を占拠し、四、五日のうちに博川《パクチョン》、郭山《クワクサン》、定州《チョンジュ》、宣川《ソンチョン》など清川江《チョンチョンガン》以北の地域（現在の平安北道地域）が一度の戦闘もなく占領された。この地域の郷吏（地方官）の内通と緻密な準備のためであった。その後、反乱勢力は三カ月にわたって定州《チョンジュ》城《ソン》に籠城して頑強に抵抗したが、翌年四月一九日に官軍は城を陥落させた。この際、洪景来は銃弾に倒れ、落城とともに捕らえられた兵三〇〇〇人はすべて処刑された。洪景来の乱は失敗したが、政権の腐敗と無能を暴露して民衆に封建体制を否定できるということを知らしめ、朝鮮近世社会の解体に拍車をかける契機となった。反乱後、「洪景来は定州城で死ななかった。死んだのは偽物だ」という噂が広まり、洪景来を自称する反乱軍指導者が各地で続出、一八六二年の晋州民乱《チンジュミルラン》▼、一八九四年の甲午農民戦争をはじめ全国で民乱が相次いだ。

● 興宣大院君の内政改革 ●

一八〇〇年、第二三代の王として純祖《スンジョ》（在位一八〇〇〜一八三四）が一一歳

晋州民乱：
一八六二年、慶尚道晋州で農民たちが起こした民乱。「壬戌農民蜂起」ともいう。同年一一月にかけて、慶尚道、全羅道、忠清道の各地に広まった。多くの民乱は不当な収奪を行った地方の役人を標的にするだけでなく、台頭してきていた富農や庶民地主なども襲撃の対象としていた。晋州民乱はその典型的なもので、かつ小作人などの貧民層が指導勢力として登場した民乱として注目されている。

で即位して安東金氏・金祖淳《キムジョスン》の娘が妃となった。純祖以後、朝鮮王朝では憲《ホン》宗《ジョン》、哲宗《チョルチョン》と幼王が続き、それに伴って約六〇年にわたって外戚が政治の実権を握る勢道政治が続いた。憲宗（在位一八三四〜一八四九）の代には豊壌趙《プンヤンチョ》氏《シ》が、次の哲宗（在位一八四九〜一八六三）の代には再び、安東金氏の勢道政治が復活して国政を掌握、国王・王族であっても安東金氏には逆らえないような時代が続いた。

科挙は有名無実化して賄賂と売官売職が横行し、支配者層は官職を得た代価を取り戻そうとして「三政の紊乱《びんらん》」といわれる甚だしい搾取を行った。これによって人々は塗炭の苦しみを味わい、各地で民乱が続発した。

「三政」とは「田政（土地税）」「軍政（軍役の付加）」「還穀（穀物の貸付と返還）」の三つのことである。「田政」は所有している土地の大きさに従って税を課すことで、本来は収穫量の一〇分の一ほどだったものが、不当な課税によって収穫量の半分以上が徴収されることもあった。「軍政」は成人男子から実際に軍役につく代わりに軍布といわれる布を徴収することだが、これも前章で紹介したように子供や死者にまで課税する不正が行われた。「還穀」は春先に食べる食糧がなくなった農民に穀物を分け与えて、収穫期に若干の利息分をつけて穀物を返還させることだが、この場合も高い利子をつけて農民を苦しめていた。

一八六三年、第二五代の王・哲宗が死去した。先王・憲宗の母・神貞王《シンジョンワン》后《フ》（豊壌趙氏・趙万永《チョマンヨン》の娘）は、権力を牛耳っていた安東金氏を牽制するために、次の王として安東金氏とは関係のない翼成君《イクソングン》（後の高宗《コジョン》）を指名、第二六代の王としてわずか一二歳の高宗（在位一八六三〜一九〇七）が即位した。だが、高宗は幼かったため、実際の政治は父の興宣大院君（一八二〇〜一八九八、以下、大院君とする）が行うこととなった。

権力を握った大院君は一八六三年から失脚する一八七三年まで、勢道政治によって弱められた王権を強化するために、三政の改革をはじめ様々な改革に取り組んだ。代表的な改革としては書院の撤廃、景福宮《キョンボククン》の再建、天主教の弾圧、両班への課税、朝鮮王朝のすべての法律を網羅した法典『大典会通《テジョネトン》』の編纂などが挙げられる。

興宣大院君

書院は本来、地方における儒教の研究教育機関であったが、両班地主層の門閥、学閥の拠点でもあり、独自に土地と奴婢を所有して勢力を持ったため、王権を脅かす存在となっていた。そのため大院君は、全国に一〇〇〇カ所以上あった書院を四七カ所だけ残してすべて廃止した。

また、大院君は王の権威回復のために一八六五年には景福宮の再建を決めた。景福宮は一三九五年に作られた朝鮮王朝の正宮である。朝鮮の王宮の中で最も長い歴史を持ち、規模も最も大きい。しかし、一五九二年の壬辰倭乱《イムジンウェラン》（文禄の役）の際に焼失し、以後二七〇年あまり放置されていた。大院君は景福宮を元の規模よりはるかに大きい規模で再建する計画を立て、その財源のために一般の民衆や大臣に至るまで「願納銭《ウォンナプチョン》▼」という再建協力金を納付させ、全国から労働者を集めて王宮を再建させた。

さらに不当な租税の徴収を禁止し、それまで不当に免税措置を受けていた地方官吏や地方有力者の土地に課税し、戸布法《ホポポプ》を公布して身分を考慮することなく、両班層にも軍役の義務を負わせた。このような政策は民衆の支持を受けたが、地方に勢力を持つ儒者らの激しい反発を買い、大院君失脚の原因の一つともなった。

● フランスとアメリカの侵攻 ●

一九世紀は帝国主義国家による覇権争いが本格化した時代だった。イギリス、フランス、アメリカなどの帝国主義列強は世界各地で植民地を獲得し、支

願納銭：　強引な再建資金調達のために「願納銭」が「怨納銭」（願と怨は韓国語の発音が同じ）と呼ばれたほどだった。また大院君は財政確保のために高額貨幣である「当百銭」の鋳造に踏み切っている。だが当百銭を濫発したためにインフレとなり物価高騰を招いた。

配地域を広げていた。中国は一八四〇年のアヘン戦争と一八五六年の第二次アヘン戦争でイギリスに敗北、香港を割譲して半植民地化されてしまっていた。日本はアメリカのペリー艦隊の武力示威に屈服して、一八五四年に日米和親条約を締結、それ以後イギリスやフランス、ロシア、オランダ、ドイツなどと不平等条約を結んでいる。そして朝鮮も例外ではなかった。一九世紀中頃には、朝鮮半島沿岸に列強諸国の船「異様船《イヤンソン》」が度々出没して通商を求めてきていた。アジアの国々を開国させた砲艦外交である。

大院君は赴京使《プギョンサ》を通じて中国がアヘン戦争に敗北してイギリスに蹂躙されたことを知っており、異様船に対する警戒を強めていた。大院君は外国勢力の侵入を断固排撃する姿勢を貫くとともに、天主教や東学などの「邪教」を斥けて「正学」である朱子学を擁護する「衛正斥邪《ウィジョンチョクサ》」政策を掲げ、天主教や東学へ弾圧を加えた。大院君が執権してから列強勢力と朝鮮が対立した大きな事件▼として一八六六年のフランス極東艦隊による「丙寅洋擾《ピョンイニャンヨ》」、アメリカの武装商船による「シャーマン号事件」と、その報復である一八七一年の「辛未洋《シンミヤン》擾《ヨ》」の三つが挙げられる。

大院君は衛正斥邪政策を掲げて鎖国を行うとともに、一八六六年フランス人神父九人と天主教教徒八〇〇〇人を処刑する「丙寅《へいいん》迫害」を行った。この時、弾圧を避けて朝鮮から脱出したフランス人神父が、天津にいたフランス極東艦

列強と朝鮮が対立した大きな事件：
　大院君の執権以前の一八四六年にはフランスの東洋艦隊が己亥迫害（一八三九年）でフランス人神父三人が殺害されたことに対する責任を問うために朝鮮にやって来ており、この年には朝鮮人最初の神父となった金大建と多くの天主教教徒が弾圧される「丙午迫害」も起こっている。

隊に弾圧の事実を知らせて報復を要求した。同年九月、フランス軍は七隻の艦船と一〇〇〇人あまりの兵力で朝鮮に侵攻し、江華島《カンファド》を占領して漢江を封鎖した。だが、フランス軍は江華島の文殊山城《ムンスサンソン》と鼎足山城《チョンジョクサンソン》の攻防で撃退され、一〇月には江華島から撤収した。撤退に際してフランス軍は江華島の外奎章《ウエギュジャン》閣《カク》（王室の文書館）にあった多数の古書と貨幣鋳造用の銀・金塊を略奪していった。この一連の事態を「丙寅洋擾」という。この事件によって朝鮮はさらにかたくなな鎖国政策をとるようになる。

フランス軍の侵攻の二カ月前、一八六六年七月にはアメリカの武装商船ジェネラル・シャーマン号が、朝鮮に通商を要求しながら大同江を遡上して平壌《ピョンヤン》付近に停泊した。

先に述べたように大院君政権下の朝鮮では、外国との交易及び天主教の布教が固く禁じられていた（斥邪綸音《チョクサユヌム》：天主教禁止令は一八三九年に憲宗によって出されている）。そのため平安道観察使はシャーマン号の退去を要求したが、乗組員らはこれを拒否したばかりか、夜間に上陸して掠奪を行った。これに対して平壌の軍民はシャーマン号を焼き払い、乗組員全員を殺害した。

また、同じ一八六六年にはドイツ人商人・オッペルトが朝鮮に来航して通商を要求したが、拒絶されている。オッペルトは二年後に朝鮮に潜入して大院君の父親の墳墓を盗掘しようとする事件を引き起こしている。

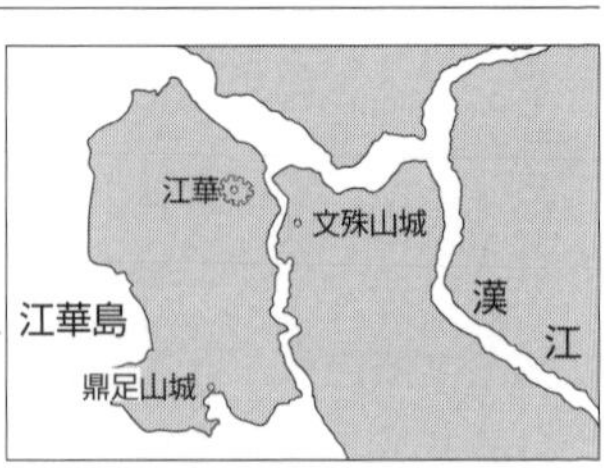

江華島付近図

一八七一年、駐清アメリカ公使・ローは「シャーマン号事件」への謝罪と通商を要求するため、アジア艦隊へ朝鮮遠征を命じた。司令官ロジャーズ率いるアジア艦隊が同年四月、江華島に侵攻して激戦となった。大院君は持久戦に持ち込めば、アメリカ艦隊もフランス軍のように退却すると判断して強硬姿勢を貫いた。果たして、アメリカ艦隊には大規模な軍事行動を起こすだけの余力がなく、結局朝鮮から撤退した。この一連の事態を「辛未洋擾」という。

二つの戦いで勝利し、自信を得た大院君は「西洋の蛮族が侵犯してくるのに戦わないのは則ち和することであり、和議を主張することは国を売ることである」という「斥和碑《チョクワビ》」を全国各地に建て、ますます鎖国政策を強めていった。

大院君は先に述べたように儒者らの拠点となっていた書院の廃止を行ったが、中でも老論派の領袖であった宋時烈《ソンシヨル》（一六〇七〜一六八九）を祀った華陽《ファヤン》書院《ソウォン》と付属施設の万東廟《マンドンミヨ》の廃止には、在野の両班たちから激しい抵抗があった。こうした両班層の反対をなだめるため、大院君は老論派の李恒老《イハンノ》▼（一七九二〜一八六八）や崔益鉉《チエイクキヨン》▼（一八三三〜一九〇六）を登用している。

しかし一八七三年、大院君の独断的な施政に不満を抱いていた崔益鉉は大院君を批判し、高宗がすでに成人していることを理由に「高宗の親政」を掲げて退陣を要求した。崔益鉉は配流されたが、この動きを利用して高宗の王妃・閔妃（明成皇后《ミヨンソンファンフ》）とその一族は大院君を失脚に追いこんだ。安東金氏の勢道政

斥和碑

李恒老：文臣・儒学者。景福宮の再建中止と施政の是正を促すとともに、尊王攘夷の大義を掲げて大院君の政策に反対し、排斥を受けた。

崔益鉉：文臣・儒学者・義兵将。一八六八年、景福宮の再建などによる財政の破綻などを挙げて興宣大院君の失政を上訴し、官職を剝奪される。七三年には同副承旨に起用されるが、大院君を批判したとして七五年まで済州島に配流される。後に日朝修好条約と断髪令に反対。一九〇五年に日韓保護条約が締結されると抗日義兵活動を展開した。

治が終わってわずか一〇年あまりで、今度は高宗の外戚にあたる閔氏一族の勢道政治が始まることとなった。

●日本への開国　江華島条約●

一八六八年の明治維新によって幕藩体制から天皇親政体制へと変わった日本は、翌年、対馬宗氏を介して朝鮮へ日本で新しい政府が誕生して王政が復古したことを知らせた。だが朝鮮は国書の書式や印が異なり、とりわけ従来の外交慣例では中国の皇帝しか使うことが許されない「皇」や「勅」などの文字が使われていたため、国書の受け取りを拒否した。

日本政府側では解決の糸口が見つからぬまま、一部で「征韓論▼」が台頭し、一八七三年には朝鮮使節派遣問題を巡って政府内が分裂した。同年に起こった大院君失脚によって一八七五年には国交交渉が再開されるものの、結局交渉は暗礁に乗り上げてしまった。このため交渉に当たっていた外務省の森山茂らは軍艦の派遣を要請し、武力によって朝鮮に開国を迫ることにした。

一八七五年五月、軍艦雲揚号と第二丁卯号が釜山港に入港し、朝鮮側の抗議を無視して沿岸を探測、「艦砲射撃演習」を名目にして武力示威を行った。雲揚号は一旦帰国したが、九月には再び「航路測定」を名目にして江華島の東南に接近して停泊した。朝鮮側が砲撃を加えると雲揚号は応戦し、永宗島《ヨンジョンド》に上

征韓論：
　明治初期において、西郷隆盛、副島種臣、板垣退助、後藤象二郎、江藤新平らが鎖国政策をとる朝鮮を、武力により開国させて制覇しようと唱えた意見（西郷隆盛の主張は出兵ではなく開国を勧める遣韓使節として自らが朝鮮に赴くことで、むしろ遣韓論）。これに対して岩倉具視、大久保利通、木戸孝允らが反対して政府内部は分裂、西郷隆盛らは敗れて下野した。征韓論者たちは、江戸後期の国学研究などから『日本書紀』の「神功皇后の新羅出兵」を根拠に、それ以来、古代日本が朝鮮半島において支配権を有していたと唱えて朝鮮半島への進出を主張した。

雲揚号

陸して官衙と民家を焼き払って人々を殺戮した。江華島事件である。

一八七六年二月、日本はこの事件を口実にして朝鮮側に開国を強要するため、全権大使・黒田清隆（一八四〇～一九〇〇）、副全権大使・井上馨（一八三六～一九一五）を六隻の軍艦とともに派遣して談判に臨んだ。朝鮮側は議論の末、開国を選択して接見大官・申櫶《シンホン》（一八一〇～一八八四）と全権大使・黒田清隆の間で「江華島条約（日朝修好条規）」が締結された。この条約によって朝鮮は「自主の邦」であり、「日本国と平等の権利を併有する」ものとされた。清国の宗主権を否定し、朝鮮を独立国として認める内容ではあったが、言うまでもなく武力を背景にして強要した不平等条約である。この条約締結によって釜山港《プサンハン》・元山港《ウオンサンハン》・仁川港《インチョンハン》の開港、開港場における日本側の治外法権と輸出入税不課および日本紙幣の使用が決められた。

この後、朝鮮は一八八二年にアメリカとは「朝米修好通商条約」を、清とは「朝清商民水陸貿易章程」を締結した。これ以降、朝鮮はイギリス、ドイツ、イタリア、ロシア、フランス、オーストリアなどと修好通商条約を立て続けに結んだ。これによって朝鮮は列強の角逐の場となってしまった。

● 別技軍と壬午軍乱 ●

朝鮮は鎖国政策をやめ、国際社会の一員となったが、同時に開港によって始まった対日貿易で米・豆などの農産物が輸出され、イギリス製の綿製品や富裕層向けに外国商品が輸入されるようになった。このため米が不足して米価は二、三倍に高騰、庶民の生活は苦しくなる一方であった。またイギリス製の綿製品が輸入されたことで国内の綿産業は衰退していた。

一八八〇年六月には、こうした国内問題や江華島条約で定められた開港要求問題（釜山港、元山港、仁川港の開港を要求されたが、朝鮮側は仁川港の開港を拒否していた）、輸出入税不課の改定などについての協議、そして日本や世界の動向を知るために第二回修信使として金弘集《キムホンジプ》▼（一八四二〜一八九六）らが日本に派遣された（第一回修信使は一八七六年に派遣）。金弘集らは日本滞在中に日本の近代施設を視察するとともに、駐日清国公使・何如璋《かじょしょう》に会って朝鮮の外交政策について相談した。

金弘集：
朝鮮後期の政治家。開化派の中でも穏健的で、甲申政変の後も閔氏政権下で政府高官を務め、開化派を温存。一八九四年には軍国機務処総裁となり、甲午改革を推進した。一八九五年一〇月の閔妃虐殺事件の後も開化派政権を担当した。

金玉均：
朝鮮後期の政治家。開化派の中心人物。一八八一年〜八四年にかけて日本を訪れ、福澤諭吉の協力を得て「漢城旬報」を創刊、徐載弼ら五〇名の日本留学生派遣に尽力する。八四年、甲申政変を起こして失敗、日本に亡命。一八九四年に上海で暗殺される。

朴泳孝：
朝鮮後期の政治家。金玉均らと開化党を組織する。甲申政変失敗後、日本に亡命。帰国後、金弘

帰国後、金弘集らの見聞報告を受けた高宗や政府高官は、日本の発展ぶりに大きな衝撃を受け、近代の文物や制度を導入していこうという近代化に向けた改革が始まった。この改革の担い手となったのが、金玉均《キムオクキュン》▼（一八五一〜一八九四）、朴泳孝《パクヨンヒョ》▼（一八六一〜一九三九）、洪英植《ホンヨンシク》（一八五五〜一八八四）、徐載弼《ソジェピル》▼（一八六四〜一九五一）、金弘集、金允植《キムユンシク》（一八三五〜一九二二）、魚允中《オユンジュン》（一八四八〜一八九六）ら、開化派と呼ばれる人々である。彼らの多くは外交使節として海外に行った経験を持っており、政府高官であった朴珪寿《パクキュス》（北学思想を提唱した朴趾源《パクチウォン》の孫）から北学思想や平等思想を学んだ知識人たちだ。

一八八一年には外交と開化政策を管掌する「統理機務衙門《トンニギムアムン》」が設置され、軍制も改革された。日本から指導教官に堀本礼造少尉を迎え「別技軍《ピョルギグン》」という新式の軍隊がつくられた。さらに朴定陽《パクジョンヤン》▼（一八四一〜一九〇四）、趙準永《チョジュニョン》（一八三三〜一八八六）、洪英植らが参加した紳士遊覧団が日本に、清国・天津には新式兵器の製造を学ぶために金允植に引率された留学生らが、それぞれ派遣されている。一八八二年には官制改革も行われて金弘集ら開化派の人々も官僚として登用されるようになっていた。

ところで近代化への改革に伴って、新設された別技軍は優遇された。その反面、旧軍は俸禄の支払いが遅れるなど劣悪な状態におかれていた。そのため旧軍の兵士たちは別技軍、さらにはその指導に当たる日本人将校や日本公使、別

集内閣で内務大臣、李完用内閣で宮内部大臣を務める。一九一〇年の日韓合併後、日本から侯爵の爵位を受け、朝鮮殖産銀行理事、中枢院議長、日本貴族院議員などを歴任。

徐載弼：
独立運動家。金玉均、洪英植らと甲申政変を起こした。「独立新聞」を発刊し、尹致昊らと独立協会を組織する。

朴定陽：
朝鮮後期の政治家。紳士遊覧団を組織し日本の文物を視察。甲午改革の際に軍国機務処の議員になり、金弘集第二次内閣で学部大臣を務める。金弘集内閣崩壊後、内閣総理大臣として乙未改革を推進、過渡内閣を組織するなど改革のために努力した。

技軍を創設した閔氏政権に対する憎悪や不満を募らせていた。その不満が爆発したのが一八八二年七月に起こった「壬午軍乱《イモグルラン》」である。

一八八二年七月、一年ぶりに旧軍の兵士たちに俸禄米が配られたが、それは目方も少なく、砂や糠が混ざった状態だった。これに怒った軍人たちは騒乱を起こした。この騒乱はすぐに鎮圧されて金永春《キムヨンチュン》ら首謀者たちが捕まった。しかし、首謀者の死刑が決まると彼らを救い出そうとする動きが広がり、米価高騰に苦しめられていた貧困層の民衆もこれに荷担した。七月二三日のことである。同日、旧軍の兵士たちは捕らえられた仲間を釈放するように要求し、要求が拒否されるや武力行使に及んだ。宣恵庁堂上《ソネチョンダンサン》（官吏や軍人に俸禄を支給する庁の長官）兼兵曹判書《ピョンジョパンソ》（国防長官）だった閔謙鎬《ミンギョモ》の家に火をつけ、捕らえられていた首謀者らを救い出した。さらには別技軍の教錬場や京畿監営、日本公使館を襲った。日本公使・花房義質《はなぶさよしもと》（一八四二〜一九一七）は軍人たちに包囲・攻撃され、辛くも仁川に逃れて日本へと脱出している。

翌日、二四日には王妃である閔妃をはじめ閔氏政権の人士を襲撃するために昌徳宮に押しかけた。閔妃は難を逃れたものの閔謙鎬らは殺害された。事態を収拾する意志を失った高宗は大院君に政権を委譲、大院君は「統理機務衙門」や「別技軍」の廃止などを決めるとともに軍人や農民に食糧を分け与え、ようやく反乱は収まった。

軍乱の発生を天津で知った金允植らは清国へ軍の派遣を要請し、清は宗主国として軍を派遣、八月初旬には仁川沖の月尾島《ウォルミド》に到着している。

そして日本に逃げ帰った花房義質は、八月一六日に軍隊とともに再び漢城入りし、首謀者の処罰、被害の補償、開港および通商の拡大、軍隊の駐屯などを要求した。日本の要求に対して大院君は武力で対応する覚悟を固め、清軍に日本軍を牽制してくれるように要請した。清軍は大院君と日本の間に立って仲裁するような態度を見せつつ、大院君を清国に連れ去って幽閉し、武力で漢城と宮廷を掌握した。閔氏政権と結んで朝鮮での影響力を強めていこうとしていた清にとって、大院君が再び執権することはどうしても避けたかったからである。

大院君が閔氏政権の暴政と外国勢力の浸透を阻んでくれると期待した旧軍の兵士と民衆は清軍に抵抗したが、清軍は武力でこれを抑え、政権は再び閔氏一族が掌握してしまった。武力で抵抗を抑えた清は、朝鮮に軍隊を駐屯させて内政に干渉し始め、これによって政府の開化政策は大きく後退した。

また大院君の失脚後には、清の仲裁で日本との間に「済物浦条約《チエムルポジョヤク》」と「修好条規続約」が結ばれ、これによって日本は軍乱による賠償を受け、朝鮮の公使館に兵力を駐屯させることになった。さらに半島内における日本人の居住地を拡大すること、日本の外交官・領事官が、朝鮮国内を視察できるように便宜を図るという約束を取りつけた。

●開化派による政変●

壬午軍乱の鎮圧を清軍に頼ったため軍乱終結後も、朝鮮には約三〇〇〇人の清国軍がそのまま駐屯した。一八八二年一〇月には「朝清商民水陸貿易章程」が結ばれ、清は宗主国として朝鮮への内政干渉を強めた。この章程の前文には朝鮮が清の属邦であることが明記されている。清の直隷総督兼北洋大臣であった李鴻章《りこうしょう》▼（一八二三～一九〇一）の推薦によって馬建常《まけんじょう》（清の洋務運動に参画した政治家・馬建忠《まけんちゅう》の兄）とメルレンドルフ（元天津駐在ドイツ領事代理）が朝鮮に招聘され、朝鮮の内政と外交を監督するようになった。

当時、政府内では閔台鎬《ミンデホ》、閔泳翊《ミンヨンイク》、閔泳穆《ミンヨンモク》、趙寧夏《チョヨンハ》ら閔氏一族の守旧派政権が実権を握っていたものの、開化派の金玉均や洪英植は国王に謁見できる権利を利用して国王や王妃の考えを改めようと努力した。彼らは守旧派からの制約を受けながらも改革を推し進めていた。しかし、清の干渉があまりに強くなると開化派は二つに分裂した。清との宗主関係を維持しながら改革を進める金弘集、金允植、魚允中ら穏健派と清の干渉を排除して独立を主張する金玉均、朴泳孝、洪英植、徐光範《ソグワンボム》▼（一八五九～一八九七）ら急進改革派とに分かれたのである。金玉均ら急進改革派は、日本の明治維新以降の近代化に注目し、日本との関係を強めて朝鮮の近代化を図ろうとしていた。

李鴻章：
　清国末期の政治家。清国の重鎮として直隷総督・北洋大臣を兼務し、洋務運動を推進し、軍隊・産業の近代化を行う。朝鮮に対する宗主権をめぐって日本と対立し、当初、開戦には反対していたが、北洋軍を率いて日本軍と戦う。日清戦争後、清国全権大使として下関で日清講和条約に調印。

徐光範：
　朝鮮後期の政治家。甲申政変に参加し、政変失敗後、日本に亡命。甲午改革後に法務大臣を経て駐米公使として赴任。

金玉均（左）と開化党の人々（甲申政変直前に撮影された）

だが、開化派内の内部分裂に加え、改革の財政難を打開するために閔氏政権が行おうとした「当五銭《タンオジョン》」硬貨の鋳造を巡ってメルレンドルフと金玉均は対立した。金玉均は通貨の濫発はインフレを引き起こし、人々の生活を圧迫すると反対したのだ。しかし、メルレンドルフや勢道政治を続けようとする閔氏一族にとって、こうした正論を述べる金玉均は邪魔者でしかなかった。

金玉均は財政難を解決するための対日借款交渉にも閔氏一族の策略によって失敗しており、開化運動を成功させるためには非常手段に訴えるしか道は残っていないと思い始めていた。金玉均は事態を打開するために、日本軍の力を借りて政変を起こし、王の側近から閔氏勢力を一掃し、開化政策を強力に推進しようと考えた。
折しも、一八八四年七月、清とフランスの間でベトナム支配を巡って清仏戦争が勃発、朝鮮半島に駐留していた清軍の半数が引き上げた。これを好機と捉えた金玉均は、クーデター計画を実行に移した。既に日本公使・竹添進一郎（一八四一～一九一七）との密約によって日本軍が清軍の介入を阻むことになっていた。

一八八四年一二月四日、急進開化派は郵政局開局の祝宴の席でクーデターを起こした。この日の祝宴には閔泳翊をはじめ洪英植、金弘集らの大臣と金玉均、徐光範、尹致昊《ユンチホ》▼（一八六五～一九四五）ら開化派の高官、そして英、米、独、清、日本など各国の外交官が参加していた。宴もたけなわになった午後一〇時頃、放火を合図に金玉均らはクーデターを起こし、祝宴に参加していた閔泳翊に重傷を負わせた。日本軍一五〇人あまりと開化派の兵力五〇人で高宗が避難した景祐宮《キョンウグン》を包囲し、昌徳宮《チャンドククン》では閔台鎬、趙寧夏、韓圭稷《ハンギュジク》ら守旧派（事大派）の大臣を処断して政権を奪取した。これを「甲申政変《カプシンチョンビョン》」という。

クーデターの翌日、急進改革派は新政府を樹立し、八〇を超える条項からなる「革新政綱」を発表して朝鮮の社会改革に取り組もうとした。その革新政綱の全容は、現在、知ることはできないが、そのうちの一四条は金玉均が後に著した『甲申日録』に記されている。

尹致昊：
朝鮮後期の政治家。紳士遊覧団の一員として日本に渡航し開化思想に目覚めた後、アメリカに留学。徐載弼らと独立協会を組織する。

それらは「大院君の帰国および清からの独立と朝貢の廃止」「戸曹への国家財政管轄の一元化」「人民の平等権制定」「警察制度の実施」「不正汚職官吏の処罰」「能力による人材登用のための門閥打破」などで、近代国家の樹立を目指す進歩的なものだった。

しかし開化派の天下は三日しか続かなかった。密かに閔妃が清に軍の出動を要請していたからだ。これに応じて漢城に駐屯していた清軍一五〇〇人が攻撃を加えると、清の介入を阻むと約束していたはずの竹添公使は一方的に日本軍の撤兵を決めてしまった。力添えを失った開化派政権はあえなく崩壊、金玉均、朴泳孝ら九名は日本に亡命し、洪英植らは清軍によって処刑された。

日本に亡命した金玉均は日本政府からも冷遇され、父島や札幌に軟禁された後に、閔氏政権の放った刺客によって上海で暗殺された。

こうして政変は失敗に終わってしまったが、この甲申政変は、近代国家の樹立を目指した民族運動の出発点だったという点において歴史的意義を持つとされる。政変が失敗した原因は、開化派の意識が民衆と乖離していたところにある。政変において民衆の支持を欠いていたことは致命的で、外国勢力（日本）の力を借りた急進的な政変は、外国勢力（清）の介入によって挫折するべくして挫折したといえるだろう。

政変が失敗した後、日本は公使館が破壊され、公使館職員と居留民が犠牲になった責任は朝鮮側にあるとして賠償金の支払いを求めている。さらに伊藤博文（一八四一～一九〇九）を清に派遣して交渉を行い、「朝鮮からの同時撤兵および将来、派兵する際には相互に事前通告する」という内容の「天津条約」を一八八五年四月に締結した。これによって日本は朝鮮問題において清のような派兵権を得るようになった。後の甲午農民戦争の際に、日本はこの条約に基づいて派兵を行った。

● 甲午農民戦争と日清戦争 ●

一九世紀に入って以来、朝鮮では人々の生活を顧みない暴政が続き、外国勢力の侵攻によって朝鮮の社会には不安が広がっていた。一八一一年の洪景来の乱、一八六二年の晋州民乱以降、全国で民乱が相次いでおり、人々は何を頼りに生きていけばよいのかわからなくなっていた。さらに先に述べたように一八七六年の開港以来、日本をはじめとした外国の勢力の進出によって米価高騰や廉価な綿製品の流入が起こっており、特に朝鮮半島南部の人々は私腹を肥やす官吏の暴政も相まって生活苦に喘いでいた。

このような不安に脅え、拠り所を失った人々の中に「世直し信仰」として広まったのが「東学《トンハク》」である。

東学は、没落両班の崔済愚《チェジェウ》▼（一八二四～一八六四）が一八六〇年に創始した

崔済愚：東学の創始者。東学の主張する「人乃天」思想は儒教の理念を否定するものであったため邪教とされ、彼は一八六四年に「人々を欺いて世の中を混乱させた」として処刑されている。

宗教で、その宗旨は人間を天と同じものと考えて万人平等を主張した「人乃《ひとの》天《てん》」思想と地上の天国を実現する「後天開闢《こうてんかいびゃく》」の思想である。これは天主教のような来世を信じるものではなく、現世において万民平等を成し遂げ、暴政や外国勢力の侵攻から人々の暮らしを守る世直し改革的なものだった。この東学の信者を中心として結集した農民が、地方郡守の悪政に反対して行った蜂起を「甲午農民戦争」という。

　甲午農民戦争は一八九四年二月に全羅道《チョルラド》北部の古阜《コブ》地方から始まった。古阜郡守の趙秉甲《チョビョンガプ》の悪政に反対した東学接主《トンハクチョプチュ》（教団支部長）の全琫準《チョンボンジュン》（一八五五〜一八九五）が一〇〇〇名あまりの農民を糾合して蜂起したのである。全琫準は古阜の官庁を襲って趙秉甲を追い出し、不法に収奪された穀物を農民に分け与えるとともに不当に監禁された人々を釈放した。

　この暴動を知った朝廷は民乱の波及を恐れて、趙秉甲を拘禁するとともに事件を調査するために按覈使《あんかくし》（地方で事件が発生した時、調査のために任命される臨時職）・李容泰《イヨンテ》を派遣した。これによって一旦蜂起は収まったが、李容泰は事件を収拾するどころか民衆への残虐行為を行ってしまった。これに対して全琫準は各地の接主らに蜂起を呼びかけた。蜂起した農民は四〇〇〇人を超え、民乱は次第に農民戦争へと変わっていった。農民軍は官庁を襲って監獄に捕らえられていた農民を釈放して両班・地主・富豪から奪った財産を貧しい

護送される全琫準

人々に分け与えた。

農民軍は鎮圧に来た全州《チョンジュ》監営の兵士や中央の官軍をも撃破、五月三一日には全羅道の道都・全州へ入って官軍と激戦となった。ここで多くの犠牲を出した農民軍は、清国や日本の派兵を知ると、農繁期が近づいたこともあって政府に「弊政改革案」を提示、改革案の受け入れと生命の安全を条件に六月一〇日、「全《チョン》州和約《ジュファヤク》」が締結された。

一方、全州城が占領された当時、高宗は清国に派兵を要請していた。朝鮮への支配を強めていた清は軍艦を派遣して部隊を忠清道《チュンチョンド》牙山《アサン》に上陸させた。日本もやはり清を牽制するために仁川に部隊を上陸させた。ところが両国の軍隊が朝鮮に到着した頃には、農民軍と政府との間で「全州和約」が結ばれ、農民軍は既に撤退していた。軍隊の撤収を要求する朝鮮に対し、日本は一八九四年七月二三日、景福宮を突如占領して閔氏政権を崩壊させ、その二日後、牙山湾に停泊していた清の艦隊に砲撃を加えた。日清戦争の勃発である（八月一日、宣戦布告）。

そして日本は閔氏一族を牽制するために二七日には大院君を担ぎ出して金弘集を首班とする親日開化派政権を樹立させた。これには朝鮮から清と親清勢力を排除する狙いがあった。日本は朝鮮への内政干渉の一環として「軍国機務処《グングクキムチヨ》」という議会機関を設置して、相次いで改革法令を発令し、官制改革、科挙の廃止、租税の金納化、身分差別の撤廃など甲午改革といわれる広範囲にわたる改革を行った。こうした改革は開化派の長年の構想に基づくものだったが、日本が軍事力を背景にして強要したものだった。

一方、牙山湾で清の艦隊に攻撃を加えた日本軍は、九月一六日には平壌での戦闘でも清軍を退け、やがて戦線は中国大陸へと移動、遼東半島の大連、旅順を占領する（日本に連敗した清は講和を求め、一八九五年四月一七日に下関講和条約が結ばれた）。

このようにして朝鮮半島内での日本軍の侵略と開化派の親日姿勢が強まると、全琫準をはじめとする東学農民軍の指導部は、「斥倭斥化《チヨゲチヨツカ》（日本と開化を斥ける）」を掲げて、再び立ち上がった。蜂起した農民軍は延べ二〇万であった。一八九四年九月下旬、忠清南道論山《チユンチヨンナムドノンサン》に集まった農民軍は公州《コンジユ》に向けて北上を開始した。当時、公州は農民軍鎮圧に動員された日本軍と官軍の拠点だった。これに対して日本軍は、官軍とともに鎮圧にあたり、一一月下旬から一二月上旬にかけて公州郊外の牛金峙《ウグムチ》で、農民軍と日本軍・官軍との激しい戦闘が行われた。農民軍は日本軍の優勢な火力に耐えられずに敗退し、全羅北道の泰《テ》仁《イン》と金溝《クムガン》の戦闘で全琫準が率いる部隊も敗れ、彼をはじめとする東学の指導者らはすべて捕らえられて処刑された。

● 閔妃虐殺事件と乙未義兵 ●

甲午農民戦争が鎮圧された後には、朝鮮では義兵という形で日本への抵抗が続いていくことになる。この抗日義兵活動▼の最初となるのが、一八九六年初めから始まった乙《ウル》未《ミ》義兵《ウイビョン》である。

閔妃とされた女官の肖像

一八九五年四月の三国干渉（下関講和条約によって日本に割譲されることになった遼東半島を清へ返還するようにフランス、ドイツ、ロシアが行った勧告）は、朝鮮半島内における日本の勢力を後退させることとなった。

抗日義兵活動…初期の義兵活動は、朝鮮が日本の内政干渉を受けるようになった一八九六年初めから始まり、一九〇七年には最高潮に達した。

日本の内政干渉や親日開化派政権に反発する勢力が、三国干渉を主導したロシアに接近して日本を牽制しようとしたからである。元々、親清的だった閔妃もロシアの力を借りて日本を抑えようとした。そのため朝鮮政府の内部では朴定陽、李完用《イワニョン》▼（一八五八〜一九二六）、李允用《イユニョン》（一八五四〜一九三九）ら親露・親米派が力を得ていくようになっていた。

ロシアに近づく朝鮮王室に対して日本側は、井上馨公使が、実現不可能な借款供与まで提案して引き離しを図ったが失敗した。井上馨公使は辞任し、同年九月には陸軍中将の三浦梧楼《みうらごろう》が公使として赴任した。

そして三浦梧楼はロシアと朝鮮王室とを引き離すために、閔妃暗殺を計画する。三浦梧楼は日本守備隊と公使館警察、日本人の経営する『漢城新報』の関係者、大陸浪人などを糾合して実行部隊とし、一〇月八日未明に王宮に侵入して王妃を惨殺し、遺体を焼くという蛮行を行った。閔妃虐殺事件である（韓国では乙未事変《ウルミサビョン》ともいう）。

日本側はこの蛮行を大院君派のクーデターに見せかけようとした。しかし、事件の一部始終はアメリカ人軍事教官やロシア人技師らに目撃されていた。アメリカやロシアは事態の究明を日本に求め、金弘集政権が日本と事件との関連を否定しても国際問題化は避けることができなくなった。事件の進展に慌てた日本側は、やむなく事件の関連者を逮捕し、広島において裁判を行ったが、三

李完用：　朝鮮後期の親日派政治家。一九一〇年、総理大臣として政府の全権委員となり、日韓併合条約を締結、日本政府から伯爵を受け、朝鮮総督府中枢院顧問を務めた。

浦梧楼をはじめ事件関係者らは、翌年一月には証拠不十分ということで全員釈放されている。

閔妃虐殺事件後、金弘集内閣はさらなる改革を推し進め、断髪令と建陽《コニャン》年号の使用、小学教令公布、太陽暦使用などの改革（乙未改革）を推進した。

しかし王妃の虐殺によって国民の反日感情が極限に達した状況で、親日派内閣が推進する改革は全国的な抗日義兵活動を引き起こす契機となった。直接の原因は社会改革の一環として出された断髪令である。身体や髪、皮膚は父母から与えられた貴いものであるという儒教的な価値観が一般的であった当時、断髪令は人間の道理に反する政策であると解釈されたのだ。

この時の義兵を主導したのは主に江華島条約締結以降、「衛正斥邪」論を掲げてきた抗日的な儒学者らだった。儒学者たちは甲午農民戦争以降の反日感情の高まりを捉えて全国的に義兵活動を展開しようとした。これを「乙未義兵」という。乙未義兵は両班の義兵長の指揮の下に農民や猟師をはじめ多くの民衆が参加した。またこの活動には地方郡守や軍隊までが参加しており、日本軍と日本の居留民を攻撃し、日本軍の交通・通信網を遮断する活動を展開した。

● 露館播遷 ●

閔妃虐殺事件と断髪令による抗日義兵活動への対応に金弘集政権が追われて

ロシア公使館に移った高宗

いる中、親露派の李《イ》範晋《ボムジン》▼（一八五二～一九一〇）、李允用、李完用らはロシア公使に働き掛けて、一八九六年二月一一日、高宗を王宮からロシア公使館へと移す「露館播遷（俄《ア》館《グワン》播《パ》遷《チヨン》）」を行った。彼らは高宗に王室安泰のために、しばらくロシア公使館に移ることを勧め、閔妃が暗殺されたことで極度の不安を感じていた高宗も彼らの勧めに従ったのである。

ロシア公使館に移った高宗は、金弘集をはじめとする親日的な開化派内閣閣僚の処刑を命じ、金炳始《キムビヨンシ》（一八三二～一八九八）を議政府議政（総理大臣）とする新しい内閣を組閣した。閣僚には李範晋、李完用、朴定陽ら親露・親米派が登用された。高宗は断髪令を廃止する一方、義兵には解散するように勅令を下した。

李範晋：　朝鮮後期の親露派政治家・外交官。露館播遷を断行し、政府内から親日派人士を追い出し、親露派内閣を組織した。

高宗がロシア公使館に避難している間、政治はロシア公使館と親露派が左右することになった。親露派内閣は親日派内閣が実施した改革を中止し、弱体化した専制王権を強化しようと努めたが、その一方で高宗がロシア公使館に避難している間に、ロシアに多くの利権が渡ったため、列強の利権争奪戦に火をつける結果となった。

折しも日清戦争によって「眠れる獅子」といわれた大国・清が、小国の日本に敗退したことで清の権威は地に落ち、清はドイツ、イギリス、フランスといった列強に「租借」という形で分割されていた。中国大陸での列強の角逐と相まって朝鮮半島内においても利権争いが激しくなった。

鉄道敷設権、鉱山採掘権、電気・電話の架設権、関税管理権など近代国家を築いていく上で重要な税収源となる権利が、安価で外国の手に渡ってしまい、朝鮮王室は自主発展の道を険しくする結果を招いてしまった。

● 大韓帝国の成立 ●

露館播遷により高宗はロシアの公使館に身を避けて政治を行っていたが、これに対する独立協会《トンニプヒョプペ》▼をはじめ国民の批判が強くなると一年後に慶運宮《キョンウングン》（後の徳寿宮《トクスグン》）に帰った。先に述べたように露館播遷によって朝鮮政府内では日本の影響力が弱まった反面、ロシアの影響力が強まっており、日本対ロシアをはじ

独立協会：

一八九六年七月に徐載弼、李商在、尹致昊らが朝鮮の自主独立と内政改革のために組織した政治団体。民族の自覚と民権思想を広めるために《独立新聞》を、朝鮮では初めてハングル活字で発刊している。

独立協会の活動の中で注目されるのは議会の設立要求と司法制度の近代化要求である。一八九八年一〇月、独立協会は万民共同会（市民集会）を開催した。この集会には市民ら数千人と朴定陽、閔泳煥らをはじめ政府の高官が出席しており、「朝鮮の自主と専制皇権を強固にすること」「議会制度の設立」「司法制度の改革」などを趣旨とする「献議六条」を大臣らにその場で署名・承認させた。しかし「献議六条」は閔種默ら守旧派によって朴定陽政権が倒されたことで無効になり、

大韓帝国初代皇帝となった高宗

め列国間で利権争いが繰り広げられていた。

このように朝鮮半島内で列国の角逐が激しくなる中、ようやく朝鮮内部でも自主独立への模索が始まった。徐載弼らが結成した独立協会の活動による『独立新聞』の発行や独立門の建設をはじめ国王の慶運宮への帰還もその現れである。そして最も象徴的なのが、一八九七年一〇月一二日の大韓帝国の成立だ。

高宗は、大韓帝国が清と同等の主権国家であることを主張するために、圜《かん》丘壇《きゅうだん》（天地を祀る祭壇）で皇帝即位式を挙行し、国号を「大韓帝国《テハンチェグク》」とすることを内外に宣言した。これによって「大韓帝国」が誕生した。王を「皇帝」と改称、光武《クワンム》という元号を使い始めた。一八九九年には大韓帝国の憲法にあたる「大韓国制」が宣布された。これによれば皇帝は立法・司法・行政・軍事・外交権のすべてを掌握し、その権利を制限するものはいっさい設けられていない。

独立協会も弾圧されて一八九九年には解散させられた。

一九〇〇年からは官員らが官服として洋服を着ることになり、一九〇二年には再び断髪令が下され、官員らは髷を切り落とした。さらに同年には「大韓帝国愛国歌」が国歌として制定され、翌年には国民皆兵を原則とした徴兵制度に関する詔勅が下された。

さらに国家の財政基盤を安定させるために、土地測量事業が積極的に推進され、農地の所有権を証明する「地契」の発給が行われた。そして金本位制に基づく貨幣改革や中央銀行の設立もなされた。教育政策として近代的な商人、技術者の養成を目標にした実業教育が強調され、商工学校・光武学校などの公立実業学校が設立された。郵便・電報網が全国的に拡充され、漢城・仁川・開城・平壌などに電話が開設された。これら一連の改革を「光武改革」という。

しかし大韓帝国のこのような改革は国王の権威を再び回復させ、地主や官僚の持っていた既得権をそのまま認めることにほかならなかった。よって土地分配のような農民の要求は受け入れられることがなく、行われた改革も内実の伴うものではなかった。また改革に必要となる財源が十分に確保できず、日本の妨害などによって外国からの借款導入も思うようにいかなかった。そのため人蔘税や塩税など専売事業に課税し、補助硬貨の白銅貨の濫発を行ったため、各地で土地所有権の争奪や小作料の引き下げ抗争などが起こり、人々の生活を圧迫した。

●日露戦争から日韓併合へ●

一八九六年の露館播遷によって朝鮮半島におけるロシアと日本の対立は、ロシア側が優勢となった。さらに一九〇〇年、中国で起こった義和団の乱▼をきっかけに、ロシアは中国東北地方を占領していた。こうしたロシアの南下を懸念した日本は、ロシアと対立していたイギリスと日英同盟を結んでロシアを牽制し、中国東北地方から撤退することを要求した。日露交渉の過程では武力衝突を避けるために「韓満交換論」という案も議論された。ロシアは日本が朝鮮を自由にすることを認め、日本はロシアが満州を自由にすることを認めるという現実的な選択だったが、これは実現しなかった。そして一九〇三年夏からの日露交渉は難航し、ついに一九〇四年二月八日、日本は仁川・旅順のロシア艦隊を奇襲して日露戦争が勃発した（二月一〇日、宣戦布告）。

大韓帝国（以下韓国とする）は局外中立を宣言したが、日本は開戦前から朝鮮に軍隊を増派し、軍事力を背景に二月二三日には韓国との間で「日韓議定書」を結んだ。これは日本が「大韓帝国ノ独立及領土保全ヲ確実ニ保証スル事」を明記していたが、同時に韓国政府が「大日本帝国ノ行動ヲ容易ナラシムル為十分便宜ヲ与フル事」、日本政府が「軍略上必要ノ地点ヲ臨検収用スルコトヲ得ル事」などを定めていた。三月には韓国駐箚軍（駐留軍）を編成して、

義和団の乱：
　中国・清朝末期、一九〇〇～一九〇一年に起こった動乱。当初は秘密結社・義和団による外国勢力排斥運動でキリスト教会などが破壊された。運動は一九〇〇年にピークに達し、西太后ら清国保守派はこの反乱を支持して欧米列国に宣戦布告、日本、ロシア、アメリカなど八カ国の共同出兵を招いた。義和団事件、北清事変ともいう。

韓国を軍事占領下におき、さらに八月には「第一次日韓協約」を締結して韓国の財政と外交を監督するために日本政府が派遣した顧問を置くことを定めた。これによって財政顧問として目賀田種太郎《めがたたねたろう》（一八五三〜一九二六）が就任し、外交顧問としてアメリカ人スティーブンスが雇用された。このほか宮内府・軍部・学部・警務などに日本人が顧問として入り、内政干渉（顧問政治）を行うようになり、韓国政府による自主的な政治は行えなくなっていった。

そして日露戦争の局面は一九〇五年一月の旅順での戦いと三月の奉天会戦、そして五月の日本海海戦での勝利で日本に有利となった。これを契機に日本は、韓国に対する支配を列強各国に認めさせるために画策した。まず、七月にはアメリカと「桂・タフト協定」を交わして、アメリカのフィリピン支配を承認し、翌月にはイギリスと第二回日英同盟を結んで、イギリスのインド支配を承認した。これらの植民地支配を認める代わりに朝鮮に対する「保護権」を承認させたのである。その上で日本は、一九〇五年九月、アメリカの仲介でロシアと日露講和条約（ポーツマス条約）を結び、ロシアに対して「韓国における政治・軍事及び経済上の卓絶なる利益」を認めさせた。保護権とは韓国の外交権を日本が奪い、政治は日本の駐箚官（駐在官）が監督するというものだ。

こうして日本は韓国を保護するという名目で、一九〇五年一一月一七日、第二次日韓協約（日韓保護条約：韓国では乙巳条約《ウルサジョヤク》▼という）を韓国政府と結び、

乙巳条約と乙巳五賊臣：日韓保護条約（乙巳条約）締結に加わった五人の大臣、朴斉純（パク・ジェスン）、李址鎔（イ・ジヨン）、李根沢（イ・グンテク）、李完用（イ・ワニョン）、権重顕（クォン・ジュンヒョン）は売国行為を行ったとして「乙巳五賊臣」といわれる。

外交権を奪って独立国から植民地へと没落させた。条約締結に際して伊藤博文は朝鮮駐箚軍司令官長谷川好道《はせがわよしみち》（一八五〇〜一九二四）らを引き連れて出席し、閣僚会議場は日本の憲兵隊が取り囲んでいた。そうして閣僚に対する脅しと個人審問という方法で強制的に条約を結ばせた。第二次日韓協約によって、韓国には保護国統治機関である統監府が置かれることになった。一九〇六年、日本は韓国の日本公使館を統監府に改め、同年三月、伊藤博文を初代統監に任命した。統監▼は天皇直属の官吏で、韓国の外交権を行使して韓国における日本の官憲を監督し、韓国に駐留する日本軍を統率指揮する権限を持っていた。

　一九〇七年六月、高宗は、この第二次日韓協約を無効としてオランダのハーグで開催される万国平和会議に密使を派遣し、条約の不当性を訴えようとした（ハーグ密使事件▼）。しかし、会議では韓国には外交権がないという理由で参加を拒否され、当初の目的を果たすことができなかった。

安重根

　密使を送ったことに対して、伊藤博文統監は韓国政府に抗議し、反日意識の高かった高宗皇帝を退位させ、代わりに皇太子・純宗《スンジョン》を即位させた。

歴代の韓国統監：
第一代：伊藤博文
（一九〇六年三月三日就任）
第二代：曾禰荒助
（一九〇九年六月一四日就任）
第三代：寺内正毅
（一九一〇年五月三〇日就任、陸相を兼務し、赴任は七月二三日）

ハーグ密使事件：
　日本による外交権剝奪の不当性を訴えるために、一九〇七年、高宗がオランダ・ハーグで行われる第二回万国平和会議に李儁（イ・ジュン）、李相卨（イ・サンソル）、李瑋鍾（イ・ウィジョン）の三人を派遣し、密使派遣が露見して高宗が退位させられた事件。これにより第三次日韓協約が結ばれて日本に内政権までも奪われることになった。

さらに日本は七月、第三次日韓協約（日韓新協約：丁《チョン》未《ミ》七《チル》条約《ジョヤク》）を締結させ、統監の推薦する日本人を官吏として登用することを強要し、外交権に続き、内政に関する権力まで掌握した。八月には軍隊も解散させられるが、これに反発した軍人たちが義兵に合流するなどしたため、日本は一九〇九年九月から「南韓大討伐作戦」を行ってこれを鎮圧している。

一九〇九年一〇月には日韓併合への動きに反対した安重根《アンジュングン》（一八七九～一九一〇）が枢密院議長に就任した伊藤博文を中国ハルビン駅で射殺するという事件が起きた。翌年、一九一〇年七月には、陸軍大臣・寺内正毅《てらうちまさたけ》（一八五二～一九一九）が統監として赴任している。

そして日韓保護条約締結に賛成した官僚の一人である李完用が総理大臣に就任して親日的な内閣を組織し、一九一〇年八月二二日、大韓帝国の総理大臣・李完用と韓国統監府・寺内正毅統監との間で「日韓併合条約（日韓併合ニ関スル条約）」が調印された。これによって五一九年の歴史を誇る朝鮮王朝は終焉を迎えた。朝鮮民衆の反発を恐れた日本は一週間後の八月二九日になってようやく条約の調印を公布した。この日を韓国では「庚《キョン》戌《スル》国《クク》恥《チ》日《イル》」という。

● 抗日義兵活動 ●

日本によって国権が奪われていく過程で、韓国（大韓帝国）政府はまったく軍事的には抵抗できなかった。軍事的な抵抗は「閔妃虐殺事件（乙未事変）」の際と同じく義兵によって行われた。乙未義兵以降、朝鮮半島内で展開された大きな義兵活動としては「丙午義兵《ピョンオウイビョン》」と「丁未義兵《チョンミウイビョン》」が挙げられる。「丙午義兵」は一九〇四年二月、日露戦争の勃発とともに「日韓議定書」が締結され、日本軍への軍事協力強要に対抗して起きた義兵活動である。

この義兵活動の主役は農民たちで、英学党、南学党、活貧党などの農民運動組織による反封建的な抗争が、抗日義兵闘争に変化したものだ。

この丙午義兵活動には、儒学者を指導者にして、農民をはじめ地方官吏まで参加したため「乙未義兵」よりも規模が大きく、その理念においても「乙未義兵」当時に比べて国を守ろうという意識が強いものであった。一九〇六年六月までに全国六〇あまりの郡で義兵が立ち上がった。前参判・閔宗植《ミンジョンシク》（一八六一～一九一七）が率いる一〇〇〇人余りの義兵部隊が忠清南道《チュンチョンナムド》の洪州《ホンジュ》城を拠点に日本軍と戦闘を交え、崔益鉉《チェイクキョン》も全羅北道の泰仁で兵を起こしている。

一九〇七年にはハーグ密使事件による高宗の退位をはじめ第三次日韓協約締結、軍隊の解散などの一連の事件が契機となって「丁未義兵」が起こった。

この丁未義兵活動には申乭石《シンドルソク》（一八七八～一九〇八）や洪範図《ホンボムド》（一八六八～一九四三）ら平民出身の義兵長が活躍し、旧軍の兵士が義兵として合流したことで戦闘力が大きく向上した。さらに義兵たちは地域間の連携によって大規模

乙未義兵の頃の義兵たち

部隊を駆逐する連合作戦を行った。一九〇七年一二月、義兵将・李麟栄《イイニョン》（一八六七〜一九〇九）らによって全国の義兵将に檄文が飛ばされ、京畿道楊州《キョンギドヤンジュ》に全国から一万あまりの義兵が集合して十三道倡義軍《シプサムドチャンイグン》が組織され、漢城侵攻作戦を敢行した。しかし、十三道倡義軍は東大門郊外の激戦で敗戦した。翌年五月にも漢城北方の臨津江《イムジンガン》に拠点を置いて漢城奪還作戦を遂行しようとしたが、これもやはり失敗した。この後、義兵闘争は待ち伏せ、奇襲を主にするゲリラ戦に変わっていった。

国内の義兵は太白山《テベクサン》・智異山《チリサン》など山中に潜伏してゲリラ戦を展開し、特に全羅道地方での抵抗が激しかった。義兵活動に対して日本は、前述したように一九〇九年の九月から一〇月にかけて「南韓討伐作戦」を行い、これによって全羅道一帯の義兵活動は大きな打撃を受けて沈静化した。そして一九一〇年の日韓併合以降、義兵活動は旧満州地方や沿海州一帯を根拠地として組織された独立軍によって行われるようになっていった。丙午義兵と丁未義兵による抗日活動は大韓帝国の滅亡と日韓併合を阻止することはできなかったが、その後の独立運動の基礎になったのである。

第 6 章

식민지 지배하의 조선

植民地支配下の朝鮮

概要　植民地支配下の朝鮮

一九一〇年八月二九日、「韓国併合ニ関スル条約」が施行され、朝鮮は日本の植民地支配の下におかれることになった。そして一九四五年八月一五日までの三五年間近く日本植民地時代が続くことになる（韓国ではこの時期を「日帝《イルチェ》強占期《カンジョムギ》」「日帝三六年《イルチェサムシプユンニョン》」ということが多い）。

日本は統治機関として朝鮮総督府を設置し、現役の憲兵が直接警察業務を担当する憲兵警察制度を導入した。さらに小学校の教員や地方官吏までもが帯刀する強圧的な方法で植民地支配の安定を図った。民族教育への禁圧、言論・出版の自由の剝奪、結社・集会の禁止などとともに、日本資本の効果的な進出と朝鮮市場確保のために会社令が発布され、朝鮮人の経済活動が制限された。また「土地調査事業」を行い、鉄道の敷設、道路の建設、港湾の整備などのインフラの整備が行われた。

このように一九一〇年から一九一九年まで日本は、人々の植民地統治への抵抗を強圧的な方法で弾圧し、植民地支配の基礎を固めていった。この時期を

「武断政治期」という。

しかし、こうした「武断政治」に対する民衆の不満が高まったところへ、ロシア革命や第一次世界大戦後の世界秩序の再編が契機となって、一九一九年三月一日、「三・一独立運動」が起こり、全国に拡散した。日本はこの運動を武力で鎮圧したが、もう従来の「武断政治」では植民地支配を続けていくことは不可能だと考え、制限つきながら表現や結社、集会の自由を認めるとともに、より穏健な統治によって人々を懐柔して植民地支配を続けていくように統治方法を転換した。この一連の統治政策を「文化政治」という。これにより憲兵警察制度は廃止されて普通警察制度となり、地方自治制を実施するという名目で「面部協議会」「道評議会」などが設置され、これに朝鮮人を参加させた。

その一方で日本は本土の食糧不足を解決するために一九二〇年から「産米増殖計画」を実施し、水利施設の整備と土地改良事業を通して朝鮮半島での米の増産を図った。また一九一〇年代後半から二〇年代中盤にかけて日本から朝鮮に対する工業投資が増加し、三井・三菱・野口などの財閥資本が進出し始めた。一方で繊維業・ゴム加工業などの分野で朝鮮人資本による中小企業が設立されていった。

そして三・一独立運動後、独立運動を主導していくために一九一九年四月には中国・上海で「大《テ》韓《ハン》民《ミン》国《グク》臨《イム》時《シ》政《ジョン》府《ブ》」が組織された。一九二七年には国内では民族主義勢力と社会主義勢力を糾合した「新《シン》幹《カ》会《ヌエ》」が民族運動を担って朝鮮総督府の監視と弾圧に遭いながらも労動運動・農民運動・学生運動を指導していった。

だが、一九三一年九月の満州事変によって中国東北部に「満洲国」が建国されると、朝鮮に対する日本の支配の様相は一変した。朝鮮を中国大陸に対する兵站基地と位置づけて再び統治方法を強圧的なものに転換したのである。「文化政治」で緩められた統制は再び強化され、国内の民族運動は徹底的に弾圧された。一九三七年に日中戦争が勃発し、三八年に国家総動員法が施行されると「国民精神総動員朝鮮連盟」が結成され、戦時体制が敷かれて統制が厳しくなった。

さらに朝鮮人を「忠良なる日本臣民」に改造する「皇民化政策」も推進され、日本語の常用、神社参拝、宮城揺拝などが強要され、姓名を日本式に変える「創氏改名《チャンシケミョン》」「愛国公債」の購買による戦費調達などが行われた。中国における戦線がさらに拡大すると朝鮮人にも国民徴用令を適用して動員を行い、一九四一年の太平洋戦争勃発とともに動員はさらに強化された。

太平洋戦争末期には陸軍特別志願兵制度・徴集制度・学徒支援兵制度などが実施され、朝鮮人が直接戦闘力として動員された。

こうした情勢下でも上海（後に重慶）の大韓民国臨時政府と中国東北部における共産主義組織を中心に独立・民族運動は続けられており、一九四五年八月に日本がポツダム宣言を受諾したことで日本は敗戦を迎え、朝鮮は植民地支配から脱することになった。

● 朝鮮総督府と武断政治 ●

一九一〇年に「韓国併合ニ関スル条約」を大韓帝国（韓国）政府と結んだ日本は、大韓帝国を日本に併合し、その領土を植民地とした。さらにその領域を「朝鮮」とし、王都の漢城を「京城《けいじょう》」と改称し、統治機構「朝鮮総督府《チョソンチョンドクプ》」を設置して本格的な植民地支配に取りかかった。

併合当時の朝鮮総督府は、一九〇五年に設置された韓国統監府の機構を受け継ぐ形で設けられた。総督官房と総務部・内務部・度支《たくし》（会計）部・農商工部・司法部の五部が置かれ、所属官署として中枢院、警務総監部、裁判所、鉄道局などの現業部門が設置された。

朝鮮総督府の最高責任者である朝鮮総督▼は、陸海軍の大将の中から任命され、天皇にのみに従えばよい存在だった。そのため憲法に直接束縛されず、朝鮮にお

朝鮮総督府庁舎（1920 年代）

歴代の朝鮮総督：
第一代：寺内正毅（一九一〇年一〇月一日就任）
第二代：長谷川好道（一九一六年一〇月一六日就任）
第三代：斉藤実（一九一九年八月一二日就任）
第三代代理：宇垣一成（一九二七年四月一五日就任）
第四代：山梨半造（一九二七年一二月一〇日就任）
第五代：斉藤実（一九二九年八月一七日就任）
第六代：宇垣一成（一九三一年六月一七日就任）

有地とすべき土地を総督府は強引に国有地としてしまったのである。土地は東洋拓殖株式会社▼をはじめとする日本人地主に払い下げられて日本人農民の朝鮮浸透をもたらす結果となった。

さらにそれまで慣習的に認められていた農民たちの共同利用林「無主公山」が否定されて国有林化されたことも彼らの生活を苦しめる要因となった。生きるための田畑を失った農民たちは自作農から小作人へと転落したり、流民となって日本や満洲へ移住したりした。

土地調査事業

土地調査事業の一方で総督府は「会社令」を出し、朝鮮人・日本人を問わず会社を設立しようとする時には、総督の許可を得るようにした。これは、表向きは「朝鮮人は法律や経済上の知識、経験不足から、日本人は朝鮮の実情に対する理解不足から、もたらされる損害をあらかじめ防止する」ためとなっていた。しかし一九一〇年から一九年までの実施状況を見ると日本人が出願した

東洋拓殖株式会社…一九〇八年に日本が朝鮮半島での植民地事業を進めるために設立した国策会社。

会社設立申請がほとんど認められている一方、朝鮮人が出願した会社設立申請は一割ほどしか許可されていない。これは朝鮮人による商工業の発展を抑制しようとしたとも考えられるが、申請者の規模や実績から見て朝鮮人資本だけが抑制されたということではないようである。朝鮮人資本の大部分が零細資本であり、開港以来の日本企業の進出や経済政策によって、既に朝鮮企業が会社活動をしていく余地は少なかったと見られ、日本企業の進出によって朝鮮における独自の商工業の発展は阻害され、朝鮮を日本の商品市場・原料生産地とする結果をもたらした。

●産米増殖計画●

一九一八年八月、日本全国で米騒動が起こり、寺内正毅内閣が総辞職するなど大きな事件となった。その原因は産業化の進行によって都市人口が急増し、米不足が続いていた上に、第一次大戦による米価高騰、さらには寺内内閣のシベリア出兵宣言を受けて商社や米問屋が投機目的で米の買い占めに走ったためだ。

当時日本は、国内の米不足を補うために朝鮮や台湾のほか、外米の輸入に頼っていた。この外米の輸入が日本の財政を圧迫し始めたので、日本政府は日本国内や朝鮮半島での米の自給率を高めるために「産米増殖計画」を立案した。

これには日本の米不足解消という目的もあったが、朝鮮半島内での米需要に応えて農業生産を安定させ、治安維持を図ることと、朝鮮地主層を植民地支配に取り込んでいくという目的もあった。計画は一九二〇年から行われ、当初は三〇カ年で耕種改善と八〇万町歩の土地改良を行うはずであったが、数年で事業が破綻し始めたため幾度か計画の見直しが行われた。だが結局、一九三〇年の昭和恐慌によって計画は停滞し、一九三四年には事実上中止になってしまった。

仁川港に集められた日本への移出米（1935年頃）

この産米増殖計画によって農業生産力が向上し、農業経営における稲作の割合は高くなった。しかし、日本市場への米穀移出を中心とした商品化が進んだ結果、日本への米の移出量は生産量の増加量よりも何倍も増えている。

一九二一年の米の生産高が一四八八万石だったのに比べて、一九二八年には一七二九万石と一・一六倍の増加に留まったのに比べ、日本への米の移出は、一九二一年に三〇八万石だったものが一九二八年には七四〇万石と二・四倍以上も増加している。朝鮮人一人当たりの年間米消費量も二一年に〇・六七石だったものが二八年には〇・五四石に減少してしまっており（同時期、日本人は一・一三石）、米不足を補うために中国からの粟の輸入が急増している（金雲泰『日本帝国主義の韓国統治』）。そして米の販売で利益を得た日本人地主や商人が、朝鮮半島の穀倉地帯の中心部を掌握し、朝鮮人中小地主を追い出したため、農民の流民や海外移住に拍車をかける結果を招いた。

●全国を揺るがした三・一独立運動●

一九一〇年から行われた武断政治の下で、人々は生きるための土地や言論・出版、集会、結社の自由など、基本的な権利を剝奪され、それに抵抗する民族独立運動も朝鮮総督府によって弾圧されていった。

一九一〇年から一一年にかけて民族運動が弾圧された代表的な事件として次のものがある。一つは、一九一〇年一二月黄海道安岳地方で安重根《アンジュングン》の従兄弟の安明根《アンミョングン》らが、独立運動資金調達のために恐喝を働いたとして安明根、金九《キムグ》ら民族主義者が多数逮捕された「安岳事件」。もう一つは一九一〇年末に寺内正毅総督が平安道を巡視した際に暗殺計画があったとして、翌年、尹致昊《ユンチホ》ら六〇〇名の民族主義者が逮捕され、一審で一〇五人が起訴された「一〇五人事件」である。

また、先に呼べたように第一次朝鮮教育令によって公立学校での朝鮮語の学習時間に制限が加えられて日本語・日本史の授業が行われ、さらに私立学校や書堂で行われていた朝鮮語や朝鮮史などの民族教育も一九一五年の私立学校規則や一九一八年の書堂規則によって禁止されて人々は民族の誇りやアイデンティティまでも奪われていった。

強制的に行われた土地調査事業に対しては農民たちの妨害闘争が散発的ながら全国で起こっていた。駐在所や官庁への襲撃なども行われ、日本の武断政治に対する不満が民衆の間で高まっていった。

こうした中、一九一七年のロシア革命によって帝政ロシアが倒れ、社会主義国家が誕生し、翌年一月には、アメリカのウィルソン大統領がパリ講和会議において第一次世界大戦敗戦国の植民地処理に民族自決主義を適用しようと主張した（この会議によってヨーロッパではエストニア、オーストリア、フィンランドなど多くの独立国家が生まれた）。これは朝鮮の独立運動にも刺激を与え、アメリカで独立運動を行っていた安昌浩《アンチャンホ》▼（一八七八〜一九三八）や上海の新韓青年党〈呂運亨《ヨウニョン》▼（一八八六〜一九四七年）・金奎植《キムギュシク》・張徳洙《チャンドクス》らが結成〉が一九一九年一月にパリ・ベルサイユで行われる講和会議に、朝鮮の独立

安昌浩：
独立運動家。民族組織の新民会、青年学友会、興士団を組織、平壌に大成学校を設立。三・一運動後、上海臨時政府の内務総長になり、独立運動を行った。また、興士団を結成し、集団的モラル変革運動を展開した。

呂運亨：
独立運動家・政治家。一九一八年上海で新韓青年党を組織、一九年四月の大韓民国臨時政府樹立に参加。解放後には朝鮮建国準備委員会を組織、四五年九月、朝鮮人民共和国副主席となる。左右合作委員会の左派代表として合作に努力するが、四七年七月、李承晩派に暗殺される。

を訴えるための代表団を派遣しようと模索した。さらに一九一九年二月八日、東京では朝鮮人留学生会が中心になって民族大会召集請願書と独立宣言書を発表する二・八独立宣言が行われた。

海外でのこうした独立運動の高まりを受けて国内でも天道教・キリスト教・仏教の三つの宗教団体の代表者らが中心となって独立運動の計画が進められた。

天道教の孫秉熙《ソンビョンヒ》（一八六一～一九二二）、キリスト教の李昇薫《イスンフン》（一八六四～一九三〇）、仏教の韓龍雲《ハンヨンウン》▼（一八七九～一九四四）ら各宗教界から民族代表三三人（天道教一五人、キリスト教一六人、仏教二人）が選ばれ、崔南善《チェナムソン》▼（一八九〇～一九五七）が起草した独立宣言書に署名し、極秘に二万部あまりを印刷して全国に発送した。そして同年一月に崩御した高宗の国葬（三月三日）を控えた三月一日、ソウル・鍾路《チョンノ》のタプコル公園で独立宣言を

三・一独立運動。光化門紀念碑殿に集まった人々が万歳デモの行進に応えている

韓龍雲：独立運動家・僧侶・詩人。一九二六年に詩集『ニムの沈黙』を出版して抵抗文学の先鞭をつけ、仏教を通じて青年運動を強化した。新幹会に加入して京城支会長を務めた。

崔南善：新文学運動の先駆者。雑誌『少年』を創刊して、李光洙の小説を掲載。新体詩を発表して新文学の普及に尽力する。三・一運動の独立宣言書を起草して民族代表の一人として活躍。後に親日活動を行うようになり、非難の対象となる。解放後は歴史研究に没頭する。著書に『朝鮮歴史』『朝鮮常識問答』など多数。

発表する予定だった。しかし、当日になって、デモに集まった学生や市民らが非暴力の原則を破るかもしれないと憂慮した彼らは、仁寺洞にある泰和館《テファグワン》に集まって独立宣言書を読み上げた後に、警察に出頭してしまった。

しかし、既にタプコル公園には多くの市民が集まっており、学生らが独立宣言書を朗読すると、群衆は街頭に出て「独立万歳」を叫び、太極旗を手にしてデモを行った。高宗の葬儀に際してソウルに集まっていた人々がこれに合流し、数万人のデモとなった。「三・一独立運動（独立万歳運動）」である。

朝鮮総督府は警察・憲兵や軍隊を動員して主謀者を逮捕し、群衆を解散させた。万歳運動は三月一日のうちに平壌・鎮南浦《チンナムポ》・安州《アンジュ》・義州《ウイジュ》・宣川《ソンチョン》・元山《ウオンサン》など平安道・咸鏡道の各地方にも広まり、次第に全国に広まっていった。ソウルの万歳デモを見た梨花学堂の学生・柳寛順《ユグワンスン》（当時一七歳）は故郷の忠清南道天安《チュンチョンナムドチョナン》で独立運動を指揮した。彼女は逮捕・起訴されて西大門刑務所に収監され、獄中で死去したが、その独立精神と勇気を称えられて後に独立烈士として顕彰されている。

地方の都市や農村に広まった万歳デモには、農民、労働者が加わった。特に農村部では駐在所や警察機関、郡庁、面事務所などに人々が押しかけて、投石や破壊活動を行ったりした。また軍隊が鎮圧に動員されたことで鎌や鋤を手にして日本の憲兵隊と戦う武力闘争も行われ、三月下旬から四月上旬にかけては同時多発的に激しい闘争が発生し、五月まで持続した。さらに運動は、中国東北部の間島（中国吉林省の東部、豆満江北岸の地域。現在の延辺朝鮮族自治州にあたる）、ソ連の沿海州、アメリカなどにまで拡散している。

このように三・一独立運動は三月一日以降全国に拡大し、国内のほとんどの府郡でデモが起こった。五月末までの集会数は一五四二回、参加者総数は二〇二万三〇八九人に上った。この運動に対して朝鮮総督府は過酷な弾圧を加えた。死者七五〇九人、負傷者一万五九六一人、逮捕者数四万六九四八人を数えた（朴殷植《パクウンシク》『朝鮮独立運動の血史』）。この運動は朝鮮総督府の弾圧によって挫折したが、独立運動家らに独立運動をリードしていく組織の必要性を認識させ、大韓民国臨時政府樹立へと結びついていった。またこの運動に触発されて中国では五四運動が起こっており、欧米の植民地支配にあった東南アジアやインドで民族主義を覚醒させる契機となった。

●文化政治への転換●

三・一独立運動の発生に直面した日本は従来の「武断政治」では韓国を支配することは不可能だと考え、統治方法を転換した。

新たに朝鮮総督として赴任した斎藤《さいとう》実《まこと》（一八五八〜一九三六）は「文化の発達と民力の充実」という「文化政治」を掲げた。斎藤総督は官制の改革による文官総督の任命の道を開き（ただし文官が朝鮮総督に任命されることはなかった）、憲兵警察制度と教員の制服帯刀も廃止された。

また、朝鮮人の官吏登用と待遇の改善を行い、言論・出版の自由、結社・集会の自由についても部分的に許可して民族の文化と慣習を尊重していくなどの統治方法の転換を行った。これによって一九一九年には「時事新聞」、一九二〇年には「朝鮮日報」「東亜日報」など朝鮮人による朝鮮語新聞の発行や『開闢』『創造』など朝鮮語雑誌の刊行が認められた。これらの新聞や雑誌は朝鮮総督府の検閲を受けなければならず、発行停止や禁止などの処分を幾度も受けたが、こうした制約の中でも総督府への批判や民族の独立を訴える動きを見せた。そして集会や結社についても治安や秩序を乱さないという条件付きでその自由が容認された。

また一九一一年に施行され、朝鮮人の経済活動を阻んできた「会社令」についても、一九二〇年四月、朝鮮人の経済力や知識が向上したという理由で、取引所、保険業、仲介業などの例外を除いて同令の適用を行わないという措置がとられている。

一九二二年には平壌で曺晩植《チョマンシク》▼（一八八二〜一九五〇）らによる朝鮮物産奨励会が設立されて、全国で朝鮮物産愛用運動が展開された。さらに民族教育への要求が、民立大学期成運動を生んだ。一九二二年には李商在《イサンジェ》▼（一八五〇〜一九

曺晩植：
独立運動家・政治家。三・一独立運動に参加し、一九二〇年、朝鮮物産奨励会を組織して国産品愛用運動を広げるなど、民族運動・キリスト教界の重鎮として抗日運動を展開した。解放後には平壌で朝鮮民主党を組織して民族統一運動に尽力した。

李商在：
政治家・宗教家。徐載弼と独立協会を組織して民衆啓蒙に尽力。三・一独立運動後、朝鮮日報社長を経て一九〇六年には基督教青年会会長、一九二七年に新幹会初代会長に就任した。

二七）らによって朝鮮民立大学期成準備会が設立され、大学設立に向けての資金集めなどが展開された。運動は財源不足と総督府の圧力によって所期の目的を果たすことはできなかったが、やがて延禧専門学校（現・延世大学校）や普成専門学校（現・高麗大学校）の設立として実を結んだ。

「文化政治」が行われた一九二〇年代は日本の大正デモクラシーの時期と部分的に重なっている。これが朝鮮に影響を与えたこともあり、様々な労働・農民運動や民族運動が展開されるとともに、社会主義思想に影響を受けて全国で小作争議と労働争議が広まった。

そして一九二六年六月には大韓帝国の最後の皇帝であった純宗の葬儀を契機として六・一〇万歳運動が行われ、再び独立運動が高揚した。

また、後述するように社会主義陣営と民族主義陣営が合流して「新幹会《シンカヌエ》」を組織し、植民地支配に抵抗するようになった。一九二九年一一月には全羅南《チョルラナム》道光州《ドクワンジュ》で学生が主導する反日デモが発生し、翌年にかけて全国に拡散した（光州学生抗日運動）。このデモには一九四校・五万四〇〇〇人あまりの学生が参加し、三・一独立運動以来最大の学生運動へと発展した。江原道元山では労働者のゼネストが起こり三カ月以上も続いた。

このように一九二〇年代に入って文化政治への転換が行われ、武力が前面に出ることはなくなったものの、民族運動への締めつけや弾圧は続いていた。言論・出版、集会・結社の自由を部分的に認める懐柔策によって反日精神の消耗を狙うという、巧妙な統治方法へ変わったに過ぎなかった。警察の官署や警察官の数が三倍以上に増加したことからも、支配の本質は変わっていないと考えられるのである。

朝鮮総督府は一九二〇年、警察署の数を前年の七三六カ所から二七四六カ所に増やし、警察官を六三八七人から二万一三四人に増員している。そして朝鮮人が行政の末端官吏として面協議会、道議会などで働けるようにしたことも、植民支配体制の中に朝鮮人を組み込んでいくことで、親日派勢力を育成して民族運動に内部対立と混乱を引き起こし、その弱体化を図ったと見られるのである。

そして一九二五年に治安維持法が施行されると、日本本土では社会主義を対象としていたはずのものが、朝鮮半島においては「すべての民族運動は日本の国体を脅かすもの」と拡大解釈されて、より厳しい監視と弾圧が加えられるようになっていった。

●独立運動組織・新幹会の成立●

一九二四年一月、李光洙《イグワンス》▼(一八九二〜一九五〇)が「東亜日報」の論説で「民族的経綸」を発表し、「朝鮮で許される範囲内で一大政治結社を組織し、

李光洙：
　小説家。一九一七年に長編小説『無情』を発表して近代文学の道を開いた。一九一九年、中国上海の臨時政府で活動したが、日本植民地時代末期に親日行為を行い、多くの批判を受けた。朝鮮戦争時に北側に拉致された。作品には『無情』のほかに『開拓者』『土』『有情』などがある。

産業的結社、教育的結社と合わせて民族を改良して実力を養成していこう」と説いた。この主張を受けて民族主義陣営では民族改良を提唱する金性洙《キムソンス》▼（一八九一〜一九五五）らの妥協派と安在鴻《アンジェホン》（一八九一〜一九六五）らの非妥協派に分かれて対立し、安在鴻らは社会主義者と連帯していく道を模索し始めた。また、社会主義者らの間でもこれに呼応して、一九二七年二月、火曜会、朝鮮共産党など社会主義四団体が参加した「新幹会」が創立された。新幹会には、二〇年代に急速に伸長した社会主義運動勢力と非妥協的な民族運動勢力が結集したため、非常に強い組織力を持っており、日本植民地下で最大の独立運動組織となった。会長には朝鮮日報社長の李商在が選出されている。

新幹会は創立後、各地の独立運動家、市民活動家らの幅広い支持を受けて一九二七年一二月には早くも支会が一〇〇カ所を突破し、最終的には全国二〇〇の郡の中で一五〇の支会が結成され、各界各階層から四万人もの人々が会員となった。

このような組織の誕生は二〇年代以後、急変した国内外の状況と緊密な関係があった。一九一七年にロシア革命が起こり、翌年にはロシア沿海州のハバロフスクで李東輝《イドンフィ》▼（一八七二〜一九三五）らが韓人社会党（後の上海派）を結成、イルクーツクでは金哲勲《キムチョルフン》らが全露高麗共産党（後のイルクーツク派）を結成しており、自派勢力拡大のために朝鮮国内に連絡員を派遣していた。その

金性洙：
政治家・教育家。京城紡織を創設し、「東亜日報」を創刊するとともに普成専門学校（現・高麗大学校）、中央学校を経営。韓国民主党党首、民主国民党最高委員を務めた。

李東輝：
独立運動家。一九二〇年に大韓民国臨時政府国務総理に就任したが、共産主義に転向して李承晩らと対立し、国務総理を辞任した。

ため朝鮮国内には火曜会〈イルクーツク系：金在鳳《キムジェボン》、朴憲永《パクホニヨン》▼（一九〇〇〜一九五五）ら〉、ソウル青年会〈上海系：李英《イヨン》、金思国《キムサグク》ら〉、北風派〈東京の留学生らが中心：金若水《キムヤクス》、金鍾範《キムジョンボム》ら〉の社会主義団体が生まれた。彼らは相互に対立しつつも民族主義陣営や知識層、青年層と接触を持ち、朝鮮国内に社会主義思想を広めていった。こうして一九二五年四月には、金在鳳らによって朝鮮共産党が非合法下で結成されている。

新幹会は総督府によって全国大会の実施は禁止されたが、各郡での支会において弁論大会や演説会の開催、夜学や講座などを開設して大衆の意識向上に尽力し、労働・農民運動を組織して日本の植民地政策に抵抗した。こうした支会の活発な活動に比べて新幹会の本部は日本の弾圧と指導力不足のため、その役目を十分に果たすことができなかった。

一九二九年六月に開催された大会では許憲《ホホン》が中央執行委員長に選出された。執行部は当時起きた光州学生運動を全国に拡散させる計画を立てたが、朝鮮総督府によって許憲ら幹部四四人が拘束され、指導部層の非妥協的民族運動勢力は弱体化した。そして許憲の後任として委員長に就任した金炳魯《キムビョンノ》は日本との摩擦をさけるために妥協・穏健路線を選んだ。これは下部会員の反発を買い、コミンテルン（国際共産党）の方針転換と相まって新幹会解消論が台頭、一九三一年五月に開かれた全国大会で解消が決議された。

朴憲永：
　共産主義活動家。朝鮮共産党創立に参加し、南朝鮮労働党を組織、その党首資格をもって北朝鮮の内閣副総理兼外相となった。朝鮮労働党発足後、副委員長となり、金日成による南労党系人士の粛清によって逮捕処刑された。

新幹会解消後、安在鴻ら非妥協民族主義者たちはほとんど組織的な独立運動を展開することができず、個人的抵抗に止まった。結局、社会主義者らは非妥協民族主義者との連携よりは、農民組織運動とそれに基づいた朝鮮共産党再建運動に没頭し、民族改良主義者らは親日派へと変貌していった。

●国外での独立運動・独立軍の活動●

三・一独立運動の後、朝鮮から亡命した独立運動家たちは中国東北部の「北間島」「西間島」と呼ばれる地域を拠点に義兵による独立運動を展開した。この地域では一九二〇年を前後して義兵出身者によって多くの独立軍が組織されていた。丁未義兵（一九〇七年）で義兵将として活躍した洪範図《ホンボムド》が率いる大韓独立軍、臨時政府傘下の北路軍政署、西路軍政署、光韓団、大韓独立義勇団、光復団など五〇以上の組織が活動していた。そして朝鮮国内で三・一独立運動が起こると、彼らは豆満江・鴨緑江を越えて、朝鮮国内に侵攻し、地区の駐在所、面事務所、営林署など植民統治機構を襲撃して抗日闘争を繰り広げた。

一九二〇年六月に中国・汪清《おうせい》県の三屯子で行われた日本軍との交戦では、独立軍が日本軍を潰滅させ、さらに追撃して来る日本軍部隊を待ち伏せ、三三〇人あまりを死傷させている（鳳梧洞戦闘《ポンオドンチヨントウ》）。一九二〇年一〇月、こうした抗日闘争の高まりを受けて日本は、本格的な独立軍掃討のために「琿春《こんしゅん》事件」（中国人馬賊を買収して領事館に放火をさせ、独立軍の行為とした）と呼ばれる事件を仕組んだ。この事件を独立軍の行為だとして間島への越境出兵の口実とし、独立軍の殲滅作戦を行ったのである。この殲滅作戦において最も交戦が激しかったのが、青山里（吉林省和竜県三道溝）の戦闘である。

一〇月二〇日、日本軍一万五〇〇〇の兵力が独立軍の拠点であった吉林省青山里へ進撃した。ここには主力部隊の金佐鎮《キムチャジン》将軍率いる北路軍政署のほか、洪範図率いる大韓独立軍をはじめ六つの独立軍部隊がいた。戦闘は白雲坪、泉水坪、漁郎村、古洞河谷などの地域を転戦しながら四日間にわたって行われ日本軍に大きな被害を与えた。日本軍はこの報復としてこの地域の民家を焼き討ちしたため、独立軍はさらに北部の地域に移動せざるを得なくなった。二一年には各独立軍は大韓独立軍団として再編成され、活動の拠点を沿海州に移

青山里の闘いで大勝した大韓独立軍

している。その後、大韓独立軍団はソ連国内の内戦に巻き込まれ、武装解除されて間島地域における抗日武装闘争は低調となった。

しかし、三〇年代に入って日中戦争が勃発すると、間島地域で武装闘争を行っていた人々は中国人の抗日戦争に積極的に加わり、武装闘争を続けていくようになった。このほか延安や重慶などでも日本が敗戦を迎えるまで抗日闘争が続けられていった。

●十五年戦争と皇民化政策●

日本は一九三一年に満州事変を引き起こし、その翌年には傀儡国家である満州国を樹立、一九三七年七月には盧溝橋事件を起こして中国大陸に対する侵略を本格化させた。日中戦争、十五年戦争の始まりである。

当初、日本政府と軍部中央部は国際社会からの批判を避けるために戦争の不拡大を宣言した。それにもかかわらず、同年八月の第二次上海事変をきっかけに日中戦争は全面戦争へと拡大していった。

日本政府はこの日中戦争を契機として中国大陸の前線に人員や食糧、兵器などを補給する兵站基地として朝鮮を改編する政策を推進した。中国大陸と陸続きの朝鮮半島は、鉱物資源や労働力などが豊富で、軍事物資を生産するのに適していると判断されたからである。そのためまず、臨時資金調整法などによって国内の資金を軍需産業へ重点的に配分し、日本では産出しないマグネサイトやモリブデンなど希少金属の採掘を強化するために朝鮮重要鉱物増産令も出された。

一九三八年四月、日本本土では総力戦遂行のために国家のすべての人的・物的資源を政府の統制・運用の下に置く国家総動員法が公布され（同年五月施行）、翌年には徴用令が公布されている。

しかし、朝鮮半島における徴用令適用による強制動員は、国民感情を考慮して見送られ、労務動員計画に基づいて「自由募集」による九州や北海道の炭坑への朝鮮人労働者の集団的移入が行われるようになった。このようにして戦争遂行のための後方の拡充を図る一方、朝鮮人を忠良な日本人（皇国臣民）に育て上げ、戦場に送り込むための「皇民化政策」を推し進めていった。

一九三七年、朝鮮総督・南次郎（一八七四〜一九五五）は「内鮮一体」を唱えて神社参拝や宮城遥拝を義務づけ、学校では教育勅語の奉読や日の丸の掲揚、「皇国臣民ノ誓詞」を唱えるよう強制して、日本人としての意識を植え付けるようにした。

一九三八年三月には朝鮮教育令を改正して（第三次朝鮮教育令）、それまで正課だった朝鮮語を随意科目とし、実質上、教育現場での朝鮮語教育を廃止して日本語の常用を強要した。同年七月には国民精神総動員朝鮮連盟を発足させ

自由募集：
各事業社が労働者を募集する形だが、実際には地方ごとに動員数が割り当てられ、事業主の代理人が、地方の官庁と共同で農村から労働力として朝鮮人を日本へ連れて行った。

神社参拝：
朝鮮での神社は、入植した日本人のために造られたのが始まりであるが、一九二五年にはソウルの南山に朝鮮神宮が造られたのをはじめ、一九三六年の神社制度改編によってすべての町や村に必ず神社が存在する措置がとられた。

て皇民化政策を徹底させるとともに、人々の生活を統制している。

　さらに朝鮮総督府は皇民化政策の一環として翌年一一月、朝鮮民事令を改正し、朝鮮式の姓名を廃止して氏を設けて日本式の氏名を名乗ることを定めた。これが創氏改名である（施行は四〇年二月一一日）。

　朝鮮総督府は、創氏改名は朝鮮人の希望によって実施するものであり、日本式の氏名を強制するのではなく、日本式の氏名に変更できる道を開いたのだと主張した。

　しかし、四月時点の届け出数は全戸数の三・九％ほどだった（水野直樹「『創氏改名』の実施過程について」『朝鮮史研究会会報』一五四号、二〇〇四年）。このため総督府は法の修正や有名人の利用、公権力による強制などを通じて締め切りの八月一〇日までに届け出率を八〇・三％までに引き上げた。創氏改名を行わない場合には、地方行政機関による強要や末端官吏による嫌がらせが行われたとされる。総督府は創氏改名によって内鮮一体が完成したと宣伝したが、朝鮮に本籍を置いた朝鮮人は

国民徴用

日本に戸籍を移すことができず、日本人も朝鮮に戸籍を移すことができないようになっていた。

また、四〇年八月には朝鮮人による報道媒体として認められていた「東亜日報」「朝鮮日報」の新聞や雑誌などはすべて廃刊に追い込まれた。

こうした神社参拝など皇民化政策に対して反対する運動も展開されたが、神社参拝に反対したミッション系の学校は廃校になり、一九三八年には神社参拝に反対していた朱基徹《チユギチヨル》牧師が逮捕され、引き続き多くの牧師や信者らが検挙され、教会も閉鎖されている。また一九四二年一〇月には、学術団体として朝鮮語辞典編纂事業を行ってきていた「朝鮮語学会」が、独立運動団体であると見なされて学会の中心メンバー三三人が検挙された。いわゆる「朝鮮語学会事件」である。逮捕者一六人のうち李允宰《イユンジエ》、韓澄《ハンチン》の二人が獄死、李克魯《イクンノ》ら八人が有罪判決を受けて服役している。

一方、日中戦争が膠着状態になり、欧米の経済封鎖によって戦争遂行が困難になり始めた日本は、資源が豊富な東南アジアへと戦線を拡大した。一九四〇年九月にはドイツ・イタリアと「日独伊三国同盟」を結んで対抗し、一九四一年にハワイ真珠湾を奇襲攻撃して太平洋戦争へ突入した。

日本国内では四一年から米穀の配給制度が始まり、「ガソリンの一滴は血の一滴、鉄の一片は肉の一片」といわれ、戦場に少しでも多くの銃弾・武器を送るために女子の装身具はもちろん、家庭で使用する什器から寺の仏像に至るまで金属は供出させられた。

日本国内の労働力不足を補うために一九四二年からは、朝鮮人労働者の募集方法が朝鮮総督府と各地方庁による官斡旋へと変わり、一九四四年二月には朝鮮半島においても日本本土と同様に徴用令が適用された。

また、一九四三年一二月、兵力を確保するために学徒出陣が行われ、学生が強制的に軍隊に編入させられるようになると、同じように朝鮮内や日本に留学していた朝鮮人大学生・専門学校生、高校生らも学徒出陣を強制され、それまで志願制度（一九三八年）だった朝鮮人の軍入隊が、一九四四年には徴兵制度へと強化されて多くの人々が戦場に送られた。

●大韓民国臨時政府の樹立●

一九一九年三月に、三・一独立運動が起こった後、国内外で民族を代表する政府を樹立しようという動きが活発になった。三・一独立運動は当初、同年一月のパリ講和会議で独立を訴えるところにあったため、国際法上有効な代表を選出するためにも臨時政府樹立は至急であった。当時、樹立された「政府」としては上海に樹立された大韓民国臨時政府、ロシアの大韓国民議会政府、満洲の高麗臨時共和国があり、国内では天道教が中心となった大韓民間政府、朝鮮

大韓民国臨時政府議政院の要人たち

民国臨時政府、新韓民国臨時政府、漢城臨時政府などがあった。

この中で上海、ロシア、ソウルで結成された「政府」が上海に集結、一九一九年四月一一日に大韓民国臨時政府が樹立された。

臨時政府は右派の李承晩《イスンマン》▼（一八七五〜一九六五）を大統領に、左派の李東輝を国務総理とする新しい内閣を発足させた。庁舎は孫文の腹心である杜月笙《とげつしょう》の取り計らいで上海のフランス租界に定められた。臨時政府は中国、フランス、ポーランドから承認を受け、外交・宣伝活動を展開した。

外交活動においてはパリ講和会議、国際連盟などで独立を訴え、各種国際会議に代表団を送るなどの活動を行った。

アメリカでは李承晩が中心となった欧米委員会がアメリカ国務省関係者との接触を通じて朝鮮の立場を訴えた。また上海に陸軍武官学校を設置して軍人を

李承晩：
独立運動家・政治家。アメリカで独立運動を行い、大韓民国臨時政府大統領を務めた。一九四八年に韓国の初代大統領に就任。以後長期執権のために不正選挙を行い、一九六〇年の四・一九学生革命で失脚してハワイに亡命した。

育成し、東北三省に派遣したほか、李東寧《イドンニョン》（一八六九〜一九四〇）の指揮の下に機関紙『独立新聞』を創刊し、朝鮮国内にも配布した。

しかし一九二三年になると臨時政府の活動は停滞してしまった。最も大きな原因は臨時政府内の内部対立であった。

独立戦争論を掲げる李東輝らは中国の間島やロシアの沿海州地域に臨時政府の拠点を移すことを主張した。当地には同志が多く住んでおり、多数の独立運動団体や抗日武装軍が活動しているため、独立運動勢力への統合指導が実戦的に行えるというのが根拠だった。しかし李承晩ら外交独立論者はこれに対して強力に反発した。外交論に立脚した李承晩の視角には国際都市である上海が外交活動を行うのに便利で安全であったからだ。

結局李承晩らの主張がそのまま貫徹されたが、この対立は国民代表大会の分裂や一九二五年の李承晩大統領の弾劾免職を招いた。なお、こうした内部対立のためにパリ講和会議に派遣された金奎植は本会議参加を拒否され、公式的な発言を封じられた。さらに一九二一年に開催されたワシントン会議に李承晩と徐載弼が参加しようとしたが、拒否されている。

李承晩退陣後は、金九《キムグ》▼（一八七六〜一九四九）が臨時政府を率いたが、新臨時政府は、日本の弾圧を避けて移動を繰り返すこととなった。三二年からは中国国内の各地を一〇カ所以上転々とした後、四〇年にようやく重慶に落ち着い

金九：独立運動家・政治家。上海臨時政府に参画し、一九二八年には韓国独立党を組織して尹奉吉（ユン・ボンギル）らの義挙を指揮した。二六年に国務領となり、四四年臨時政府主席に選任された。解放後、信託統治と南韓単独総選挙に反対し、南北交渉を提唱する。四九年に暗殺された。

解放後、西大門刑務所と麻浦刑務所から釈放された人々

た。重慶に移った臨時政府は金九の指揮の下、国軍として光復軍を創設、四一年の太平洋戦争勃発とともに日本に宣戦を布告している。

一九四三年には光復軍は連合国軍の要請で士官をインド・ビルマ戦線に派遣、一九四五年には朝鮮進攻作戦も企てたが実現しなかった。また金九の臨時政府は中国・アメリカ・イギリス・ソ連に対して臨時政府の承認を要求し、一九四四年にフランス・ポーランド・ソ連から承認を受けた。臨時政府は外交研究委員会を設置し、独立に向けてたゆまぬ外交努力を続けた。一九四三年のカイロ会談では朝鮮の独立問題が正式に承認され、この内容を反映したポツダム宣言を日本が受諾したことで一九四五年八月一五日、朝鮮は日本の植民地から解放された。

第 7 章

광복부터 남북분단 그리고 새로운 시대로

解放から南北分断、そして新時代へ

概要　解放から南北分断、そして新時代へ

一九四五年八月一五日、朝鮮は日本の植民地支配から解放された。解放を迎えると同時にソウルで朝鮮建国準備委員会が組織され、米軍の進駐に先立って「朝鮮人民共和国《チョソンインミンコンファグク》」の樹立が宣布された。一方、北では一九四五年八月二四日に、日本軍の武装解除のためにソ連軍が平壌に進軍、九月八日には、米軍が仁川に上陸し、南朝鮮で軍政を布いた。こうして朝鮮半島は三八度線を境に南北に分断された。そして米軍政庁は「朝鮮人民共和国」の解体を命じ、結局「朝鮮人民共和国」は潰え去った。

一九四五年一二月、アメリカ、イギリス、ソ連による三国外相会議がモスクワで行われ、初めて朝鮮独立に関する具体的な討議が行われた。しかし、朝鮮の信託統治が決まると、信託統治反対運動が起こって南北は信託統治をめぐって対立した。臨時政府樹立のための米ソの交渉も難航し、呂運亨《ヨウニョン》らによる左右合作案や金九《キムグ》らによる南北の対話案も李承晩《イスンマン》の単独選挙路線と対立して活路を見出せなくなった。結局、一九四八年二月にはアメリカが朝鮮の独立問題を国

連に上程、単独選挙によって一九四八年八月、南に李承晩を大統領とする大韓民国が、九月には北に金日成《キムイルソン》を主席とする朝鮮民主主義人民共和国（北朝鮮）が建国された。こうして南北の分断は固定化されて対立を極めていった。

一九五〇年、北朝鮮は武力による統一を図り、朝鮮戦争が勃発。三年間にわたる戦争で数多くの人命が失われ、国土は焦土と化した。戦争は一九五三年に休戦となったが、戦争の惨禍により南北の反目と対立は極に達した。休戦協定締結後、韓国では李承晩の独裁が行き詰まりを迎え、学生・市民が中心となった一九六〇年の「四・一九革命」によって李承晩大統領はハワイへ亡命した。李承晩の失脚後、尹潽善《ユンボソン》（一八九七～一九九〇）を大統領、張勉《チャンミヨン》（一八九九～一九六六）を国務総理とする議院内閣制の下で新たな政治体制が確立された。

だが、李承晩政権の崩壊後、進歩勢力の台頭などで社会情勢は混迷を深めていた。一九六一年五月一六日、こうした社会状況に危機感を抱いた朴正熙《パクチヨンヒ》（一九一七～一九七九）らがクーデターを起こして実権を掌握、一九六三年には朴正熙が大統領に当選した。朴正熙は、経済復興と貧困撲滅を目標として、一九六二年から五カ年の経済開発計画を掲げて、これを強力に推進しており、

「漢江の奇跡」といわれる経済発展を成し遂げ、一九六五年には、日韓基本条約を締結して日本と国交を樹立した。

一九六九年、朴正熙は三選されないという公約を破棄して三選改憲案を国会で通過させ、一九七一年の大統領選挙に出馬して辛勝した。朴正熙は野党と在野勢力の抵抗が激しくなると非常事態を宣言して国会を解散させるとともに政党活動を禁止し、一九七二年には「維新憲法」を成立させた。朴正熙は大統領に選出され、維新体制《ユシンチェジェ》を確立して民主化運動を弾圧していった。だが、七〇年代後半頃から民主化運動が激しさを増し、一九七九年、朴正熙は腹心によって射殺され、朴正熙独裁政権は幕を閉じた。朴正熙の死によって崔圭夏《チェギュハ》（一九一九～二〇〇六）が大統領代行に選出され（後に大統領に選出）、「ソウルの春」と呼ばれる民主化運動が盛り上がりを見せた。しかし、これに危機を感じた全斗煥《チョンドゥファン》陸軍少将らは一九七九年一二月、粛軍クーデターで軍内部の権力を掌握、一九八〇年五月には戒厳令を全国に拡大して国会と政党を解散させ、再び強権政治を始めた。翌年八月には全斗煥（一九三一～）が間接選挙で大統領に選出された。全斗煥政権は経済発展に尽力したが、民主化運動へは断固とした態度で臨んだため、日に日に民主化への要求は激しさを増した。アメリカからの圧力や市民の要求に耐えられなくなった政権は、一九八七年六月、ついに「民主化宣言」を行い、大統領の直接選挙が行われた。当選した盧泰愚《ノテウ》（一九三二〜）はソウル・オリンピックを成功させ、ソ連をはじめ共産圏とも国交を結ぶ「北方外交」を展開した。

一九九三年に大統領に就任した金泳三《キムヨンサム》（一九二七〜二〇一五）は文民政府を掲げ、過去の軍事政権に対する責任追及を行って盧泰愚前・全斗煥元大統領を不正蓄財と内乱陰謀の容疑で逮捕した。しかし経済政策の失敗により政権末期にはＩＭＦ通貨危機を招いた。一九九八年に大統領に就任した金大中《キムデジュン》（一九二五〜二〇〇九）は、経済復興策として、観光文化産業に力を入れ、日本大衆文化の開放を行い、二〇〇二年には日韓共催のワールドカップを成功させた。さらに北朝鮮には「太陽政策」という包容政策をとり、二〇〇〇年には史上初の南北首脳会談を行った。二〇〇三年から大統領となった盧武鉉《ノムヒョン》（一九四六〜二〇〇九）も金大中政権の対北朝鮮宥和路線を踏襲したが、北朝鮮の核開発などで難しい対応を迫られた。

●植民地からの解放と南北分断●

一九四五年八月一五日、日本の敗戦によって朝鮮は日本の植民地から解放された。翌日のソウル市内は解放と独立の万歳を叫ぶ声がこだまし、道という道は白衣の人々で埋め尽くされ、人々は手に手をとって解放の喜びを分かち合った。

ポツダム宣言の受諾を早くから知っていた朝鮮総督府は、敗戦の混乱を避けるために奔走した。政務総監・遠藤柳作（一八八六～一九六三）は、当時、民衆から独立運動家として最も信頼の篤かった呂運亨《ヨウニョン》（一八八六～一九四七）を八月一五日に朝鮮総督府へ呼び、治安維持と、日本人の引き揚げに際しての生命と財産を保障してほしいと協力を求めた。

海外短波放送などを聴いて日本の敗戦を確信し、一九四四年に秘密結社「建《コン》国同盟《グクトンメン》」を結成していた呂運亨は、朝鮮総督府側の要請に対して、新しい国づくりに干渉しないことを条件に要請を受け入れた。

その日のうちに、呂運亨を委員長として朝鮮建国準備委員会が組織された。同委員会は新しい国づくりのための政治組織として民衆から支持され、後に米軍政庁による軍政が始まるまで、全国の治安維持と行政を担った。八月二三日、日本軍の武装解除のために三八度線を境にした米ソの進駐▼が知らされる

米ソの進駐と南北分断‥一九四五年二月のヤルタ協定によって対日戦に参戦したソ連軍は、日本軍の武装解除のために朝鮮半島に進軍し、三八度線を境に南側はアメリカ軍が、北側はソ連軍が分担して占領することになっていた。これは朝鮮半島の共産化を恐れたアメリカが、南北を分断して占領するようにソ連に提案したためとされている。

と、米軍進駐後の情勢に備えて九月六日には全国人民代表者大会が開催され、人民総意の結集体として「朝鮮人民共和国《チョソンインミンコンファグク》」の樹立が宣言された。

主席には大韓民国臨時政府の初代大統領で、渡米して独立運動を行っていた李承晩《イスンマン》、副主席には呂運亨が選出され、国務総理には建国準備委員会副委員長の許憲《ホホン》、内務部長には大韓民国臨時政府の金九《キムグ》主席が選出された（九月一四日の組閣発表時は臨時代理・許憲）。だが、朝鮮人民共和国と海外で活動していた独立運動家との連携は不十分で、李承晩と金九は帰国後、就任を拒否した。

九月八日、アメリカ軍は仁川から上陸し、日本軍の降伏を受理し、ただちに米軍政庁が南朝鮮に置かれた（ソ連軍は八月二四日に平壌に進軍して司令部を置き、一一月一九日には北朝鮮側の行政機関として北朝鮮五道行政局が置かれている）。

米軍政庁が置かれると保守派の重鎮・宋鎮禹《ソンジヌ》（一八九〇～一九四五）は金性《キムソン》洙《ス》とともに韓国民主党を結成して「大韓民国臨時政府」こそが、正統な政府であると主張した。そして左派の呂運亨や朝鮮建国準備委員会を誹謗する情報を流して米軍政庁に取り入ろうとし、米軍政庁側も左派主導の朝鮮建国準備委員会を警戒した。軍政長官となったアーノルド少将は一九四五年一〇月一〇日、「軍政庁は南朝鮮における唯一の政府である」と宣言、「朝鮮人民共和国」の解体を命じて弾圧に乗り出した。さらにソ連も金日成《キムイルソン》▼（一九一二～一九九四）

金日成：
政治家、朝鮮民主主義人民共和国（北朝鮮）創建以来の最高指導者。一九三〇年代に中国東北地方東部の抗日闘争を指導し、抗日パルチザンの英雄となる。解放後、ソ連軍とともに平壌入りし、北朝鮮臨時人民委員会委員長を経て一九四八年九月の朝鮮民主主義人民共和国成立とともに首相に就任。一九五三年には朴憲永ら南朝鮮労働党などの国内派を、一九五六年には崔昌益ら延安派を粛清して朝鮮労働党と政府の主導権を掌握。五〇年代に社会主義体制を確立し、六〇年代末までに金日成独裁体制を完成させた。一九七二年から死去する九四年七月まで国家主席。

を支持して北朝鮮側でソ連主導の共産党独裁政権の樹立を目指したため、「朝鮮人民共和国」の樹立を否認した。米ソは朝鮮人が直ちに国家を樹立することに否定的で、当面は信託統治▼を進めようとしていたからである。こうして朝鮮人自身による国家樹立への道は断たれ、事態は南北分断へと暗転していった。

一九四五年一二月一六日からモスクワでアメリカ、イギリス、ソ連による三国外相会議が行われ、同月二七日、「モスクワ協定」として、朝鮮の信託統治が発表されると、直ちに独立できると信じていた朝鮮人たちの怒りは極限に達し、信託統治反対（反託）運動が朝鮮全土に広まった。

また、朝鮮に対して何の知識も持っていなかった米軍政庁は進駐後、軍政を行うために朝鮮総督府の行政機構や親日派人士を利用したために、北朝鮮側では処罰された親日派人士が、南朝鮮側では断罪を免れた。やがて彼らは米軍政庁に取り入って要職に就き、李承晩政権の成立とともに新たな権力機構の中で、その地位を確立していった。

信託統治反対運動が繰り広げられている最中の一九四六年一月、突如としてソ連の支持を受けた北朝鮮の政党や社会団体が信託統治賛成の立場を明らかにし、北側では信託統治賛成（賛託）運動が展開された。こうして信託統治問題は左右両陣営の対立の原因となった。

三月には臨時政府設立のための米ソ共同委員会がソウルで開かれたが、臨時

信託統治：
一九四三年のカイロ宣言で言及された朝鮮の独立について、朝鮮の民衆は日本軍が朝鮮半島から撤退すれば、すぐにでも独立できると解釈した。しかし、カイロ宣言を行ったアメリカ、イギリス、中国は、「朝鮮の独立は、やがてもたらされるものであり、信託統治を経てから」と考えていた。アメリカ側は二〇～三〇年の信託統治期間を主張したが、ソ連側の信託統治は短期間にするという主張が通り、五年となった。

政府樹立にあたって、どの政党や社会団体を参加させるかで対立が生じ、米ソ共同委員会は決裂した。これを受けて呂運亨と金奎植《キムギュシク》が左右合作運動を提唱、臨時政府樹立に向けて動き始めた。だが、右派の韓国民主党も左派の朝鮮共産党（四五年九月一一日、朴憲永が再建）もこれに応じず、四七年七月に呂運亨がテロによって暗殺されてしまったため、左右合作運動は挫折した。

この左右合作運動の挫折や一九四六年に入って強まった米軍政庁の共産主義者への弾圧によって、南朝鮮側では李承晩や金九ら右派民族主義者の影響が強くなっていった。李承晩は信託統治に反対する一方、南朝鮮側だけの単独政府樹立を主張していた。

やがて、二度目に開かれた米ソ共同委員会が互いの政治利益追求に汲々としたため紛糾、臨時政府樹立への目処が立たなくなると、アメリカは「モスクワ協定」を諦めて、朝鮮の独立問題を国連に持ち込んだ。一九四八年二月、南朝鮮側で総選挙を実施して政府を樹立する案が国連総会の決議として可決された。だが、総選挙の実施に反対する北朝鮮側の主張によってそれは不可能な事態に陥った。単独選挙に反対していた金九と金奎植は、金日成らに南北指導者会議の開催を呼びかけた。こうして「分断国家は無効にして、話し合いによって民族統一国家を建設すべきである」という金九らの意見が大衆の心を摑み始めると、李承晩の単独政府樹立路線と対立するようになった（李承晩派によっ

大韓民国政府樹立式典

て金九が一九四九年六月に暗殺されると、李承晩は北の政権を武力で打倒する北伐論まで展開するようになっていった)。

一九四八年四月には単独選挙に反対して済州島で反政府闘争（四・三蜂起▼）も起こったが、米軍政庁は国防警備隊を派遣して鎮圧した。結局、五月一〇日に南朝鮮側だけで単独選挙が行われて国会議員選出がなされ、憲法公布の後、李承晩が初代大統領に選出された。一九四八年八月一五日には大韓民国政府が樹立され、三年間の米軍政は終わった。一方、北朝鮮ではソ連の支援で北朝鮮人民委員会が組織されて共産主義政権が樹立され、四八年九月九日、朝鮮民主主義人民共和国が成立した。

● 南北の対立と朝鮮戦争 ●

こうして朝鮮半島には南の大韓民国（韓国）と北の朝鮮民主主義人民共和国

済州島四・三蜂起：

南朝鮮側だけの単独選挙へ反対していた済州島では、島民に対する警察や右翼団体の無差別テロが頻発、これに対して一九四八年四月三日、島民が武装蜂起した。蜂起した島民たちは、警察署を占拠して政治犯を釈放。西北青年会などの右翼テロ分子を粛清して翌年の単独選挙を完全阻止した（済州島のみ四九年五月一〇日に再選挙）。

この蜂起に対して国防警備隊のほか右翼団体が大量に送り込まれ、漢拏山（ハルラサン）山麓でのパルチザン闘争に発展した。警備隊らと島民の間で七年あまりにわたる闘争が繰り広げられ、八万人の島民が犠牲になった。

この蜂起に関連し、四八年一〇月にはパルチザン鎮圧に派遣された国防警備隊第一四連隊が、全羅南道麗水・順天におい

（以下北朝鮮とする）という二つの国家が誕生した。南北でそれぞれ政府が樹立された朝鮮半島の情勢は日増しに緊迫し、両政府は米ソ支援の下で軍事力を強化していった。朝鮮半島から両国の軍隊が撤収した後（一九四八年末までにソ連軍は撤退、アメリカ軍も一九四九年六月には撤退）、南北の対立はさらに激しくなり、革命家たちが南北を行き来して韓国南部でのパルチザン活動という事態を生んだ。

このような不安定な状況が続く中、一九五〇年六月二五日、北朝鮮軍の大々的な攻撃で、ついに朝鮮戦争▼が勃発した。戦線は一進一退を繰り返して同族同士が血で血を洗う戦いが、三年一カ月続いた。

戦争初期は北朝鮮軍が優勢で、開戦三日目にはソウルが占領され、七月末までに北朝鮮軍は釜山近くの洛東江まで進撃。八月一八日には、韓国政府が釜山に遷都するまでになった。一方、北朝鮮の侵攻を受けて直ちに国連安全保障理事会が招集され、七月には国連軍の派遣が決議されてアメリカ軍を中心とした国連軍が派遣されることになった。

九月一五日、国連軍による仁川上陸作戦で戦況は一変した。アメリカ軍はソウルを奪回し、さらに三八度線を越えて進撃を続けた。平壌を陥落させ、一〇月二六日には一部部隊が中国国境の鴨緑江にまで到達した。しかし中国の義勇軍の参戦に力を得た北朝鮮軍の反撃で一九五一年一月四日、ソウルは再び陥落

て隊ごと反乱を起こした「麗水・順天反乱事件」も起こっている。

李承晩政権は戒厳令を発令し、韓国軍と米軍によって両市が制圧されると反乱軍は智異山（チリサン）でのパルチザン闘争に突入したが、五七年頃までに鎮圧された。

朝鮮戦争：

日本では「朝鮮戦争」と呼ぶが、韓国では「六・二五（ユ・ギオ）動乱」「韓国戦争」、北朝鮮では「祖国解放戦争」、中国では「抗美援朝戦争」という。

朝鮮戦争

した。三月、国連軍はソウルを再び奪回するが、両勢力は三八度線を境に膠着状態に入り、結局ソ連の休戦提議をアメリカが受け入れ、国連軍代表を一方の当事者とし、北朝鮮と中国人民義勇軍の代表を他方の当事者とする休戦協定が成立したのである。そして、南北は休戦状態のまま今日に至っている。

三年あまりの間、朝鮮半島全土で戦闘が繰り広げられた。その悲惨さは筆舌に尽くしがたい。犠牲者は約二〇〇万人に及び、都市は廃虚と化した。虐殺が行われ、人々は戦火を逃れるために逃げ惑い、家族がばらばらになった。離散家族は一〇〇〇万人以上とされる。

この戦争は南北の分断の現実を打破できなかったばかりでなく、同族間での悲惨な戦いは、人々から気力と希望を奪い、社会を極端な不安に陥れた。伝統的な価値観や道徳が失われ、お互いへの不信感と憎悪だけが増幅した。南北の対立はさらに高まり、関係は一層複雑になった。そしてこの対立を利用して韓国では李承晩が、北朝鮮では金日成が自らの権力基盤を強化していった。

●李承晩政権と四・一九革命●

戦争中、韓国では改憲が行われ、一九五二年八月に李承晩が直接選挙で大統領に再選されていた。李承晩は反共独裁を強め、一九五四年九月には大統領の三選を可能にする憲法改正案を国会に提出した。そして一一月に行われた投票の結果は、改憲に必要な国会議員の三分の二以上の得票数にあと一票足らず、否決が宣布された。しかし、与党は翌日になると前日の否決を覆して可決したと解釈した。李承晩は議員数割り出しの端数は四捨五入できるとして、可決に必要な得票数を一票減らして憲法を無理やり改正したのである。一九五六年五月、李承晩は大統領に三選された。

一九五六年の選挙で野党の民主党は大統領候補に申翼熙《シンイキ》（一八九二～一九五六）、副大統領候補に張勉《チャンミョン》▼（一八九九～一九六六）を立てて李承晩政権に対抗した。選挙直前に申翼熙は急死したが、副大統領には野党の張勉が当選した。大統領対立候補だった曺奉岩《チョボンアム》（一八九八～一九五九）も善戦し、彼は後に平和統一を掲げて進歩党を結成して革新勢力を代弁した。

これに脅威を感じた李承晩は進歩党を弾圧し、曺奉岩を北のスパイ容疑で逮

張勉：政治家。一九四八年制憲国会議員、初代駐米大使、国務総理などを務めた。申翼熙らと民主党を組織し、一九五六年の大統領選挙で副大統領に当選。四・一九学生革命後、国務総理を務めた。

捕して死刑にしてしまった。また反共体制を強化するという目的で国家保安法を制定して政府に反対する京郷新聞を廃刊にし、批判勢力に対する弾圧を強めて政権を私物化していった。こうして李承晩政権下では政治不正が横行し、警察権力も腐敗して社会不安が募った。

また、戦後の経済復興もアメリカの統制下に入っており、韓国の自主的な経済復興を促すものではなかった。一九五五年にアメリカと結ばれた「韓米余剰農産物協定」に基づいて余剰農産物が輸入されて軍事費に充てられたため、米価は低く抑えられ、綿花や大豆などの農作物は大きな打撃を受けた。一九五〇年代は一貫して国家予算の三〇%以上が軍事費に充てられており、経済は停滞して国民生活は困窮する一方であった。

そして一九六〇年、第四代大統領選挙を迎えた李承晩は、これまでに類を見ない不正選挙計画を立てて選挙に臨んだ。前回の大統領選挙では、選挙直前に対立候補だった申翼熙が死去し、李承晩政権はかろうじて延命することができた。だが、既に八五歳の高齢であった李承晩にとって、前回の選挙のように副大統領が野党陣営から選出されることは、絶対に避けなければならないことだった。そのため李承晩らは多くの軍人や警察官、教員を動員した。選挙の結果、李承晩は大統領に再選され、李起鵬《イギブン》（一八九六～一九六〇）も大差で野党の張勉を破って副大統領に当選したが、国民から不正選挙であるとの批判が高まった。

民主党もこの選挙は不法なもので、結果は無効だと主張、不正選挙を糾弾する反政府デモが起こった。中でも高校生と大学生を中心とした抗議は激しく、四月一一日にデモで催涙弾を受けて亡くなった高校生の遺体が慶尚南道《キヨンサンナムド》馬山《マサン》で発見されると、デモはさらに激しさを増した。しかし李承晩政権は状況の急迫さを理解しようとせず、また事態を打開しようとする姿勢にも欠けていた。四月一五日、李承晩は馬山でのデモについて共産主義者の扇動によるものという談話を発表した。だが、これはデモに参加した学生の怒りに油を注ぐ形となった。

四月一九日には数万の大学生と高校生がデモに参加して大統領官邸を包囲、警察がデモ隊に向けて発砲したことでデモは全国に拡散した。釜山《プサン》、大邱《テグ》、光州《クワンジユ》、仁川《インチヨン》、木浦《モクポ》、清州《チヨンジユ》などの主要都市で数千人の学生と市民によるデモが行われ、ソウルだけで一三〇人が死亡、一〇〇〇人以上の負傷者が発生した。主要都市には非常戒厳令が宣布され、事態は深刻化の一途をたどった。

四月二五日には大学教授二五九人が、李承晩大統領、国会議員、大法官（最高裁判事）の辞任を求める時局宣言文を出してソウル市内を行進し、翌日には大統領退陣を求める学生たちの大規模なデモに市民も参加してソウル市内は騒然となった。

結局、李承晩大統領は市民の退陣要求に打ち勝つことができず、四月二七日に大統領職を辞任してハワイに亡命した。

この李承晩政権を退陣に追い込んだ学生らの動きは、「四《サ》・一《イル》九《グ》革命《ヒョンミョン》」「四《サ》月《ウォル》革命」または「四・一九義挙《ウィゴ》」といわれる。これは李承晩政権に対抗する反政府勢力が行った文字通り革命的な試みであったが、革命後の具体的な政権構想を持った運動ではなかったために、政権は既存の政治勢力である野党・民主党の手中に握られることになった。

●五・一六軍事クーデター●

四・一九革命によって亡命した李承晩大統領の後には、議院内閣制の下で民主党の旧代表であった尹潽善《ユンボソン》▼が大統領に選出され、首相には民主党の張勉が就任した。尹潽善・張勉政権▼は、首相となった張勉が経済の立て直しに尽力したが、アメリカの財政援助が削減されて韓国経済は悪化の一途を辿り、国民は貧困状態にあえぐ日々を送っていた。こうした状況の中で、李承晩政権を倒した学生や進歩勢力の活動が活発になり、全国でデモが続発した。さらに生活苦から民族統一に活路を見出す人々も現れた。ソウル大学校の民族統一連盟の学生らが「行こう北へ、来なさい南へ、会おう板門店で」をスローガンに南北学生会談を提唱すると、北もこれに賛同し、統一運動が一気に加速する様相を見せ

尹潽善：
政治家。四・一九学生革命で李承晩政権が崩壊した後、大統領選挙に民主党候補として立候補し第四代大統領に選出された。五・一六軍事クーデターによって一九六二年辞任。一九六三年、民政党を創党、同年の大統領選挙に出馬し、朴正熙と争ったが敗北した。

尹潽善・張勉政権：
この時代の韓国は第二共和国という政体で、李承晩政権時代の大統領の独裁を反省して議院内閣制がとられ、事実上の政権は大統領ではなく首相にあった。

韓国の政体：
韓国では幾度か改憲されており、それに基づいて政体も変わっている。
第一共和国：四八年八月一五日〜六〇年四月一九日
第二共和国：六〇年八月

5・16軍事クーデターで実権を掌握した朴正熙

始めた。

　そして、一向に好転しない経済状況や強まっていく左派傾向に不満を抱いていた若手将校たちが一九六一年五月一六日、クーデターを決行した。五《オ》・一六《イルリュク》軍事《グンサ》政変《チョンビョン》の勃発である。第二軍副司令官・朴正熙《パクチョンヒ》少将に率いられた将校二五〇人余りが三五〇〇人の兵力をもって首都ソウルの主要機関を占領して国家権力を掌握した。

　このクーデターはアメリカ政府や韓国軍から暗黙の了解を得ており、朴正熙▼（一九一七〜一九七九）は六二年には尹潽善大統領辞任に伴って大統領権限も代行するようになり、翌年には第五代大統領に就任した。朴正熙政権は反共と経済再建、腐敗一掃などの革命公約を掲げ、盛り上がっていた統一運動を抑え込むために「反共法」を制定した。さらに「国家保安法」を強化して南北統一論の主張や軍事政権に対する批判を反国家的行為として厳罰に処した。

一二日〜六一年五月一六日
国家再建最高会議：六一年五月一六日〜六三年一二月一六日
第三共和国：六三年一二月一七日〜七二年一〇月一六日
第四共和国（維新体制）：七二年一二月二七日〜八一年三月二日
第五共和国：八一年三月三日〜八八年二月二四日
第六共和国：八八年二月二五日〜現在

朴正熙：
　政治家。一九六一年五月一六日、五・一六軍事クーデターを起こして政権を掌握。一九六三年第五代大統領に就任した。日韓基本条約を締結し、経済成長を推進したが、一九六七年の再選後、長期政権とするための改憲案を国会で通過させ、独裁的政治を断行した。七九年、中央情報部長金載圭に狙撃され死去。

また、経済を再建するために不正蓄財の没収や農漁民の債務整理と貨幣改革などを断行し、工業化実現のために「経済開発計画」を策定、さらに国民意識改革のために生活簡素化・家族計画・文盲退治運動などが実施された。

●日韓国交正常化とベトナム派兵●

朴正熙政権は日米との安保協力体制を強化するとともに経済発展に力を注いだ。日本との国交樹立を目指した交渉の過程で、過去の清算よりも経済発展に必要な資金確保に重点を置いたのもそのためである。

一九六二年一一月、中央情報部長の金鍾泌《キムジョンピル》（一九二六〜）と大平正芳外相が東京で秘密会談を行い、無償経済協力三億ドル、政府借款二億ドルという線で、それまで難航していた対日請求権問題に事実上の決着がつけられ、六五年六月に日韓基本条約▼が日本で調印されて国交が樹立された。

しかし、調印までの過程で、韓国では日韓基本条約締結に反対する世論が起こってデモが頻発、マスコミも反対運動を支持した。反対運動は四・一九革命以来の大きな動きとなっていった。六四年六月三日にはソウル市内で学生たちの大規模なデモが起こり、政権の退陣まで要求に上った。政府は非常戒厳令と休校令で反対運動を抑え、さらには言論統制のための「言論倫理委員会法」を制定して、新聞の発行を中止できるように圧力をかけようとした。だが、この

日韓基本条約：条約には「請求権・経済協力に関する協定」「在日韓国人の法的地位と待遇に関する協定」「漁業に関する協定」「文化財・文化協力に関する協定」など四つの協定があり、条約締結により、漁業協定では両国は沿岸一二海里の漁業水域を設定して、漁業資源の持続的生産性を確保するための共同規制水域が設定され、「在日韓国人の法的地位と待遇に関する協定」によって在日韓国人に永住権獲得の道が開かれた。

動きに対しては与党からも批判が上がり、マスコミの自主規制を前提に同法は施行保留となり、日韓条約反対運動は終息していった。

この条約によって供与された五億ドルの対日請求権資金は韓国の経済発展に寄与した。だが、それは東南アジア諸国が受けた「賠償」とは性格が異なるものであり、基本条約締結の過程で植民地支配に対する公式の謝罪がなかったため、韓国の国民感情や世論の納得を得られるものではなかった。

一方、朴正熙政権は、アメリカの要請を受けて一九六五年からベトナム派兵を行った。アメリカはベトナム戦争遂行が難しくなると自由主義陣営諸国に派兵を要請、韓国政府は朝鮮戦争当時の支援を考慮すれば、アメリカの要求を拒否できない立場だった。韓国軍からは猛虎部隊や青龍部隊など五万人あまりが派兵された。その数はアメリカ兵力に次ぐ規模で、一九七三年の撤収までに延べにして三四万人に達した。韓国には派兵の代償として韓国軍の近代化、派兵された兵士に対する補償金、経済開発に必要な借款の導入が約束され、韓国はベトナムでの建設事業参加などによる特需で外貨を獲得した。六五年から七二年までのベトナム特需は一〇億二〇〇〇万ドルに上るとされる。日韓基本条約締結による五億ドルとこの特需によって韓国は工業化への基盤を固めていった。だがその一方で、この派兵はベトナム人に多大な被害を与え、帰還兵の中からは枯葉剤の後遺症や精神障害に悩む者も出ている。

●経済発展「漢江の奇跡」●

反共と経済再建、腐敗一掃などの革命公約を掲げた朴正熙政権は、張勉政権の経済開発計画と国土開発事業を継承し、推進した。それが「経済開発五カ年計画」である。日韓基本条約締結とベトナム派兵によって得た外貨で経済開発計画は軌道に乗り始め、法整備も進んで工業化の条件が整えられていった。

朴正熙政権が選んだ方法は外国の資本と国内の安い労働力を利用して輸出産業を積極的に育成するというものだった。韓国経済は第一次（六二〜六六年）・第二次（六七〜七一年）の経済開発五カ年計画を経て、「漢江の奇跡」と呼ばれるめざましい発展を見せた。この計画によって年平均の経済成長率は二桁になり、輸出は二〇倍に増え、国民所得は二倍になった。一九六〇年に三〇〇〇万ドルに過ぎなかった輸出額は一九八〇年には一七五億ドルと爆発的に増加した。一人当たりの国民総生産高も一九六〇年の八七ドルから一九七九年には一五〇〇ドルへと急増している。

一九七二年の第三次五カ年計画からは、重化学工業中心の経済政策が行われて鉄鋼、造船、機械、石油精製、セメントなど基幹産業の設備投資が推進された。七〇年代中盤以降は重工業生産が軽工業生産を追い越して経済成長が持続した。七三年にはオイルショックを迎えたが、その後に起こった中東建設ブームで得たオイルマネーでこれを克服することができた。

また、農村・漁村の近代化を「セマウル（新しい村）運動《ウンドン》」▼の推進により達成、食糧増産計画によって食糧の自給を成し遂げた。さらに京釜高速道路（ソウル～釜山）をはじめとした高速道路網を建設して全国を一日生活圏にした。

だが、このような漢江の奇跡に代表される経済成長を支えたのは、低賃金と劣悪な労働環境に耐えて働く労働者たちであった。七〇年代に入ると経済の急成長によるしわ寄せが、次第に表面化し始めた。労働争議が相次ぎ、輸出を支えていた繊維などの中小企業でも労働者の不満が高まった。一九七〇年にソウルの平和市場の縫製工場で働いていた青年労働者・全《チョン》泰壱《テイル》が、労働環境の改善を訴えて焼身自殺をして社会に衝撃を与え、全国で労働組合が組織されるようになった。翌年にはソウルの都市開発によって強制退去させられた住民たちが、移転先となった広州《クワンジュ》団地の払い下げ価格を巡って行政と対立し、五万人が暴動を起こす事態にまでなった。

一九七一年四月に朴正煕大統領は第七代大統領選挙に民主共和党候補として出馬して当選した。この選挙で朴正煕は野党候補の金大中候補に苦戦。国会議員選挙でも野党の新民党が善戦し、都市部では与党である民主共和党よりはるかに多くの当選者を出した。経済最優先の政策に対する国民の反発の現れだった。これに危機を感じた朴正煕大統領は一九七一年一二月に国家非常事態を宣

セマウル運動：一九七〇年代に行われた農村の近代化、農家の所得の増大、農業生産力の拡大を目的にした社会開発（新しい村づくり）運動。

言、大統領に言論や経済活動を統制する超法規的な非常大権が与えられた。

●南北共同声明と維新体制●

南北合わせて二〇〇万人以上に上る犠牲者を出した朝鮮戦争以来、南北は反目を続け、一九六八年には北朝鮮武装ゲリラによる青瓦台（大統領官邸）襲撃事件や、アメリカ偵察船プエブロ号の拿捕事件などが起こり、韓国は北朝鮮に対する警戒を強めていた。

しかし、七〇年代に入ってニクソン大統領がアジアにおける地上軍の不投入を決定し、アジアでのアメリカ軍削減も始まった。一九七一年には中国が国連総会で国連代表権を獲得、翌年にはニクソン大統領が中国を訪問して、米中関係が好転している。こうしたアジアでの緊張緩和の流れを受けて、一九七〇年八月一五日、朴正熙大統領は北朝鮮に対する緩和方針を盛り込んだ「八・一五宣言」を行い、南北対話を行う準備がされた。

一九七一年には離散家族捜索のための南北赤十字予備会談が行われ、翌年八月にはソウルと平壌で赤十字本会談が開催された。これと並行して李厚洛《イフラク》韓国中央情報部長と朴成哲《パクソンチョル》北朝鮮第二副首相が、秘密裏に相互訪問。赤十字本会談に先駆けて一九七二年七月四日には自主的・平和的・民族大団結の統一を謳った南北共同声明（七・四声明）が発表された。

だが、実際に対話が始まると両国の間で非難の応酬が続き、後述するように金大中事件▼や朴大統領狙撃事件▼（文世光《ムンセグワン》事件）などが発生、南北関係は七・四声明以前の状態に戻ってしまうのである。

南北の非難の応酬が続く中、朴正熙大統領は国内統制を強めるため、一九七二年一〇月一七日に非常戒厳令を宣布した。そして現行憲法を停止させ、国会と政党を解散させた。さらに南北の平和統一を目標とする新憲法を制定、同年一二月には新憲法「維新憲法《ユシンホンポプ》」によって「維新体制《ユシンチェジェ》」がとられた。維新憲法の下、朴正熙が確実に大統領に選出されるように「統一主体国民会議」が設置され、大統領には国会を解散する権限や憲法機能の一部を思い通りに停止できる超法規的な緊急措置権も付与された。さらに保安法・反共法も強化され、体制の反対勢力や社会運動勢力に対する徹底的な弾圧が行われた。緊急措置の乱発によって社会運動と労働運動を弾圧し、民主化運動に加わった多くの学生、知識人、宗教家、野党政治家などが逮捕された。一九七三年には最大の政敵とされた金大中（一九二五〜二〇〇九）が、東京から拉致される金大中事件が発生し、翌年には二〇〇人余りの青年・学生が逮捕される民青学連事件が発生した。さらに同年八月一五日には、朴正熙大統領が狙撃される事件が起こり、陸英修大統領夫人が死去している。

こうした朴正熙政権の圧政やそれに対する反発が続く中、一九七八年一二月

金大中事件：一九七三年八月八日、野党指導者・金大中が、東京のホテル・グランドパレスから拉致された事件。事件には韓国中央情報部が関与した疑いが強まり、日本政府は「主権侵害」であると韓国に抗議。同年一一月、金鍾泌首相の訪日謝罪で政治決着が図られた。後に大統領となった金大中はこの事件に関して一切不問にすると発表した。

朴大統領狙撃事件：一九七四年八月一五日、解放記念祝典に参加していた朴大統領夫妻が、在日韓国人青年・文世光によって狙撃された事件。凶弾によって陸英修夫人が死去した。韓国側の捜査で、朝鮮総連の関連が判明していたにもかかわらず、日本側はこれを否定したため日韓関係は最悪となり、国交断絶寸前までになった。

に実施された選挙では野党が大きく躍進した。さらにこの頃になるとアメリカをはじめとした国際社会でも朴正熙政権の人権弾圧に対する批判が高まり、政権は体制維持が困難な状況になっていった。さらに翌年にはＹＨ労組事件▼や新民党総裁・金泳三《キムヨンサム》（一九二七〜二〇一五）の国会除名事件など維新体制を大きく揺るがす事件が続発した。これに触発されて一九七九年一〇月には釜山と馬山で大規模な反政府デモが起こり、釜山と馬山に非常戒厳令と衛戍令《えいじゅれい》が発動された。このような朴政権批判の拡大とともに、権力内部でも葛藤が起こり、一九七九年一〇月二六日、中央情報部長・金載圭《キムジエギュ》が朴正熙を射殺した。この大統領の死によって維新体制は事実上幕を下ろした。

● 光州民主化抗争 ●

維新体制が崩れると一九七九年末から一九八〇年の春にかけて、韓国では抑圧されていた民主化運動が勢いを得て「ソウルの春」と呼ばれる雰囲気が生まれた。維新憲法の廃止や統制の解除を求める声が高まり、学生のデモや労働争議が頻発した。

一方、崔圭夏《チエギユハ》総理が大統領代行となり、軍によって済州道を除く全国に非常戒厳令が宣布された。一二月六日には崔圭夏が大統領に選出された。戒厳業務を遂行する軍は当初、政治的な中立を宣言して合法的な手続きによって民間に

ＹＨ労組事件：一九七九年八月一一日、ソウルの麻浦区にあった新民党の党社に籠城していたＹＨ貿易の女性労働者らが、一〇〇〇人あまりの武装警官によって強制解散させられた事件。武装警官突入の目的は新民党を壊滅させるためとされており、警官隊によって追い詰められた女性労働者が投身自殺し、国会でも政府の対応が批判された。

政権を移譲すると発表していた。しかし一二月一二日に保安司令官の全斗煥《チョンドゥファン》少将ら新軍部勢力がクーデターを起こし、陸軍参謀総長ら穏健派を退けるとともに国防相を逮捕して軍部の実権を掌握、維新体制の存続を図ろうとした。粛軍クーデターの勃発である（韓国では一二《シビ》・一二《シビ》事態《サテ》という）。

このため民主化を求める市民と新軍部勢力との間での対立が避けられない状況になっていった。

民主化の要求に対して新軍部は、一九八〇年五月一七日に非常戒厳令を全国に拡大して学生運動指導者と金大中をはじめとする主要な民主化人士を逮捕拘束するなど弾圧を加えた。さらに五月一八日には民主化運動の拠点とされていた全羅南道光州市にデモ鎮圧のために空挺部隊が投入され、空挺

光州民主化抗争

部隊とデモ学生が衝突して多くの負傷者が出た。この衝突が光州民主化抗争（五《オ》・一八《イルパル》民主化運動《ミンジュファウンドン》）の始まりである。日本でいう「光州事件」だ。

一九日には空挺部隊による鎮圧に激怒した学生や市民らが、警察や軍と衝突を繰り返してデモは激しさを増していった。新聞社、放送局、税務署、警察署などの公共機関が襲撃され、戒厳軍との戦闘で学生や市民にも多くの犠牲者が出た。民主化抗争は二七日まで続き、数千人の市民が逮捕拘留され、負傷者二三〇〇人以上、死者二〇三人を数えるまでになった。光州市の望月洞《マンウォルドン》墓地《ミョジ》には鎮圧の過程で犠牲になった市民の遺体が埋葬されている。

武力で鎮圧されたものの、光州民主化運動は八〇年代の民主化運動の出発点となり、民主化運動勢力は光州における暴圧を根拠に全斗煥政権の正当性を否定して退陣を要求し続けた。さらに軍隊による鎮圧は、統帥権▼を持つアメリカ軍司令官の了解の下に行われたとされてアメリカの責任を追及する動きも生まれた。一九八二年には学生によって釜山アメリカ文化センター放火事件が発生し、八三年には大邱アメリカ文化センター爆破事件が、八五年にもソウルアメリカ文化センター占拠事件などが起こった。

八〇年代中盤には、四月には四・一九革命、五月には五・一八光州民主化抗争を記憶しようという目的で、激しい学生デモが行われるようになった。こうした運動は一九八七年六月の「六《ユ》・二九《ギグ》民主化宣言《ミンジュファソノン》」へと続き、韓国民主化の

韓国軍の統帥権：朝鮮戦争勃発当初、李承晩大統領は、国連軍司令官マッカーサー将軍に「戦闘状態が継続される間一切の韓国軍の指揮権を移譲する」との書簡を送っており、「戦時作戦権」は現在も米軍が握っている。

原動力となっていった。

● 六・二九民主化宣言 ●

　粛軍クーデターを起こした全斗煥は一九八一年二月、間接選挙で第一二代大統領に当選した。全斗煥政権は民主化運動へ弾圧を加えるなど、実質的には維新体制を継承したものの、朴正熙政権下で定められた「夜間外出禁止令の解除」や「学校の制服や頭髪規制の緩和」など様々な日常生活の規制が緩和された。外交関係では、新しく発足したアメリカのレーガン政権や日本の中曽根政権との関係強化に努めた。さらにオリンピックの開催地を名古屋と争ってソウル誘致に成功するなど対外関係は発展を見せた。経済分野でもウォン・原油・原材料の「三低」に支えられ、物価が安定して輸出が伸長、一九八六年には貿易は黒字となり、翌年には約一〇〇億ドルの経常収支黒字となった。また政府は民間大企業への支援を積極的に行うようになったため、現代《ヒョンデ》、三星《サムソン》、大《テ》宇《ウ》、ラッキー金星《クムソン》（現ＬＧ）の財閥企業が急成長した。

　しかしこうした華々しい経済発展の陰で、大統領親族の張玲子《チャンヨンジャ》夫妻による七〇〇〇億ウォンに上る不正手形詐欺事件や八三年の明星《ミョンソン》グループ不正融資事件、大統領の実弟によるセマウル疑惑など、権力と絡んだ不正腐敗・疑惑が頻発し、政府に対する不信が高まっていった。

八五年初めの国会議員選挙では野党の新韓民主党が圧勝し、これに力を得た学生や在野民主勢力、野党は大統領直接選挙制を強力に要求し始めた。一九八七年一月に民主化運動を行っていたソウル大の学生が拷問によって殺害される事件が起こると政権に対する抵抗はさらに強くなった。二月には拷問で死亡したソウル大学生を追悼する集会が開かれ、これが民主化と改憲を要求する運動と結びついて民主化運動は更なる高まりをみせた。

危機感を強めた全斗煥政権は八七年四月、大統領直接選挙制を求める国民の要求を無視して、八八年の大統領間接選挙を繰り上げて年内に実施すると発表した。この発表に反対して六月には民主化運動が全国に拡散、二六日には全国二二カ所で国民集会が開かれ、数十万人が参加する国民平和大行進が行われた。

この民主化運動の高まりに対して全斗煥政権は強力な弾圧を行って政権を維持しようとした。だが、この時点でレーガン大統領が全斗煥大統領に親書を送り、民主化運動に穏便に対処するように求めていた。こうした国内の民主化運動と国外からの圧力で全斗煥政権は進退窮することとなり、「六・二九民主化宣言」を受け入れざるを得なくなった。七月一日、全斗煥大統領はこれを受け入れた。「六・二九民主化宣言」とは一九八七年六月二九日、民正党代表の盧《ノ》泰愚《テウ》（一九三二〜）が、民主化運動の収拾を図るために行った宣言で、「大統領直接選挙制と憲法改正による平和的な政権移譲」「金大中赦免復権と政治犯の釈放」などを骨子とした宣言だ。

これによって一〇月には大統領を五年単任制とする憲法改正が行われ、一二月には維新憲法によって中断されていた大統領直接選挙が行われることになった。大統領選挙戦は、盧泰愚、金泳三、金大中、金鍾泌の四人で争われ、当初は不利だと考えられていた軍人出身の盧泰愚が、野党候補の分裂によって第一三代大統領に当選した。

●ソウル・オリンピックと北方外交●

全斗煥政権時代のオリンピック誘致成功によって、第二四回オリンピックは一九八八年九月一七日から一〇月二日までソウルで開催された。この大会は一九七六年のモントリオール・オリンピック以来、一二年ぶりに東西両陣営が参加した大会で、一五九の国と地域から八四六五人が参加して成功のうちに幕を閉じた。

オリンピック開催の迫った一九八六年には激しい民主化運動が起きるなど政治的な不安要因は多かったが、八七年六月の民主化宣言、同年一二月の大統領選挙を経て、盧泰愚政権下の政治的に安定した時期に開催されたことも成功の要因となった。当時、韓国と国交のなかった中国やソ連がソウル・オリンピッ

ソウル・オリンピック

クに参加したことは北朝鮮と対峙する韓国にとって大きな外交的得点となった。韓国の国際的な地位を一気に高め、盧泰愚政権はそれまで国交のなかった共産圏国家と外交関係を樹立する「北方外交」を展開した。一九八九年二月にハンガリーと外交関係を結び、九〇年九月にはソ連と国交を樹立した。

一九九〇年九月には北朝鮮の延《ヨン》亨黙《ヒョンムク》総理など北朝鮮代表団がソウルを訪問し、翌年には南北が同時に国連に加盟した。九二年には中国と国交を結び、八二年ぶりに両国関係が公式に回復した。このように盧泰愚政権はソウル・オリンピックを成功させて国力を伸長させる契機を作った。だが、政権交代後の金泳三政権下では数千億ウォンにも上る大統領機密費事件が明らかになり、一九九五年一一月に全斗煥元大統領とともに逮捕・収監され、二審では懲役一七年と追徴金二六二八億ウオンを言い渡された。

●金泳三政権の誕生と歴史清算●

一九九二年一二月の第一四代大統領選挙は金泳三と金大中、そして現代財閥を築いた財界人・鄭周永《チョンジュヨン》▼（一九一五～二〇〇一）の三つ巴の戦いになった。金泳三は四〇％を超える得票で金大中に五〇万票もの差をつけて当選。選挙で敗れた金大中は政界引退を宣言し、三〇年にわたって韓国の民主化運動を率いた両氏の「両金時代」に幕が降りた。

金泳三の当選は朴政権以来ほぼ三〇年にわたって続いてきた軍人出身の大統領の時代が終わり、「文民」出身の大統領の時代が到来したことを意味した。このため金泳三は自らの政権を「文民政府」と規定し、「新韓国創造」をスローガンに広範囲な改革を断行した。全斗煥政権を支えた新軍部勢力を軍から退けて軍の民主化を行い、情報機関である安全企画部を改革した。公職者の財産登録を義務化して金融実名制を実施した。

一九九四年には、軍事政権下で学校から追放されていた全教組（全国教員労働組合）の教師を復職させ、翌年には地方自治選挙を行って政治の民主化に希望を持たせた。だが、金泳三政権にとって難関は、かつて粛軍クーデターで政権を奪取した新軍部と光州民主化抗争弾圧の責任者の処罰だった。

鄭周永：　現代グループの創業者。第一四代大統領選挙に統一国民党大統領候補として出馬。一九九八年「統一の牛」五〇〇頭を板門店経由で北朝鮮に送り届けて注目を集めた。また同年、南北民間交流事業として「金剛山観光」を成功させた。

当初、検察は全斗煥ら新軍部関係者を不起訴処分にした。「成功したクーデターは処罰できない」というのがその名分であった。ところが一九九五年一〇月に盧泰愚前大統領の秘密資金が暴露され、検察は世論に押されて盧泰愚前大統領と全斗煥元大統領を拘束した。一二月には五・一八特別法、控訴時効特例法が国会を通過した。過去のクーデターと光州民主化抗争弾圧の責任者として前・元大統領らを処罰するための遡及立法だった。一九九六年八月、ソウル地裁は全斗煥被告に死刑、盧泰愚被告に懲役二二年六カ月の判決を下した（二審ではそれぞれ無期懲役、懲役一七年に減刑）。憲政史上初めて大統領であった者が法廷の被告席に並んで裁判を受ける姿を目の当たりにした韓国国民は大きな衝撃を受け、時代の流れを実感した。「事必帰正《サピルグイジョン》」（物事があるべき姿に戻った）という反応があった反面、権勢と栄華を誇った彼らの衝撃的な姿に「驚きと胸の痛み」を感じたという反応もあった。なお、両氏は九七年一二月、大統領選挙の直後に特赦された。

この前・元大統領の逮捕・断罪は、世論の「過去の清算」に対する要求に応じて行われたもので、明らかに遡及立法による逮捕という、政治的配慮によるものであった。だが、韓国では「歴史の清算」において一定の成果があったと評価されている。これは李承晩政権における日本の植民地支配に協力した「親日派」処断の失敗、張勉政権による李承晩政権時代の清算の失敗という経験を持つ韓国においては、「歴史の清算」に対する国民の要求が高かったからである。また、過去の歴史を清算するけじめとして一九九五年には日本植民地時代の象徴だった旧朝鮮総督府庁舎も取り壊された。

だが、このような斬新な改革を行った金泳三大統領も、政権末期には息子の国政介入と不正関与、汚職事件で政治的危機に陥り、さらには九七年末には経済政策の失敗によって外貨危機を招いて国民の批判の中で任期を終えた。

●金融危機とＩＭＦ支援●

一九九七年末、韓国経済を根底から揺るがす経済危機が起こった。その発端は財閥企業の倒産だった。九七年一月、韓宝《ハンボ》鉄鋼《チヨルガン》が多額の負債を抱えて倒産した。同年にはこれ以外にも三美《サムミ》、眞露《チルロ》、大農《テノン》、サンバンウル、ヘテなど一二の企業グループが相次いで不渡りを出し、銀行は多額の不良債権を抱えてしまった。このため韓国に対する信用が低下して海外の金融機関が融資の引き締めや金利の上乗せを行ったのに加え、タイのバーツ貨暴落に伴うタイの経済破綻が韓国にも飛び火してウォンが下落を続けた。韓国政府はウォンの買い支えを行ったが外貨準備高が乏しく、一一月には国際通貨基金（ＩＭＦ）に緊急救済金融を申請することになった。

一二月末にＩＭＦおよびアメリカ、日本の支援で韓国経済は落ち着きを取り戻したが、韓国は金融の自由化、財閥改革、雇用調整などの課題を抱えることとなった。九八年に就任した金大中大統領がＩＭＦの改善要求を全面的に受け入れたことで韓国経済に対する国際的な不信・不安は徐々に払拭され、経済危機は比較的早期に終息の方向に向かったが、生活必需品や輸入品の価格が上昇し、経済危機は市民生活を直撃した。生活全般において節約が強調され、国民が団結して経済危機を克服しようという世論が盛り上がった。国家の金保有高を高めるために、国民に対して所有する金製品の供出が呼び掛けられ、金融機関が各家庭から供出された金製品を時価で買い取ることも行われた。

また大々的な企業の構造調整によって大量の解雇者が発生し、就職難と相まって中産階層が没落、所得格差が広まった。だが、こうした国民の痛みを伴ってようやく韓国は経済危機から脱出した。九九年下半期に韓国政府は危機の克服を宣言し、二〇〇〇年に韓国は国際通貨基金の管理から離れることができた。

● 金大中政権の誕生 ●

一九九七年一二月の第一五代大統領選挙では野党候補の金大中が、与党・李《イ》会昌《フェチャン》候補を僅差で破って当選した。選挙戦は数％の得票率の差に全国民が固唾を呑んで開票を見守った。六七年の大統領選挙以来、四度目の大統領選挙出馬で当選を果たした金大中に、同氏の地盤である光州では光州民主化抗争（光州事件）の象徴的な場所である全羅南道道庁前に数百人の市民が蝟集《いしゅう》して「金大中」を連呼した。

就任宣言で「国民の政府」を目指すことを明らかにした金大中大統領は、当面する経済危機を克服する一方、南北関係を「太陽政策」という融和政策で改善しようと試みた。

歴代政権の人権弾圧を究明する「疑問死真相糾明委員会」の設置、民主化運動関係者の名誉回復及び補償などに関する法律の制定、国民基礎生活法の制定、女性部新設など人権重視の革新的な政策を推進する一方、情報通信産業の育成・発展に力を注いだ。また、大統領に就任した九八年には日本を訪問して「二十一世紀に向けた新たな日韓パートナーシップのための行動計画」を作成し、それまで禁止されていた日本の大衆文化の開放を段階的に行った。こうした日韓関係改善の努力は、サッカーワールドカップ日韓共催と相まって、日韓の新時代を開いた。

二〇〇〇年六月には韓国の大統領として、初めて北朝鮮を訪問し、史上初の南北首脳会談を実現させた。さらに韓国最初のノーベル平和賞受賞者となった。だが、金大中大統領は任期末期に息子と側近の不正事件が明るみに出て、さらには南北首脳会談の際に国民の合意なしに北朝鮮に送金をしたことが明らかになって批判を浴びた。少数与党政権ゆえに改革が遅々として進まず、さらに経済危機克服の過程で起こった貧富の格差拡大、地域対立感情の解消の失敗など、将来に改革の課題を残した。

●ワールドカップ開催と日本大衆文化開放●

二〇〇二年に開催されたサッカーの第一七回FIFAワールドカップ大会は日韓共同開催で行われた。この大会は二一世紀になって初めて、アジアでは初めて、そして初めての共同開催と異例ずくめの大会だった。

日韓の共同開催が決まったことで、同大会が日韓友好の象徴となると期待され、ワールドカップの共同開催は韓国と日本が長い反目と対立を克服して両国で協力することができることを示した。▼

この大会ではイタリア・スペインに勝利した韓国の躍進が注目され、アジア勢として初めての準決勝に進出すると韓国中が熱狂した。韓国全土で赤いTシャツを着た「赤い悪魔」と呼ばれる韓国チームのサポーターが一体となって熱烈な応援を繰り返した。韓国は準決勝でドイツに敗れた後、三位決定戦でトルコに敗れて四位にとどまった。

このワールドカップの成功は、これまで日本人が抱いていた韓国に対するイメージを変えた。そして日韓新時代の幕開けを告げ、韓流ブームの呼び水とな

共同開催での諸問題：共同開催が決まった当初、日韓両国は大会呼称問題などで対立した。その背景にはワールドカップ大会を通して韓国の国家発展を世界にアピールし、日本と比較して優位に立とうとする韓国の対抗意識があったからである。

この大会に北朝鮮は参加しなかったが、韓国でのワールドカップ開催に反対しなかった。だが開催中には黄海で北朝鮮と韓国の海軍艦艇が砲火を交える事件が起きた。このように日韓の共同開催は韓国の民族意識の高まりと、南北対立という現実の中での南北統一への模索、日韓関係と両国の国民感情の複雑さを垣間見せる場でもあった。

日韓共催サッカー・ワールドカップ。赤いＴシャツを着たサポーターが競技場を埋めつくした

り、また韓国では日本大衆文化の開放▼への要因となっていった。

金大中政権は映画やアニメなど文化産業の育成を経済危機克服のための手段と捉えるとともに、先に述べたように「二十一世紀に向けた新たな日韓パートナーシップのための行動計画」を作成し、日本からの投資促進を図った。この一環として日本大衆文化の開放に踏み切ったのである。

開放直後は、日本映画に大きな関心が集まり、一部の映画は人気を博すなど日本大衆文化ブームが起こった。現在ではインターネットの普及に

日本大衆文化の開放：韓国では、「国民感情に反する」という理由から、李承晩政権の頃より、日本の大衆文化が禁止されていて、公式の場や公共放送での日本の映画・ドラマ・音楽などは禁止されていた。そのため日本人アーティストが訪韓しても日本語で歌うことは許されなかった。だが、実際には一部地域では地上波のテレビ放送、衛星放送や雑誌、インターネット、輸入ＣＤや海賊版などを通して日本の大衆文化は韓国に流入してきていた。

伴い、規制とはほぼ関係なく韓国人は直に日本の大衆文化に接することができるようになった。未だ日本の放送をすべて自由に試聴できる状態ではないが、アニメ、ゲーム、マンガ、歌謡曲などの分野で日本の大衆文化は大きな人気を得ている。これらの日本文化は韓国では「日流《イルリュ》」と呼ばれている。

九〇年代末には韓国の大衆文化がアジア各国に輸出された。韓国から輸出された大衆文化は一般的に「韓流《ハルリュ》」と呼ばれる。この用語は台湾・香港・中国で用いられたが、韓国に逆輸入され、韓国でも定着した。東南アジアでは二〇〇〇年前後から韓国企業の進出を背景に、タイ、フィリピン、ベトナムなどで韓国ドラマが放送されて人気を得た。また台湾・香港・中国などの中国語圏でも韓国ドラマは人気を博した（輸入価格の安さなどから北京や上海では、韓流以前から韓国ドラマが輸入されて放送されていた）。

中国と韓国の国交正常化と経済的関係の発展により韓国ドラマは次第に中国で人気を得るようになった。特に二〇〇四年に歴史ドラマの『大長今《テジャングム》（邦題：チャングムの誓い）』が台湾で、翌年には香港で放映された後に、中国本土でも人気を得て爆発的な韓流ブームが再来した。

日本での韓流ブームは東南アジアや中国よりも遅れて二〇〇二年のワールドカップ共同開催以降、NHKが韓国ドラマ『冬の恋歌《キョウレヨンガ》（邦題：冬のソナタ）』を放映した二〇〇三年に始まった。またワールドカップ開催に合わせて二〇〇二年から韓国の歌手が日本にも進出し、二〇〇四年頃からＫ―ＰＯＰと呼ばれる音楽ジャンルが日本でも認知され始めた。

こうした韓流ブームは日韓の国民感情の対立や偏見を取り除き、日韓友好に寄与したと評価する肯定的な意見がある一方、所詮は一過性のブームに過ぎず、韓流が続いたとしてもそれが両国関係を根本的に変えることはないとする否定的な見方もある。だが、韓流ブームによって、ＮＨＫのハングル講座のテキストの発行が二〇万部を超えるなど、韓国や韓国語に関心を抱く人や韓国を訪れる旅行者が増えたことは確かである（二〇〇四年には年間の訪韓旅行者数▼が二四四万人を記録した）。

●南北関係と太陽政策●

九〇年代の初めになってソ連・ヨーロッパの共産主義国家の没落で冷戦体制が崩壊し、北朝鮮は経済のみならず外交でも孤立を余儀なくされ、朝鮮半島にもようやく緊張緩和の兆しが見え始めた。一九九一年には南北は相互の体制を容認して平和的な統一のための交流と協力を続けていくという基本合意書を採択して、国連をはじめとする国際機構にも同時加入した。一九九四月七月には南北首脳会談が開催される予定であったが、その直前になって金日成主席が死亡し、中止された。

訪韓旅行者数：　二〇〇三年の韓国への旅行者数は一八〇万人だったが、二〇〇四年には二四四万人を記録、前年比三五・五％の大きな伸びを見せた。『観光白書』（平成十七年度版）

南北首脳会談。金大中大統領を迎える金正日国防委員長
©YONHAPNEWS

一九九八年に発足した金大中政権は経済的支援を基礎として北朝鮮を包容するという「太陽政策」を標榜した。さらに北朝鮮を吸収するような形での統一はしないと表明した。さらに北朝鮮への食糧・肥料などの援助を再開したほか、民間企業の北朝鮮への投資を奨励した。金大中政権は北朝鮮に食糧や肥料を援助し、北朝鮮の名勝・金剛山《クムガンサン》への韓国人観光事業を許可した。この政策が効を奏して、二〇〇〇年六月一三日から一五日にかけて金大中大統領と金正日《キムジョンイル》国防委員長が史上初めての南北首脳会談を開催し、南北関係は新しい進展を見せた。当初、首脳会談は一日早い六月一二日に行われる予定であったが、北朝鮮の要請により、急遽一三日に行われることになった。金大中大統領は「数十年待っていたのに一日ぐらい待てないことがあろうか」という言葉で不安がる国内の世論をなだめた。

南北首脳会談では軍事的緊張の緩和、南北の経済交流、離散家族の再会などに合意。南北は金正日のソウル答訪や南北の鉄道線路連結にも合意した。同年八月一五日には南北離散家族の再会が行われ、国際競技でも南北のスポーツ交流、南北を結ぶ京義線の連結事業などがスタートし、和解の雰囲気が高揚した。

この南北首脳会談により金大中はノーベル平和賞を受賞した。南北首脳会談による金正日のソウル答訪は実現しなかったが、離散家族の再会は行われ、経済交流は次期盧武鉉《ノムヒョン》（一九四六〜二〇〇九）政権になって本格化した。

だが、会談で合意した南北の鉄道連結事業も中断したままで完了していない。南北首脳会談は韓国人に統一への希望を抱かせたが、事の推移は必ずしも韓国人の思惑通りではない。

第 8 章

경제 대통령과 여성 대통령의 탄생

経済大統領と女性大統領の誕生

概要　経済大統領と女性大統領の誕生

二〇〇三年二月、盧武鉉《ノムヒョン》（一九四六～二〇〇九）が第一六代大統領に就任。北朝鮮の核開発に一定の理解を示し、対北朝鮮政策を「平和繁栄政策」と名付け、南北の交流と経済協力を活発に行うことを追求しはじめた。しかし、これが北朝鮮に対する強硬策をとるアメリカの不信感を招くこととなる。

二〇〇八年に大統領に就任した李明博《イミョンバク》（一九四一～）は、北朝鮮に対して非核・解放・三〇〇〇ドル構想を掲げ、核の放棄と経済支援を関連付ける政策を表明し、韓米関係を強化。北朝鮮に厳しく臨んだ。一方、家電・通信機器・自動車・半導体などの分野で目覚ましい発展を見せた。二〇一二年八月、李明博大統領は竹島（独島《トクト》）に上陸。以降、日韓関係は冷え込むこととなる。

二〇一三年、朴槿恵《パククネ》（一九五二～）が大統領に就任。南北の信頼を積み上げていく「朝鮮半島信頼プロセス」の考えを表明し、北朝鮮に人道支援、交流拡大を柱とする構想を発表して、北朝鮮の核放棄を求めた。国内には、社会福祉問題、雇用の拡大、格差の解消等の克服が課題として残されている。

●「一盧三金時代」の終焉●

金大中《キムデジュン》大統領は二〇〇三年二月に任期を終えたが、これは一つの時代の終焉を告げるものであった。一九八七年の大統領選挙で「一盧三金」と呼ばれた有力候補（盧泰愚《ノテウ》・金泳三《キムヨンサム》・金大中・金鍾泌《キムジョンピル》）のうち、盧泰愚・金泳三・金大中は順次大統領に就任した。金鍾泌は大統領にこそならなかったものの、金大中の大統領当選を助け、金大中政権では国務総理を務めた。この「一盧三金」の時代は、政権誕生に地域感情が大きく作用した時期であった。盧泰愚・金泳三政権は南東部の慶尚道《キョンサンド》（嶺南《ヨンナム》）の強い支持のもとで誕生し、金大中政権は南西部の全羅道《チョルラド》（湖南《ホナム》）及び忠清道《チュンチョンド》の強い支持のもとで誕生した。また、この時代は長年続いた朴正煕《パクチョンヒ》・全斗煥《チョンドゥファン》軍事政権の残滓を清算し、社会全般で民主化が進められた時期でもあった。「一盧三金」の時代の終焉は、地域感情によって政権が誕生した時代が終焉し、民主化も一段落したことを意味していた。これ以後、韓国では「保守対進歩」という対立軸が政情に大きな影響を与えていくことになる。この「保守対進歩」という構図は周辺国との関係、北朝鮮の動向、韓国国内の政治の動き、経済の動向などの影響を受けながら、現在まで韓国政治を動かす主要な原動力になっている。

　二〇〇二年の日韓共催でのサッカーW杯▼が終わった直後から、次期大統領候

サッカーW杯：二〇〇二年五月三一日から六月三〇日にかけて日韓共催により開催された「二〇〇二FIFAワールドカップ」。

補者をめぐり、与党・新千年民主党（「新政治国民会議」が二〇〇〇年一月に改称）の内部では熾烈な公認獲得争いが行われた。

当初の予想に反し、与党の候補者公認を勝ち取ったのは釜山出身で人権擁護派弁護士という異色の経歴を持つ盧武鉉《ノムヒョン》（一九四六〜二〇〇九）であった。盧武鉉が公認を勝ち取った背景には「ノサモ」（「盧武鉉を愛する集まり」という意味）と呼ばれる草の根支援団体の活発な活動や「三八六世代▼」と呼ばれる世代を中心とするインターネット世論の強固な支持があった。一九八七年の民主化運動を主導し、進歩的政治傾向が強く、いくぶん反米的で民族意識が強いとされる世代である。同年一二月の大統領選挙は盧武鉉と保守系野党候補・李会昌《イフェチャン》（一九三五〜）との実質的な一騎打ちとなったが、前述の「ノサモ」の活動や「盧風」と呼ばれる追い風に乗って僅差で勝利をおさめた。大統領選挙が行われた二〇〇二年には在韓米軍による女子中学生轢殺事件▼や、北朝鮮に対するアメリカの強硬姿勢によって韓国国内では反米感情が高まっており、盧武鉉候補にとっては追い風になった。

盧武鉉は二〇〇三年二月に第一六代大統領に就任したが、出身政党である「新千年民主党」が国会では少数与党であったため、政権運営は当初から困難を極めた。二〇〇四年三月には野党であるハンナラ党と新千年民主党によって提出された大統領の弾劾訴追案が国会で可決される。弾劾の理由は、少数与党

三八六世代：一九六〇年代に生まれ、八〇年代に学生生活を送った三〇歳代（二〇〇二年時点）の人々。

女子中学生轢殺事件：二〇〇二年六月一三日、京畿道楊州郡で米軍所属の装甲車が公道を歩行中の女子中学生二名を轢殺した事件。後に事故当事者の米軍兵士が軍事法廷で無罪となったことから、韓国国内で広範な反米運動が展開された。

で政権運営につまずいていた大統領が与党支持の発言を繰り返したことであった。後に憲法裁判所の違憲判決でこれは撤回されたものの、盧武鉉は韓国建国以来、初めて職務が停止された大統領となっている。

　主要な公約として掲げた政策のうち、首都移転（遷都）計画▼も頓挫を余儀なくされた。盧武鉉は首都機能や人口が一極集中するソウルから首都を中南部の忠清道に移転させる計画を推進したが、伝統的な首都であるソウルから遷都することには、もともと反対の声が強かった。二〇〇四年一〇月、憲法裁判所がこれを違憲と判断、盧武鉉は遷都計画を撤回せざるを得なかった。

　「東アジアのバランサー」を標榜した独自の等距離外交も、内外からの批判に直面した。もともと、反米的な傾向があった盧武鉉は金大中大統領の「太陽政策」を継承しつつ、アメリカとは距離を置こうとした。盧武鉉は北朝鮮の核・ミサイル開発に一定の理解を示し、北朝鮮に対する食料・肥料などの支援、開《ケ》城《ソン》工業地区開発▼や金剛山《クムガンサン》観光開発といった経済的支援を行った。しかし、北朝鮮の核開発という懸案を前にしても融和的な包容政策をとり続ける盧武鉉の姿勢は北朝鮮に対する強硬策をとるアメリカの不信感を招いた。また、二〇〇六年七月に北朝鮮がミサイルを発射し、一〇月に核実験を実施したことにより、融和政策の限界が露呈し、国内でも批判にさらされることになった。

　こうした反米志向とは対照的に、二〇〇六年三月、盧武鉉政権はアメリカと

首都移転（遷都）計画：
　盧武鉉大統領が推進した首都移転は頓挫したが、その代替政策として、二〇一二年、忠清南道に「世宗特別自治市」が設けられ、政府行政機関の一部が移転している。

開城工業地区：
　北朝鮮南部の開城市郊外に設けられた経済特別区に位置し、「開城工業団地（開城工団）」とも呼ばれる。二〇〇三年に起工、二〇〇四年に韓国企業の工場が入居して工業製品生産が開始された。二〇一三年に北朝鮮が行った核実験により、一時操業が中断。二〇一六年二月に朝鮮が行った弾道ミサイル発射実験により、操業停止となった。

の自由貿易協定（ＦＴＡ）締結に向けた交渉を開始した。これは与野党に対する特段の事前協議もなしに突如表明されたもので、盧武鉉の支持層である進歩勢力はアメリカとのＦＴＡ締結が韓国経済に否定的な影響を与えると反対した。しかし、盧武鉉はＦＴＡが韓国経済に肯定的な影響を与え、国民生活の向上にもつながると主張した。その後、わずか一年三カ月あまりで交渉は妥結に至る。盧武鉉は二〇〇七年九月に米韓ＦＴＡ批准案を国会に提出した。しかし、批准案は国会で棚上げされ、盧武鉉政権下では批准されることはなかった。盧武鉉の支持基盤であった進歩勢力がＦＴＡ締結を経済の対米従属と見なして反対しており、野党勢力は米韓ＦＴＡ締結に賛成しつつも、これを盧武鉉政権の業績とすることに難色を示していたからである。

政権末期には一〇％台という支持率の低迷や次期大統領選挙への不安から、与党内部でも、かつて袂《たもと》を分かった新千年民主党との再統合を望む議員の離党が続出。政権末期、盧武鉉のリーダーシップ欠如は「課長級大統領」などと評されていた。大統領退任後、盧武鉉は親族や側近の不正が明らかになり、二〇〇八年五月、自宅付近で自殺をとげている。

●経済大統領・李明博政権の誕生●

こうした進歩派政権の不人気ぶりによって、二〇〇七年の大統領選挙では保守系野党・ハンナラ党の候補が与党系の候補である鄭東泳《チョンドンヨン》（一九五三〜）を大差で破り、地滑り的な勝利をおさめることになった。大統領選挙を制したのは現代建設会長・ソウル市長という経歴をもつ李明博《イミョンバク》（一九四一〜）であった。

金大中・盧武鉉政権は進歩派政権であったが、結果的には進歩的な政策は必ずしも成功しなかった。両政権下ではアジア通貨危機を克服するため、新自由主義的な改革が進んだ。通貨危機は克服されたが、中産層の減少や貧富格差の拡大、非正規雇用の大幅増加といった副作用を生んだ。保守派はこれを進歩派政権の経済政策失敗によるものだと批判した。こうした状況のもと、「経済大統領」を標榜した李明博候補に期待が集まった。

ソウル市長時代、李明博はソウル中心部を貫通する清渓《チョンゲ》高架道路を取り除いて清渓川《チョンゲチョン》という河川を復元し、市民に憩いの場を提供した。こうした実績に加え財閥系建設会社の会長という経歴があり、有権者はこれに「経済大統領」としての手腕を期待したのである。

李明博は盧武鉉政権の反米・北朝鮮に対する融和政策から一転して、米韓関係を強化し、北朝鮮に厳しく臨む姿勢を明らかにした。また、毎年平均七％の経済成長、一人当たり四万ドルの国民所得、韓国を世界七大経済大国にするという「七四七政策」の推進を表明した。李明博大統領が当選した二〇〇七年当時、一人当たりの名目ＧＤＰはすでに二万三〇〇〇ドルを超えており、一人当たりの購買力平価GDPは二万六〇〇〇ドルを超えていた（同時期の日本における数値は三万四〇〇〇ドル・三万一六〇〇ドル）。また、この時期、家電・通信機器・自動車・半導体などの分野では韓国の躍進が目覚ましく、韓流ブームもアジア諸国を席巻していた。

ところが、「経済大統領」として大きな期待を背負って政権が発足した矢先の二〇〇八年四月、米国産牛肉の全面的な輸入再開方針を決定したことで李明博は猛反発を受けた。時を同じくして米韓FTAの批准を議論したことも反発に火を注いだ。

当初は米国産牛肉の安全性がデモの焦点であったが、次第に進歩派主導の反米デモ、反政府・反政権デモへと変化していった。連日連夜、ソウルをはじめ韓国各地で大規模な集会が開かれ、それは二カ月もの長きにわたった。この「牛肉輸入反対デモ（「狂牛病デモ」、デモ隊がろうそくをかざしていたことから「ろうそくデモ」とも呼ばれる）」は、奇しくも「保守対進歩」という韓国国内の対立軸をあぶりだす結果となった。

さらに、この年の秋にはリーマン・ショックによる世界同時不況とそれに伴う景気悪化、株価下落や急激なウォン安などの悪材が多く、「経済大統領」の手腕を発揮できない状況が続いた。しかし、その後の韓国経済は回復基調に転じ、おおむね安定した政権運営が可能となった。アメリカとのFTAも進歩派の頑強な抵抗、その後の追加交渉など紆余曲折を経て、二〇一一年一〇月から一一月にかけて米韓両国で批准同意案が可決され、二〇一二年三月に発効している。

しかし、皮肉にも李明博が重視した経済分野において政策のつまずきが起こった。李明博は前述した「七四七政策」を実現するために「大運河構想」を提唱していた。これは韓国北部を流れる漢江《ハンガン》と、韓国南部を流れる洛東江《ナクトンガン》を大運河で連結し、物流コストを抑え、内陸都市を発展させるという大胆な構想であった。しかし政府の諮問機関からは経済性がないと指摘され、市民団体からは環境破壊や政府主導の公共事業に批判が高まり、構想の撤回を余儀なくされた。李明博は「大運河構想」の代替事業として、「四大河川（漢江・洛東江・錦江《クムガン》・栄山江《ヨンサンガン》）再生事業」という治水事業を推進した。この事業には二二兆ウォンもの巨費が投じられたが、ここでも治水効果の疑問性や、生態系に与える悪影響に対して市民団体が激しい反対運動を展開した。

当初、李明博政権は盧武鉉政権に比べ融和的な対日姿勢を示していたが、政権末期に支持率が三〇％を切った時点から対日姿勢を硬化させた。二〇一二年八月一〇日、李明博は竹島（独島《トクト》）に突然上陸したが、韓国の大統領としては初であった。また、一四日には日本天皇の謝罪を求める発言を行っている。

李明博大統領は大阪の生まれであり、政権誕生前後からその出自をめぐり、

「親日」であるという批判が加えられてきた。また、急激な物価上昇による庶民生活への圧迫、所得格差の広がり、雇用低迷等により支持率は三〇％前後に低迷し、さらに二〇一二年四月の国会議員選挙でセヌリ党▼の一部議員が候補公認の見返りに献金を受け取っていたという疑惑が発覚していた。大統領の対日姿勢の転換にはこうした逆風を克服し、政局を転換させようとする思惑があったと見られる。また、盧武鉉政権は支持率が下落した政権末期に北朝鮮の金正日と会談を行っているが、その後大きく支持率を伸ばしているという前例もあった。事実、大統領の竹島（独島）訪問と天皇謝罪発言後に支持率は大きく上昇した。しかし、大統領の対日姿勢転換は日本との関係を決定的に悪化させた。日本政府は李明博の竹島上陸に抗議するとともに、天皇に対する謝罪要求について撤回を要求し、一〇月に期限が切れる日韓通貨交換協定の拡大措置について、それ以降は白紙とすることを表明した。李明博の一連の対日強硬姿勢は、それまで日韓関係に無関心だった一般の日本人の間にも韓国への反発感情が生まれる契機ともなった。冷却した日韓関係はそのまま朴槿恵《パククネ》政権にも引き継がれることになる。

すでに多くの韓国人は高度経済成長期に行われたような大規模公共工事による景気浮揚には関心を示さず、それにかわって「福祉」や「格差解消」が主要な関心事になりつつあった。そうした変化が端的にあらわれたのが二〇一〇年

セヌリ党：「ハンナラ党」は二〇一二年二月に「セヌリ党」に改称された。「新しい世の中」という意味。

に行われた統一地方選挙であった。この選挙で争点となったのが「給食無償化」であった。この問題が争点になったのはリーマン・ショックの影響で家計が困窮し、給食費を払えない家庭が増加したためであった。給食の全面無償化を主張する野党・民主新党と、これに反対する与党・ハンナラ党という構図で選挙が行われ、与党は敗北を喫した。また、ソウル市では給食無償化法案を可決させた市議会とこれに反対する与党系の市長が対立、その是非を問う住民投票が行われ、市長が辞任するという事態が発生している。その後に行われた選挙では、より積極的な福祉政策を掲げた野党候補が勝利している。

●朴正熙元大統領の長女・朴槿恵が大統領に●

二〇一〇年の地方選挙では国民の福祉に対する関心の高まりが選挙結果に反映されたが、二〇一二年の大統領選挙でも格差解消と福祉政策が重要な争点となった。二〇一二年七月に与党・セヌリ党から大統領候補予備選への出馬を表明した朴槿恵（一九五二〜）は公約として「富の分配」「雇用の創出」「韓国の実情に合った福祉政策」を掲げた。

これは開発による経済成長に重きを置いた李明博の政策からの大きな転換であった。対立候補である民主統合党の文在寅《ムンジェイン》（一九五三〜）も「経済民主化」を主張し、同様の公約を掲げた。両候補の掲げる公約に似通った点が多かったため、結局、「保守対進歩」といった対立軸で有権者の票が割れることとなった。朴槿恵候補は故・朴正熙元大統領の長女であり、政界に入って以来、一貫して保守系政党に身を置き、要職を歴任した人物である。一方の文在寅は「人権弁護士」として名を施せ、学生時代、朴正熙政権に反対する民主化運動にかかわって逮捕・投獄された経歴を持ち、盧武鉉政権下では、大統領側近として活躍した人物である。大統領選挙では朴槿恵が五一・六％の票を得て接戦を制した。二〇一三年二月に大統領に就任した朴槿恵の政策目標は教育・福祉の拡充、格差の解消、創意教育・創造経済を通じた市場と雇用創出、財閥偏重の解消や地域の均衡発展など「経済民主化」の実現であった。

朴槿恵政権は北朝鮮に対し、アメリカと協調して国防を充実させ、北朝鮮の核兵器放棄を求める強い姿勢を示した。ただし、北朝鮮は二〇一三年二月と二〇一六年一月に地下核実験を行い、弾道ミサイルの発射実験を継続している。韓国は二〇一六年二月のミサイル発射事件の後、南北経済協力の象徴であった開城工業団地の操業停止と人員の引き揚げを行うなど、南北関係は緊張した状態が続いている。

日本については靖国神社参拝・竹島（独島）領有権問題、従軍慰安婦問題などで厳しい姿勢を取っている。このうち従軍慰安婦問題について、二〇一五年一二月、日韓両国は日韓外相会談において、「日本軍の従軍慰安婦問題を最終かつ不可逆的に決着させる」ことに合意した。しかし、進歩勢力はこれに激しく反発しており、今後、政権が交代すればこの問題が再燃する恐れは十分にある。

外交や経済の面で重要度が急速に増した中国に対しては果敢な外交努力を傾けた。二〇一三年六月には国賓として中国を訪問し大歓迎を受けたほか、二〇一五年の「中国人民抗日戦争・世界反ファシズム戦争勝利七〇周年記念式典」にも招待されて出席している。こうした対中接近の背景には、対北朝鮮政策において中国の協調が必要であるという外交的な要因と、中国が韓国の最大の貿易相手国であるという経済的な要因があった。しかし、一連の対中接近政策の効果は外交面や安保面において、限界を示している。二〇一六年一月の北朝鮮の核実験に際して、中国は韓国が協力を求めた対北朝鮮制裁には消極的で、対話を通じて解決することを強調した。一方、米韓両国が北朝鮮のミサイルを迎撃するためのＴＨＡＡＤミサイル▼を韓国に配備する協議を開始すると、中国とロシアは強く反発した。二〇一六年七月、韓国国防省と在韓米軍はＴＨＡＡＤミサイルを在韓米軍に配備することを最終的に決定したが、中国はこれに「強烈な不満と断固とした反対」を示した。このＴＨＡＡＤミサイルの配備に対しては韓国内でも強硬な反対運動が起こっている。

ＴＨＡＡＤミサイル：米陸軍が開発した弾道弾迎撃ミサイル・システムで、正式名称は「終末高高度防衛ミサイル（Terminal High Altitude Area Defense Missile）」。二〇一六年七月、慶尚北道星州郡に配備が決定した。

●政権崩壊の予兆――セウォル号沈没事故●

朴槿恵《パククネ》政権発足から一年後の二〇一四年四月一六日、韓国の西海岸・仁川《インチヨン》港を出港し、済州島《チエジユド》へ向かっていた清海鎮海運所属の大型旅客船・セウォル（世越）号が全羅南道《チヨルラナムド》珍島《チンド》郡の沖合で転覆・沈没した。この船には修学旅行中の高校生と引率教員・一般乗客・乗務員四七六人が乗船していた。この事故により、乗員・乗客二九九人が死亡、五人が行方不明になった。韓国の海難事故としては史上最悪の大惨事であった。この事故の原因としては、海運会社が船に無理な改造を加えたこと、貨物が過積載状態であったこと、船員の操舵ミスが重なったこと、救助作業が混乱したことなどが指摘されている。この事故は二〇一七年に起こった朴槿恵政権退陣運動の出発点になったという点で重要な意味を持つ。

ほとんど人災とも言えるこの事故は韓国社会に大きな衝撃を与えた。特に修学旅行中の高校生が携帯電話で救助を求めながら亡くなっていった様子は、多くの韓国人に公憤を抱かせるのに十分だった。この事故の収拾に当たった韓国政府も情報発信や救助・捜索活動に一貫性を欠くなど不手際が目立ち、犠牲者家族らの怒りを買った。

日が経つにつれ、怒りの矛先は海運会社や乗組員から、失態を繰り返す政府、そして朴槿恵政権へと向いていった。朴槿恵大統領の支持率は、四月一八日時点では七一%を記録していたが、事故から五日後には五六・五%へと急落した（二〇一四年四月二五日付『朝鮮日報』）。二〇日には事故犠牲者の家族らが朴大統領に直談判するためにバスで青瓦台《チヨンワデ》（大統領官邸）に向かおうとして阻止される事件も起きた。高まる政府批判を受け、四月二七日には鄭烘原《チヨンホンウオン》・国務総理が辞意を表明。五月一六日には朴大統領自身も犠牲者家族と面会し、事故の対応の遅れに対して謝罪を行った。一九日には「対国民談話」を発表し、事故対応の責任が自身にあることを明かして涙ながらに謝罪。六月に統一地方選挙、七月に国会議員補欠選挙を控えており、朴大統領としては早急に事態を沈静化する必要に迫られていたと思われる。

しかし、野党はセウォル号事故に対する国民的な怒りを追い風にすることはできず、統一地方選挙は与野党の痛み分け、国会議員補欠選挙は野党の惨敗に終わった。こうして朴槿恵政権はセウォル号事故という危機を乗り切ったかに見えた。しかし、こうした中でもセウォル号の犠牲者家族は、事故の真相究明のために、捜査権や起訴権を持つ特別委員会設置法（「セウォル号特別法」）の制定を求めて活動を行っていた。特別法は一一月になってようやく成立したが、特別調査委員会には捜査権も起訴権もなく、調査期間も一年に制限されるなど、犠牲者遺族が要求していた内容とは大きくかけ離れたものであった。

こうした流れを受け、二〇一四年四月、市民運動団体や労組、宗教団体などが「セウォル号国民対策会議」を結成し、政府批判や事故の真相究明運動を繰り広げていくことになる。この運動のシンボルとされたのが「黄色いリボン」と「セウォル号犠牲者追悼テント」である。黄色いリボンは犠牲者が戻ってくることを切実に祈るという意味が込められており、事故犠牲者への追悼の意をあらわすために大量に配布され、身に付けられた。「犠牲者追悼テント」はソウルの中心部・光化門の前に設置され、内部には事故犠牲者の遺影が飾られ、焼香台が置かれた。このテントは無許可で設置されたものであるが、ソウル市が事実上設置を黙認して以来、事故犠牲者の追悼施設としての役割を果たした。こうしてセウォル号事故の真相究明運動は、反政権運動、ひいては二〇一六年から二〇一七年にかけての政権退陣運動、いわゆる「ろうそくデモ」へと繋がっていくことになる。

第 9 章

과거 청산과 좌우 대립

過去の清算と左右の対立

概要　過去の清算と左右の対立

二〇一六年末、朴槿恵《パククネ》大統領の友人である崔順実《チエスンシル》が民間人でありながら国政に干渉し、親族とともに利権をむさぼっていたことが明らかになり、朴政権は危機を迎える。怒りに燃えた国民はソウルの中心部にある光化門広場に集まり、ろうそくを掲げて政権退陣を叫んだ。一二月には朴大統領に対する弾劾訴追案が国会を通過。翌年の三月に憲法裁判所がこれを認め、朴大統領は罷免・失職した。二〇一七年五月の大統領選挙で、文在寅《ムンジエイン》候補が第一九代大統領に当選する。文大統領は元・前政権の不正を究明する「積弊清算」を政策の重要課題として掲げ、国民の絶大な支持を集めた。また、北朝鮮の金正恩《キムジヨンウン》委員長と三度にわたって会談し、南北関係改善にも大きな成果を上げた。しかし、二〇一九年二月の米朝首脳会談は物別れに終わり、南北関係は膠着状態に陥る。さらに法務部長官に任命した側近の曺国《チヨグク》に様々な疑惑が浮上し、保守派の巻き返しを許す。二〇二一年八月現在、文大統領の支持派と不支持派の勢力が拮抗する中、次期大統領選挙を控えて進歩派と保守派の対立が激化している。

●「ろうそくデモ」と朴槿恵政権の崩壊●

セウォル号の事故から二年半が経過した二〇一六年一〇月、朴槿恵《パククネ》大統領の友人・崔順実《チェスンシル》の国政介入疑惑が発覚した。一連の疑惑は「崔順実ゲート」と呼ばれ、数多くの疑惑が明らかになるにつれて朴大統領の支持率は急落し、ついには政権の崩壊に至った。その主なものだけでも、政府高官の人事案などが民間人である崔順実に漏洩《ろうえい》していたという疑惑、大統領が演説や発言に先立って崔順実に指南を仰いでいたという疑惑、大統領の側近が企業に崔順実の関与する財団への出資を強要したとされる疑惑、その出資の見返りとして一部企業に利権が与えられたという疑惑、崔順実の娘が梨花《イファ》女子大学に不正入学し、単位も不正に取得したという疑惑、崔順実の姪がスポーツ振興を目的とする財団の資金を横領したという疑惑など多岐にわたる。

こうした疑惑は同年七月頃から断片的に報じられていたが、さして注目されることもなかった。しかし、一〇月になって韓国のテレビ局・JTBCが崔順実の処分したタブレット・パソコンを入手し、残されたデータを解析して報道したことにより、国民的な関心を集めることになる。この報道を受けて朴槿恵は国民に対して謝罪を表明し、疑惑に関連した大統領秘書官の辞表を受理するなどして事態の収拾を図ったが、一〇月二九日には一連の不正を糾弾する大規模なデモが行われた。その直後に崔順実が逮捕されるが、事態はすでに収まるところを知らなかった。

一一月四日には朴大統領が国民に向けて再度謝罪を表明し、検察の捜査を受け入れることを表明するが、その翌日にはソウルで二〇万人（主催者側発表）が参加する大規模デモが発生した。「崔順実ゲート」に関わっていた大統領側近・企業家や娘の不正入学に関わった大学教員らが逮捕される中、不正糾弾デモは政権退陣デモへと変化していく。こうしたデモでは紙コップとろうそくが配布され、デモ参加者は風よけの紙コップの底にあけた穴にろうそくを通して火をともした。このろうそくの火は政権退陣運動シンボルとされ、政権退陣デモは「ろうそく集会」「ろうそくデモ」と呼ばれた。そして、デモ会場となった光化門一帯は政権退陣運動の聖地と化した。そのデモ会場の中心にあったのが前述の「セウォル号犠牲者追悼テント」であった。このデモで叫ばれていたのが「これが国なのか（イゲナラニャ）」というスローガンであった。政府が人災から国民を守ることもできず、政権内部では不正が横行するという状態に対する自嘲と怒りが込められている。一一月一二日には、共に民主党・国民の党・正義党などの野党もデモに加わり、二六万人が参加するデモが行われた。

日を追うごとにデモは拡大し、地方都市にまで拡大した。一二月三日には野党三党が「大統領弾劾訴追案」を国会に提出した。

一二月九日、国会で弾劾訴追案が賛成二三四、反対五六で可決され、大統領の職務が停止された。国会の弾劾訴追案可決を受け、憲法裁判所は直ちに弾劾審判の審理を開始した。翌年の三月一〇日、憲法裁判所は裁判官全員一致で「弾劾は妥当」とする決定を下し、これによって朴大統領は失職した。朴大統領は歴代の韓国大統領の中で初めて弾劾によって罷免・失職した大統領となった。三月三一日、朴槿恵前大統領は逮捕・収監され、四月一七日に起訴された。

● 朴槿恵の失職と文在寅大統領の就任 ●

朴大統領の失職を受けて、二〇一七年五月九日に大統領選挙の投票が行われ、「共に民主党」の文在寅《ムンジェイン》候補が二位以下に大差をつけて、第一九代大統領に当選した。文在寅は一九五三年に慶尚南道《キョンサンナムド》巨済《コジェ》▼で生まれ、ソウルの慶熙《キョンヒ》大学校▼に進学。大学在学中に、民主化運動に関わった容疑で逮捕されている。大学卒業後に司法試験に合格、弁護士として市民運動や人権運動に参加したのち、盧武鉉《ノムヒョン》政権では側近として大統領を支えた。その後、国会議員に当選、新政治民主連合代表や共に民主党の代表を務めた。二〇一二年の大統領選挙では朴槿恵に敗れたが、二〇一七年の選挙で雪辱を果たした形となった。

歴代の大統領選挙は一二月に行われ、当選者は翌二月に大統領に就任するのが通例であった。しかし、この選挙は前職大統領の弾劾・罷免による選挙だっ

巨済市：慶尚南道の南部にある市。同市の大部分を巨済島という島が占める。巨済島の面積は約四〇〇平方キロで、韓国で二番目に大きな島。第一四代大統領・金泳三（長木面外浦里）の出身地でもある。

慶熙大学校：ソウル市東大門区慶熙大路に位置する私立総合大学。一九四九年に「新興初等大学」として設立。一九六〇年に校名を「慶熙大学校」に変更。二〇一八年度の学生数は二万六〇六三名、大学院生数は七四二四名。

たため、文在寅は投票日翌日の五月一〇日に大統領に就任した。この日の正午、国会議事堂で行われた大統領就任式において、文在寅大統領は「大統領自らを刷新する」と述べ、「光化門時代の大統領▼」を標榜し、権威主義的な大統領文化を清算し、国民と対話し、公約を守り、率直で温和な大統領になる、という「就任の辞」を述べた。また、対話を通じて北朝鮮との緊張を緩和すること、雇用の創出、財閥の改革なども宣言した。いわゆる「ろうそく革命」で政権の座についた文大統領が推し進めたのが「積弊清算」であった。「積弊」とは「積もり積もった弊害」という意味で、この金泳三《キムヨンサム》・金大中《キムデジュン》・李明博《イミョンバク》ら歴代の大統領も用いた一般的な用語である。しかし、文在寅政権では「朴槿恵・李明博政権期に積もり積もった不正義の清算」という意味で用いられた。五月一六日に発足した「国政企画諮問委員会」は「百大国政課題▼」を発表しているが、そこでも「積弊の徹底した完全な清算」が筆頭に挙げられた。その「課題目標」は、崔順実ゲートの究明と処罰、朴政権期に行われた政権に批判的なマスコミ・文化人のリストアップに対する調査などが主なものになっている。

●「積弊清算」と元・前大統領の拘束●

この「積弊清算」政策の最初の対象になったのが、朴槿恵・前大統領であった。前述の「崔順実ゲート」に関連した朴前大統領とその側近、三星《サムソン》電子▼の李《イ》

光化門時代の大統領：
景福宮の光化門前の広場でろうそくデモが行われたことから、この場所が文政権誕生の象徴ともなった。当初、文大統領は、大統領府の光化門移転を選挙公約としていたが、警護上の理由などで就任後に撤回。

百大国政課題：
文政権下で政権の引き継ぎ作業を行ってきた「国政企画諮問委員会」が、二〇一七年七月一九日に「国政運営五カ年計画」とともに発表した国政運営の指針。

三星電子：
韓国の三星グループ系列の中核企業で、韓国最大の電機メーカー。一九六九年創業。コンピュータメモリの製造で世界最大。DRAM、SRAM、フラッシュメモリなどの生産でも知られる。

在鎔《ジェヨン》副会長、国家情報院などの機関の高位公務員らが検察の捜査を受けることになった。捜査の結果、朴前大統領は二〇一七年三月三一日に逮捕され、翌年の四月にソウル中央地方裁判所で懲役二四年・罰金一八〇億ウォンの有罪判決が言い渡された。朴前大統領は控訴したが、二〇一八年八月、ソウル高等裁判所でも懲役二五年・罰金二〇〇億ウォンの判決が下された。この判決に対し、大法院（最高裁）が審理を高裁に差し戻すという経緯を経て、二〇二〇年七月に改めて懲役二〇年・罰金一八〇億ウォン・追徴金三五億ウォンの判決が言い渡された。この判決を大法院が支持したことで朴前大統領の有罪が確定した。

検察の捜査は李明博・元大統領の「積弊」にも及んだ。まず、李政権時代の元国防相が軍部隊に対し、インターネット上に与党に有利な書き込みをするように命じた容疑で逮捕された。二〇一八年に入ると、李明博・元大統領が親族経営の自動車部品会社を秘密資金づくりに利用してそれを横領し、さらにこの会社の訴訟費用を三星グループに肩代わりさせ、その見返りに同グループの李健熙会長を赦免したという疑惑が表面化。李元大統領は二〇二〇年三月に逮捕された。同年四月の起訴を経て、一〇月にソウル中央地方裁判所で懲役一五年・罰金一三〇億ウォンの有罪判決が言い渡された。李元大統領は控訴したが、二〇二〇年二月にソウル高等裁判所で懲役一七年・罰金一三〇億ウォンの判決が言い渡されている。さらに一〇月、大法院がこの判決を支持したため、有罪が確定し、李元大統領は収監された。

● 文大統領の歴史認識 ●

韓国では、朴槿恵政権期と李明博政権期における疑惑の究明が「積弊清算」とされているが、文大統領の発言から推察すると、「積弊清算」の範囲は近現代史全般にわたっていることがうかがわれる。

文大統領は、二〇一七年九月二八日、国防部業務報告の政策討議の席上、現行の「国軍の日▼」が、朝鮮戦争において韓国軍が三八度線を突破した日（一九五〇年一〇月一日）とされていることに触れ、「光復軍創設日の九月一七日に変更しなければならない」と主張している。それまでも「国軍の日」を変更しようという議論はあったが、一〇月一日は一九五三年に米韓相互防衛条約が締結された日でもあり、変更はなされなかった。文大統領のこの発言は、韓国軍の記念日の由来を朝鮮戦争ではなく、一九四〇年に重慶で臨時政府が創設した光復軍に求めたものとして注目される。

また、文大統領は二〇一八年三月一日に行われた「三・一節記念式」における「記念辞」で「新しい国民主権の歴史が大韓民国建国一〇〇周年に向けて再び書かれ始めた」と述べ、上海臨時政府樹立一〇〇周年である二〇一九年が大韓民国の建国一〇〇周年であることを述べている。文大統領は前年の八月一五

国軍の日：
　韓国国軍の記念日で、一九五六年に制定され、一九七六年に祝日とされた。一九五〇年一〇月一日、朝鮮戦争の東部戦線において第三歩兵師団・第二四歩兵連隊が三八度線を突破し、北進を果たしたことが根拠となっている。

日に行われた「光復節慶祝式」における祝辞でも「二〇一九年は大韓民国の建国と政府樹立一〇〇周年に当たる年」と述べている。韓国では、以前から大韓民国政府樹立を臨時政府が樹立された一九一九年と見るか、李承晩《イスンマン》政権によって政府樹立が宣言された一九四八年と見るか、という議論があった。前者は李承晩政権を否定する進歩系の主張、後者は李承晩政権を肯定する保守系の主張である。この二つの発言から文大統領は、一九一九年の「大韓民国臨時政府」に建国の正統性を求め、李承晩・朴正熙《パクチョンヒ》をはじめとする親米・反共的な指導者の治績を認めないという歴史認識を持っていることがうかがえる。

文大統領は就任直後の五月一二日、前職の朴槿恵・前大統領が「教科書の左派色を減退する」として推進した国定歴史教科書の廃止を命じている。韓国の歴史教科書は朴正熙政権時代に国定化されていたが、盧武鉉政権時代にこれが廃止され、民間の複数の出版社が出版し、検定を通過した教科書を各学校が選定する方法に代わっていた。朴前大統領は、これらの教科書の「左傾化」が深刻であり、「歴史教育を正常化させることは、私たちの世代の使命」だとして歴史教科書の国定化を打ち出した。その教科書の内容は「大韓民国の建国」を一九四八年八月一五日とし、北朝鮮の南侵から韓国を守った李承晩政権や、国土経済成長を成し遂げた朴正熙政権の業績を高く評価する内容だった。

「国定教科書」の破棄と相反するように、二〇一九年三月から使用され始めた小学校の社会科教科書では、朴正煕政権期に韓国が成し遂げた驚異的な経済成長、いわゆる「漢江《ハンガン》の奇跡」に関する記述が削除された。このことから、文大統領の考える「積弊」とは、朴槿恵政権や李明博政権の不正を止すことに留まらず、歴代の指導者の評価にまで及んでいると考えるべきである。

●「誤れる過去」の清算●

前述の「百大国政課題」には「国民の目線に立った過去の問題の解決」が重要課題として掲げられている。その「課題目標」は「光州民主化抗争（光州事件）」「済州島四・三事件」などの完全な解決の推進、国の誤りによる被害者と遺族への国家賠償及び補償、過去の歴史の清算と社会統合支援推進とされている。政権発足直後に行われた「光州民主化抗争」の式典に参席した文大統領は「光州事件の歪曲」を許さず、「光州民主化抗争を憲法の前文に掲げる」という選挙公約についても言及している。翌年の二〇一八年四月には、済州島四・三事件の記念式典にも参席し、真相究明と犠牲者の遺骨の発掘、犠牲者・被害者への賠償・保障など「四・三事件の完全な解決」について言及した。

「誤れる過去」の清算は国外へとも向かった。その代表的なものが「日韓慰安婦合意の白紙化」である。文在寅大統領は二〇一七年五月の就任直後、安倍晋三首相との電話会談で、「（慰安婦合意について）国民の大多数が心情的に合意を受け入れられない」と述べている。同年の一二月には韓国大統領府報道官が、「日韓合意には内容及び手続き面で重大な欠陥があり、日韓合意では問題の解決がなされない」とする文大統領の声明を発表している。前・元政権の「積弊」を正すことを国政の最重要課題に掲げた文政権としては、朴政権下で結ばれた「日韓慰安婦合意」を白紙化することは当然の流れだった。二〇一八年一一月、韓国政府は日本政府の反発を無視する形で、慰安婦合意によって設立された「和解・癒やし財団」の解散を表明し、同財団は翌年の七月に解散した。以後、韓国政府は従軍慰安婦問題に対する「誠実な対応」を日本に求め続けているが、日韓慰安婦合意を「不可逆的な解決」とする日本政府の強硬な姿勢の前に、現在に至るまで、解決の糸口すらつかめていない。

● 北朝鮮への宥和政策 ●

文政権があげた大きな「成果」の一つとして、対北朝鮮政策を挙げることができる。文大統領は終始一貫して北朝鮮に対して対話と交流を呼びかけるなど宥和《ゆうわ》的な姿勢を貫いた。二〇一八年二月に韓国の江原《カンウオン》道《ド》平昌《ピョンチャン》郡を中心とする地域を会場として開催された平昌オリンピック▼には北朝鮮が参加した。二〇一八年一月一日、北朝鮮の金正恩委員長は「新年の辞」において平昌冬季五輪に北朝鮮代表団を派遣する用意があると述べた。一月九日には南北閣僚級会談

平昌オリンピック：二〇一八年二月九日から二月二五日まで、江原道平昌郡を中心とする地域を会場として開催された冬季オリンピック競技大会。競技会場は平昌郡の他、江陵市・旌善郡にも位置していた。

が行われ、北朝鮮の平昌オリンピック参加、アイスホッケーの南北合同チーム結成が合意された。平昌オリンピックには金正恩委員長の同母妹に当たる金与《キムヨ》正《ジョン》が選手団とともに訪韓。文大統領とも会談して親書を渡し、文大統領の訪朝を要請した。選手団とともに訪韓した「三《サム》池淵《ジョン》管弦楽団」のソウルでの公演も大きな注目を浴びた。結果として南北合同チームの戦績は予選落ちに終わり、北朝鮮がメダルを獲得することもなかったが、ともあれ南北の緊張緩和の一助になったとの評価を得た。この緊張緩和の流れに乗って平昌オリンピックの二カ月後には歴史的な南北首脳会談▼が行われることになる。南北首脳会談は、二〇〇〇年の金大中大統領と金正日《キムジョンイル》総書記、二〇〇七年一〇月の盧武鉉大統領と金正日総書記の会談以来、一〇年以上途絶していたものであった。

二〇一八年三月、韓国の特別使節団が北朝鮮を訪問して金正恩委員長と会談し、南北首脳会談の開催に合意した。一度目の南北首脳会談は、二〇一八年四月二七日に板門店の韓国側施設「平和の家」で行われた。この時、金正恩委員長は軍事境界線を越えて韓国に入ったが、これは北朝鮮の首脳として初めてのことである。両首脳は「南北は完全な非核化を通して、核なき朝鮮半島を実現する」という文言を盛り込んだ「板門店宣言」に署名している。

一カ月後の五月二六日に板門店の北朝鮮側施設「統一閣《トンイルガク》」で二回目の会談が行われた。両首脳は四月の南北首脳会談で署名した「板門店宣言」の履行と、

南北首脳会談：
韓国と北朝鮮の首脳による会談。二〇〇〇年六月、二〇〇七年一〇月、二〇一八年四月、同五月、同九月の五回にわたって行われた。第一回は金大中と金正日、第二回は盧武鉉と金正日、第三回〜第五回は文在寅と金正恩の会談である。

トランプ米大統領（当時）が中止を表明した同年六月の米朝首脳会談の開催に向けて議論したとされる。この米朝首脳会談は一時中止も取りざたされたものの、六月一二日にシンガポールでトランプ大統領と金正恩委員長による会談が実現することになる。この会談で米朝首脳は新たな米朝関係の樹立、朝鮮半島における平和体制の構築、朝鮮半島の完全な非核化、戦争捕虜・行方不明兵の遺骨収容などに合意し、共同声明を発表した。さらに同年の九月一八日から一九日にかけて平壌《ピョンヤン》の朝鮮労働党庁舎などで三度目の南北会談が行われ、軍事的緊張緩和、南北を結ぶ鉄道の連結、開城工業団地と金剛山観光事業の再開、離散家族の面会所開設、ミサイルのエンジン試験場と発射台の破棄、金正恩委員長のソウル訪問などを内容とする共同宣言を発表した。

一連の南北首脳会談の成功もあって、文大統領の支持率は二〇一八年六月の時点で七〇％を維持する。しかし、翌年二月にベトナムのハノイで開かれたトランプ大統領と金正恩委員長の米朝会談は、朝鮮半島の非核化と制裁解除をめぐって決裂。この年の六月にも米朝首脳は板門店で会談しているが、何らの成果もなく終わった。これ以来、北朝鮮は米朝対話の仲裁や南北関係改善への韓国の能力に強い不信感を持つようになった。二〇二〇年六月、北朝鮮は二〇一八年四月の南北首脳会談での合意に基づいて設置された「南北共同連絡事務所」を爆破した。これは韓国の脱北者団体が行っている北朝鮮向けのビラ散布が

「板門店宣言」に違反しているという理由に基づくものであった。その後、現在に至るまで南北関係に大きな進展はない。文在寅政権下で行われた三度にわたる南北首脳会談、そして韓国が仲介した米朝首脳会談は、それ自体、過去に類例を見ない画期的なものであった。しかし、北朝鮮に対する経済制裁や非核化の問題は国際社会の要求と深く関わっており、文在寅大統領が果たせる役割は限られている。国連など国際社会による北朝鮮制裁が続く中で、文在寅政権が独自の宥和政策を打ち出すことには限界がある。

●「曺国事態」と左右対立●

目玉政策であった対北朝鮮政策が行き詰まりを見せる中、文政権に大きな打撃を与えたのが「曺国《チョグク》事態」であった。曺国はソウル大学法学部の教授であり、文政権では民情首席秘書官や法務部長官などを歴任した側近の一人である。曺国は二〇一九年八月に文在寅大統領から次期法務部長官候補に指名されたが、その直後に不正の疑惑が次々に発覚。その主なものは娘の不正入学・進学疑惑、息子の徴兵忌避疑惑、民間投資会社への不正投資疑惑、曺氏一族が運営する学校法人での不正疑惑、修士論文の盗用疑惑などであった。一連の疑惑が報じられるにつれ、曺国擁護を主張する進歩派と曺国辞任を要求する保守派の大規模デモが頻発。結局、曺国は、就任一カ月足らずの一〇月一四日に法務部長官を辞任している。この一連の事態は「曺国事態」と呼ばれる。

「曺国事態」は文大統領の支持率を急落させ、国内で進歩派と保守派の葛藤を激化させる結果となった。文大統領は、二〇一七年五月に行った就任演説で「分裂と葛藤の政治も変えます。保守と進歩の葛藤は終わる必要があります」と述べ、「国民統合」を強調した。朴槿恵大統領弾劾の余韻と、新任大統領に対する高い期待感、「積弊清算」への好評価もあって、文大統領の就任時の支持率は八〇％を超え、文大統領の望んだ「国民統合」はたやすく達成されるかに見えた。しかし、清廉な進歩派政権を標榜する文政権下で起きた「曺国事態」は、保守派政権である朴槿恵政権下で起きた「崔順実ゲート」と酷似しており、その深い失望感によって、文政権の支持率は四〇％台に急落した。

ただし、依然として四〇％もの文政権の支持層が存在することも厳然たる事実で、結果として支持と不支持が拮抗し、文大統領が解消したかった「保守と進歩の葛藤」は終わるどころか、ますます激化している。二〇二一年八月現在、政権交代まで一年を切った時点で、次期大統領の候補として複数の人物の名が挙げられているが、世論調査の結果、ここでも進歩派と保守派の支持が拮抗している。すでに韓国国民の最大の関心は、「積弊」や南北関係などより、誰が次の政権を担うかに向いている。次期大統領が保守派・進歩派のいずれであっても、政権交代後の国政のかじ取りは容易ならぬことが予想される。

監修の言葉

元札幌大学教授　李景珉

日本と韓国とは、互いに相手の歴史を語ることなくしては自らの歴史を語ることのできない間柄にある。特に近現代史上の諸々の出来事に関してはそうである。

しかし、日韓両国は、異なる歴史観を互いに持ち、それに固執するばかりであるかに見える。国家間に侵略と従属、支配と被支配という歴史があったがために、一般の人々の意識も、国家的思考・政治的思考から自由ではなく、まるで国家を代表するスポーツ選手のごとくである。相手の立場を配慮する姿勢は皆目見られず、自分の国の従来からの主張に捉われたままである。日韓両国には、互いに相手に対するステレオタイプの歴史認識や人間像が存在していると言わざるを得ない。日韓の新時代を迎えた今日においても、こうした歴史認識にはたいして変化はみられない。それは、互いに自分の殻から飛び出して世界の国々や人々の歴史を読み、それと自分の歴史とを比較する作業をなおざりにして来たからである。

今や、年間五〇〇万人が、日本と韓国との間を行き来している。たしかに韓流ブームもあって、韓国文化が日本社会に紹介されつつある。日本の茶の間で韓国のドラマを見ることもめずらしいことではなくなった。一方日本の文化侵略を恐れていた韓国でも、今では日本のテレビがそのまま視聴でき、大学生たちは日本の流行歌を口ずさんでいる。だが、やや「真面目な」話をし始めると、日本人と韓国人との「世界認識」の違いが、たちまちにして浮上してきてしまう。

本書の著者は、こうした現実、とくに日本の現実を踏まえて、一般の人々のために道案内の役割を買って出てくれている。北海道に生まれ、関西の大学で韓国語を専攻した後、韓国の地方都市で長年暮らし、韓国の大学で日本語の教師として教鞭をとった経験も持ちあわせている。著者は、韓国社会を直視してきた。かの国に対する深い親愛の情を持ち、日本と韓国との交流の架け橋になろうとしている。

本書は著者のそうした試みにほかならない。

韓国の「五〇〇〇年の悠久なる」歴史を概略することは、容易ではないが、著者は歴史の事象を断片的に語るのではなく、系統的、総合的に捉えようとしている。最近の歴史研究はとかく専門化・細分化が進みがちであるが、著者は歴史を平易に語ろうとする姿勢を貫いている。

本書が、著者の問題意識を表現することに成功しているかどうかは、読者の判断に譲りたいと思う。

王朝系図

《高句麗（高氏）》

丸数字は王位継承順位
年号は在位年

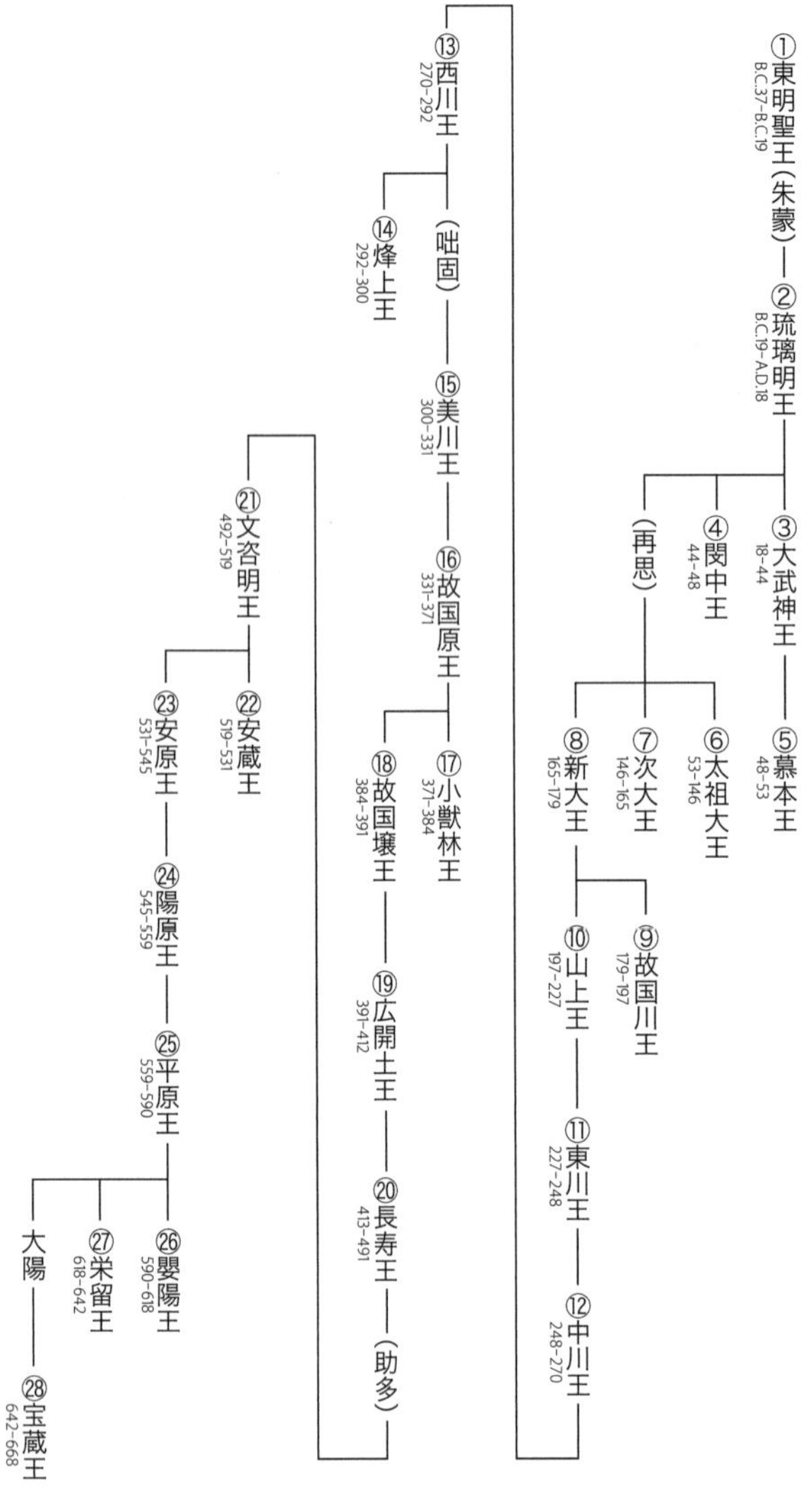
①東明聖王（朱蒙） B.C.37–B.C.19
②琉璃明王 B.C.19–A.D.18
③大武神王 18–44
④閔中王 44–48
（再思）
⑤慕本王 48–53
⑥太祖大王 53–146
⑦次大王 146–165
⑧新大王 165–179
⑨故国川王 179–197
⑩山上王 197–227
⑪東川王 227–248
⑫中川王 248–270
⑬西川王 270–292
（咄固）
⑭烽上王 292–300
⑮美川王 300–331
⑯故国原王 331–371
⑰小獣林王 371–384
⑱故国壌王 384–391
⑲広開土王 391–412
⑳長寿王 413–491
（助多）
㉑文咨明王 492–519
㉒安蔵王 519–531
㉓安原王 531–545
㉔陽原王 545–559
㉕平原王 559–590
㉖嬰陽王 590–618
㉗栄留王 618–642
大陽
㉘宝蔵王 642–668

《百済（扶余氏）》

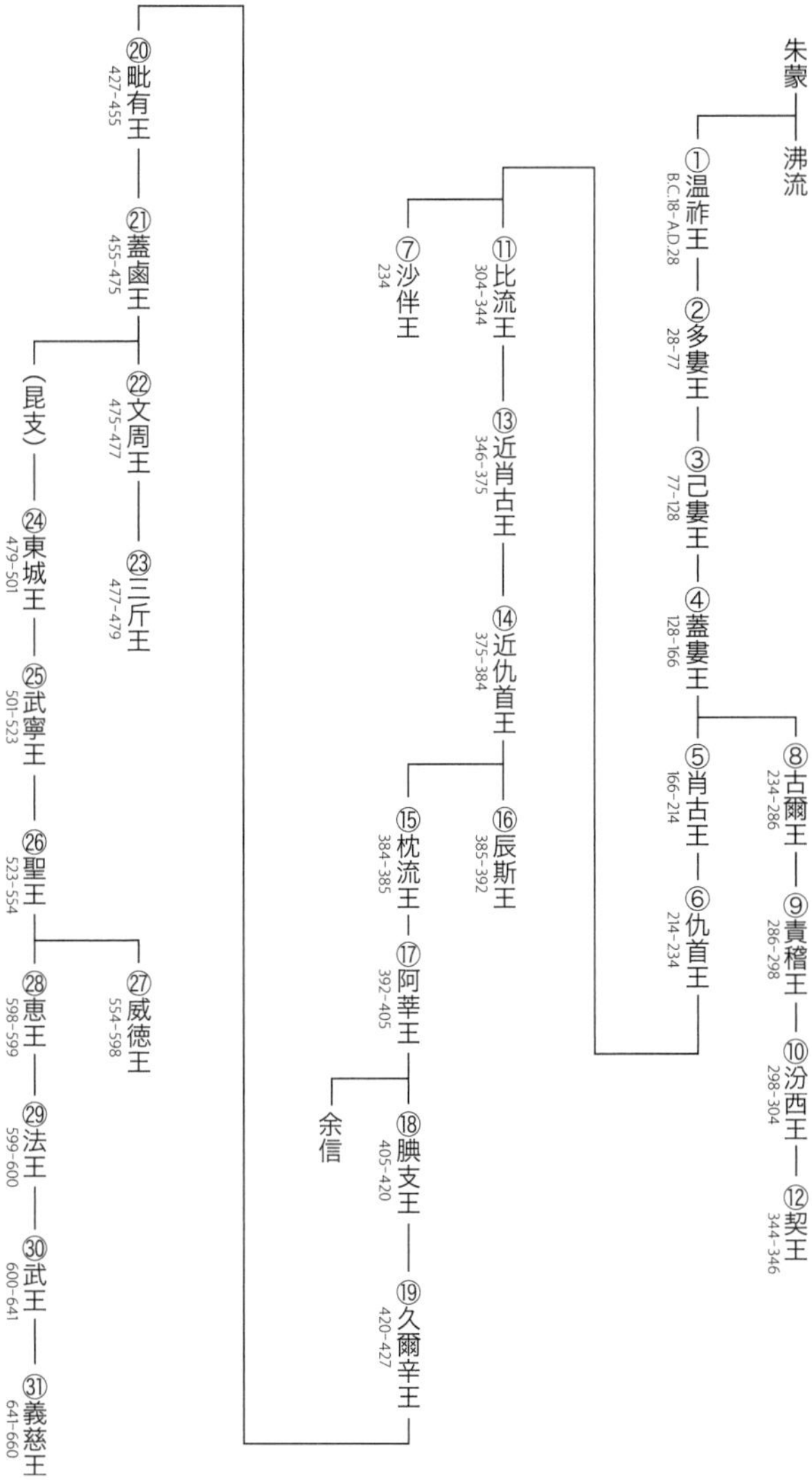

朱蒙
沸流
①温祚王 B.C.18–A.D.28
②多婁王 28–77
③己婁王 77–128
④蓋婁王 128–166
⑤肖古王 166–214
⑥仇首王 214–234
⑧古爾王 234–286
⑨責稽王 286–298
⑩汾西王 298–304
⑫契王 344–346
⑪比流王 304–344
⑬近肖古王 346–375
⑭近仇首王 375–384
⑯辰斯王 385–392
⑮枕流王 384–385
⑰阿莘王 392–405
⑱腆支王 405–420
⑲久爾辛王 420–427
余信
⑦沙伴王 234
⑳毗有王 427–455
㉑蓋鹵王 455–475
㉒文周王 475–477
㉓三斤王 477–479
（昆支）
㉔東城王 479–501
㉕武寧王 501–523
㉖聖王 523–554
㉗威徳王 554–598
㉘恵王 598–599
㉙法王 599–600
㉚武王 600–641
㉛義慈王 641–660

《新羅（朴氏・昔氏・金氏）》

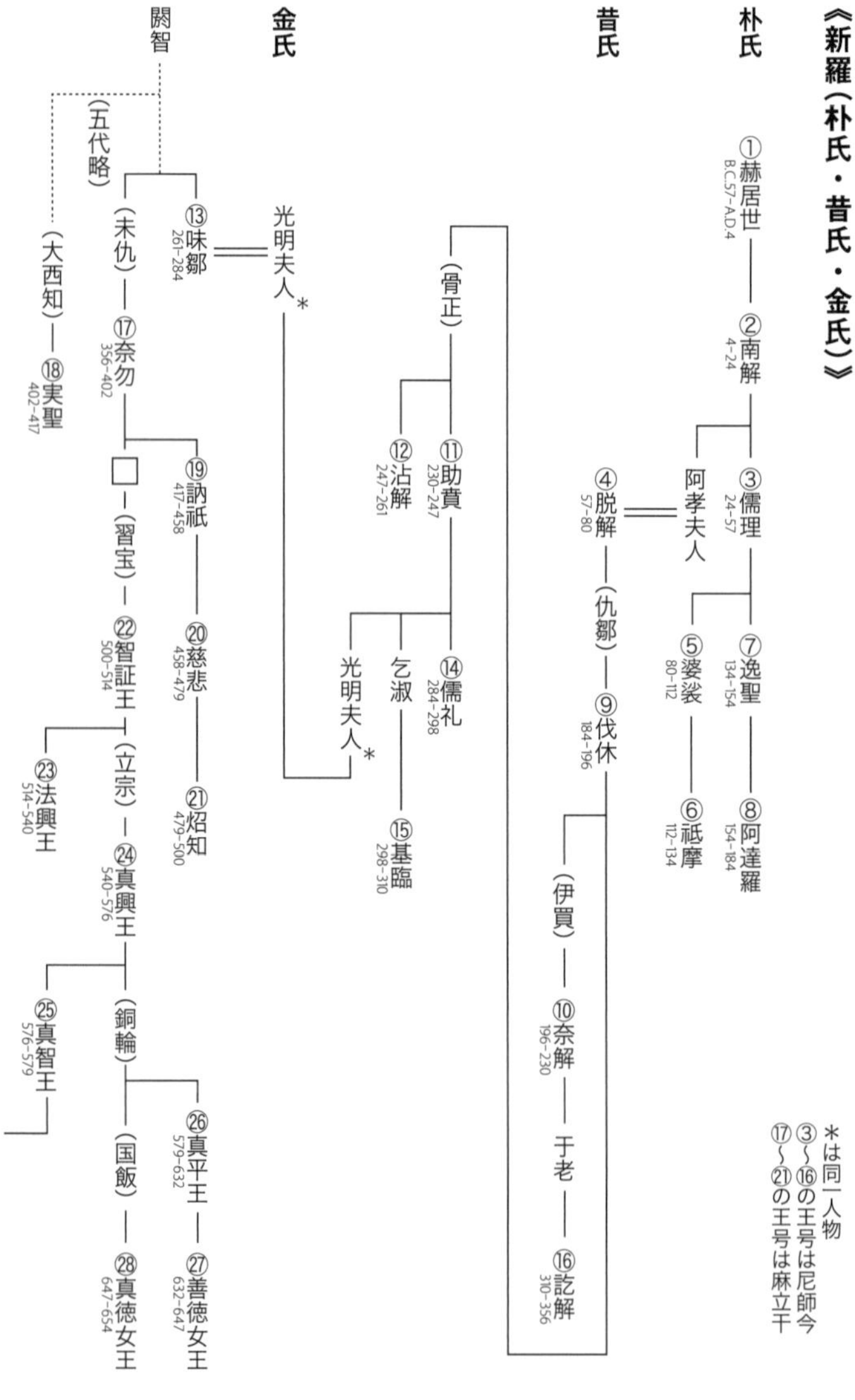
朴氏
①赫居世 B.C.57–A.D.4
②南解 4–24
③儒理 24–57
阿孝夫人
⑦逸聖 134–154
⑧阿達羅 154–184
⑤婆娑 80–112
⑥祇摩 112–134
昔氏
④脱解 57–80
（仇鄒）
⑨伐休 184–196
（伊買）
⑩奈解 196–230
于老
⑯訖解 310–356
（骨正）
⑪助賁 230–247
⑫沾解 247–261
⑭儒礼 284–298
乞淑
⑮基臨 298–310
光明夫人＊
金氏
光明夫人＊
⑬味鄒 261–284
閼智
（五代略）
（末仇）
⑰奈勿 356–402
⑲訥祇 417–458
⑳慈悲 458–479
㉑炤知 479–500
□
（習宝）
㉒智証王 500–514
（立宗）
㉔真興王 540–576
㉓法興王 514–540
（銅輪）
㉖真平王 579–632
㉗善徳女王 632–647
（国飯）
㉘真徳女王 647–654
㉕真智王 576–579
（大西知）
⑱実聖 402–417
＊は同一人物
③〜⑯の王号は尼師今
⑰〜㉑の王号は麻立干

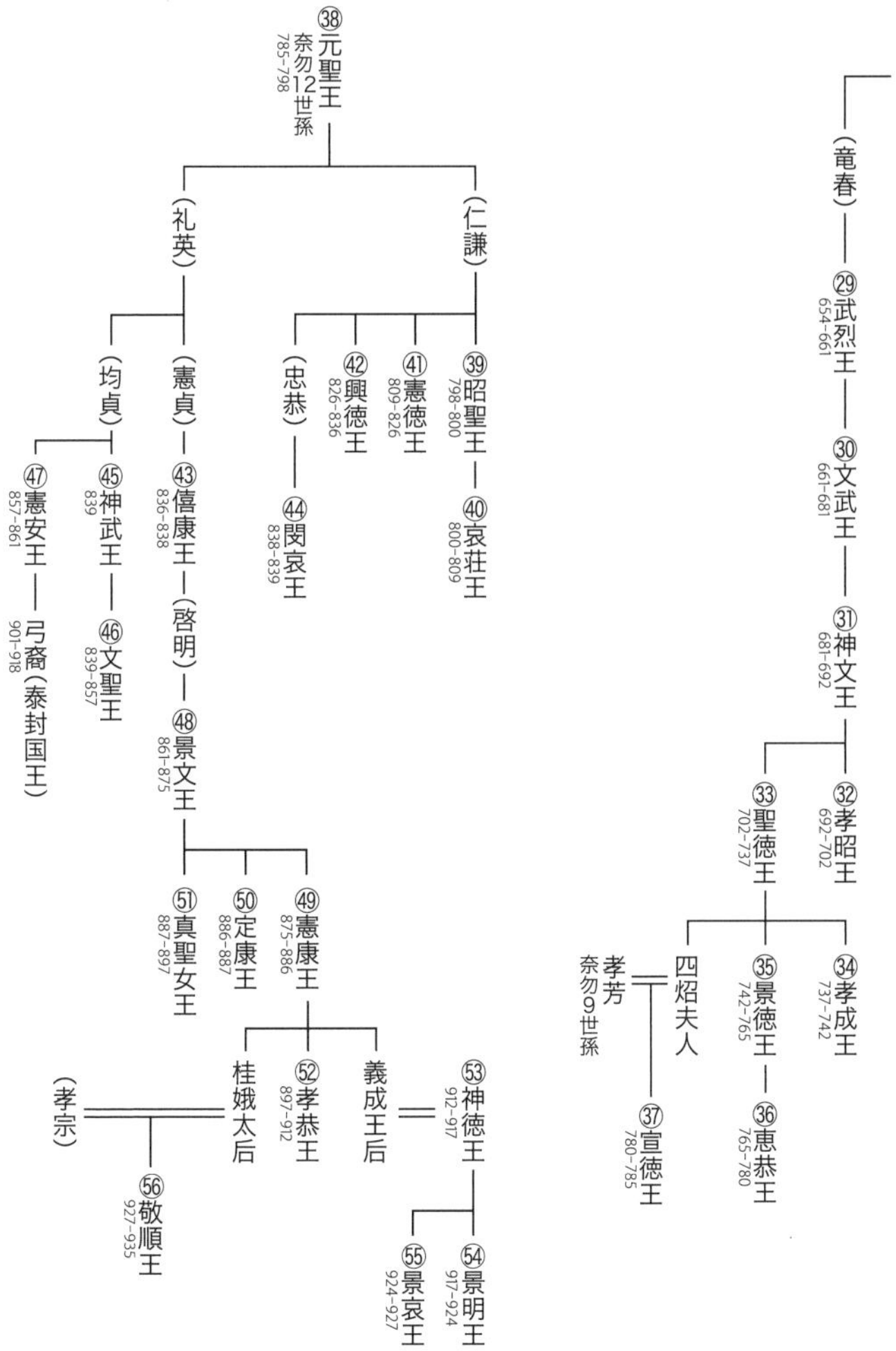
(竜春)
㉙武烈王 654-661
㉚文武王 661-681
㉛神文王 681-692
㉜孝昭王 692-702
㉝聖徳王 702-737
㉞孝成王 737-742
㉟景徳王 742-765
㊱恵恭王 765-780
四炤夫人
孝芳 奈勿9世孫
㊲宣徳王 780-785
㊳元聖王 奈勿12世孫 785-798
(仁謙)
(礼英)
㊴昭聖王 798-800
㊵哀荘王 800-809
㊶憲徳王 809-826
㊷興徳王 826-836
(忠恭)
㊹閔哀王 838-839
(憲貞)
㊸僖康王 836-838
(啓明)
㊽景文王 861-875
(均貞)
㊺神武王 839
㊻文聖王 839-857
㊼憲安王 857-861
弓裔(泰封国王) 901-918
㊾憲康王 875-886
㊿定康王 886-887
51真聖女王 887-897
義成王后
52孝恭王 897-912
桂娥太后
(孝宗)
53神徳王 912-917
54景明王 917-924
55景哀王 924-927
56敬順王 927-935

《南伽倻（金官伽倻）》

①首露王 42-199 — ②居登王 199-259 — ③麻品王 259-291 — ④居叱弥王 291-346 — ⑤伊尸品王 346-407 — ⑥坐知王 407-421

— ⑦吹希王 421-451 — ⑧銍知王 451-492 — ⑨鉗知王 492-521 — ⑩仇衡王 521-532 — 武力 — 舒玄 — 庾信

《大伽倻（高霊伽倻）》

①悩窒朱日 …… ⑨異脳王 — 月光太子 …… ⑯道設知王 ?-562

《渤海（大氏）》

①高王（大祚栄）698-719
- ②武王 719-737 — ③文王 737-793
  - （宏臨） — ⑤成王 794-795
  - ⑥康王 795-809
    - ⑦定王 809-813
    - ⑧僖王 813-817
    - ⑨簡王 817-818
- ……④（廃王）元義 793-794
- （門芸）

（野勃） — □ — □ — □ — ⑩宣王 818-830 — （新徳）
- ⑪王（彝震）830-858
- ⑫王（虔晃）858-870 — □ — ⑬（玄錫）870-892 — ⑭（瑋瑎）892-906 — ⑮（諲譔）906-926

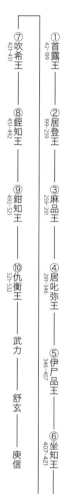

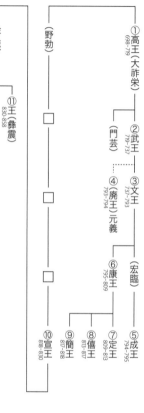

《高麗（王氏）》

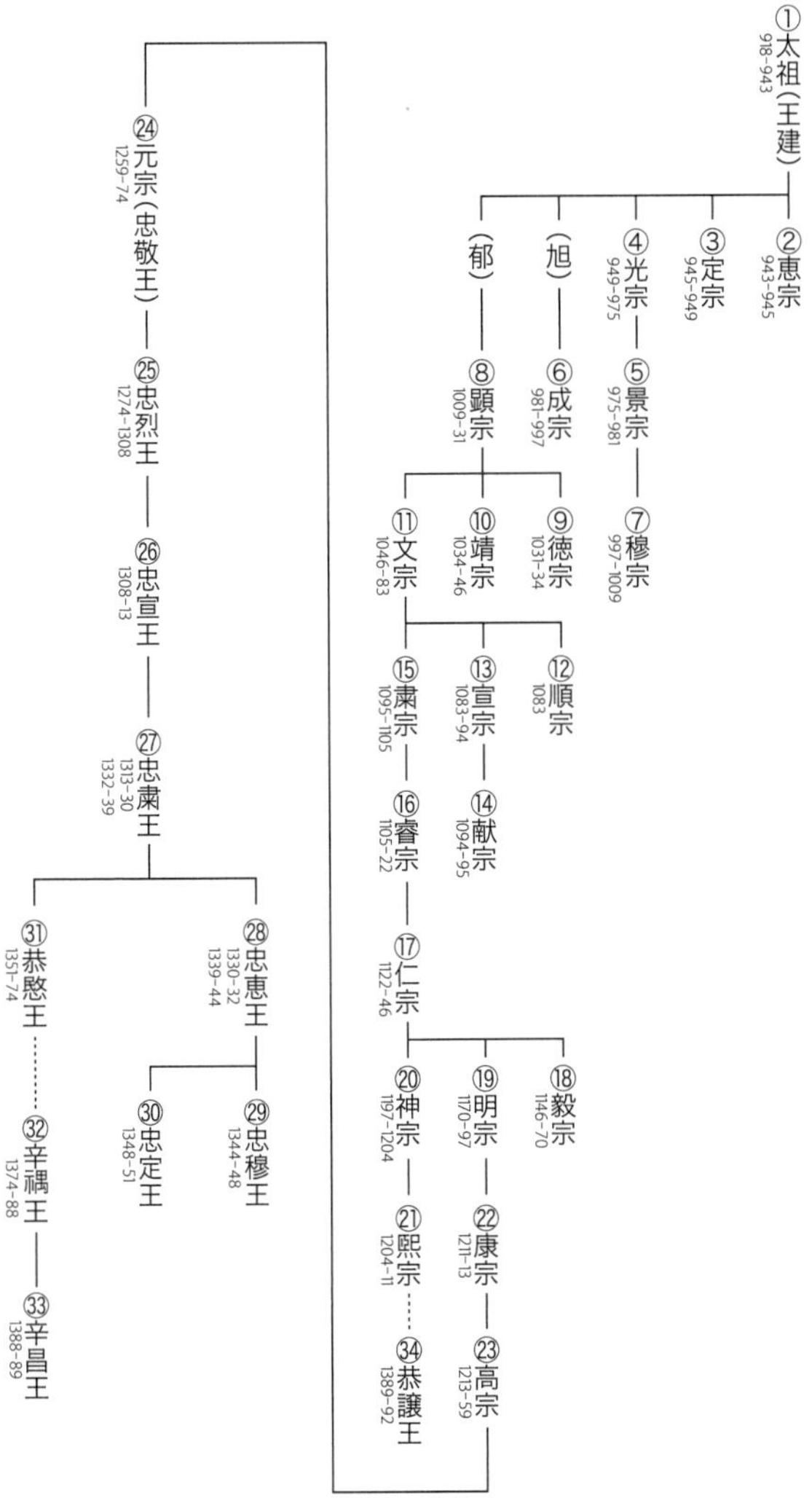

①太祖（王建） 918-943
②恵宗 943-945
③定宗 945-949
④光宗 949-975
（旭）
（郁）
⑤景宗 975-981
⑥成宗 981-997
⑦穆宗 997-1009
⑧顕宗 1009-31
⑨徳宗 1031-34
⑩靖宗 1034-46
⑪文宗 1046-83
⑫順宗 1083
⑬宣宗 1083-94
⑭献宗 1094-95
⑮粛宗 1095-1105
⑯睿宗 1105-22
⑰仁宗 1122-46
⑱毅宗 1146-70
⑲明宗 1170-97
⑳神宗 1197-1204
㉑熙宗 1204-11
㉒康宗 1211-13
㉓高宗 1213-59
㉔元宗（忠敬王） 1259-74
㉕忠烈王 1274-1308
㉖忠宣王 1308-13
㉗忠粛王 1313-30 1332-39
㉘忠恵王 1330-32 1339-44
㉙忠穆王 1344-48
㉚忠定王 1348-51
㉛恭愍王 1351-74
㉜辛禑王 1374-88
㉝辛昌王 1388-89
㉞恭譲王 1389-92

《朝鮮(李氏)》

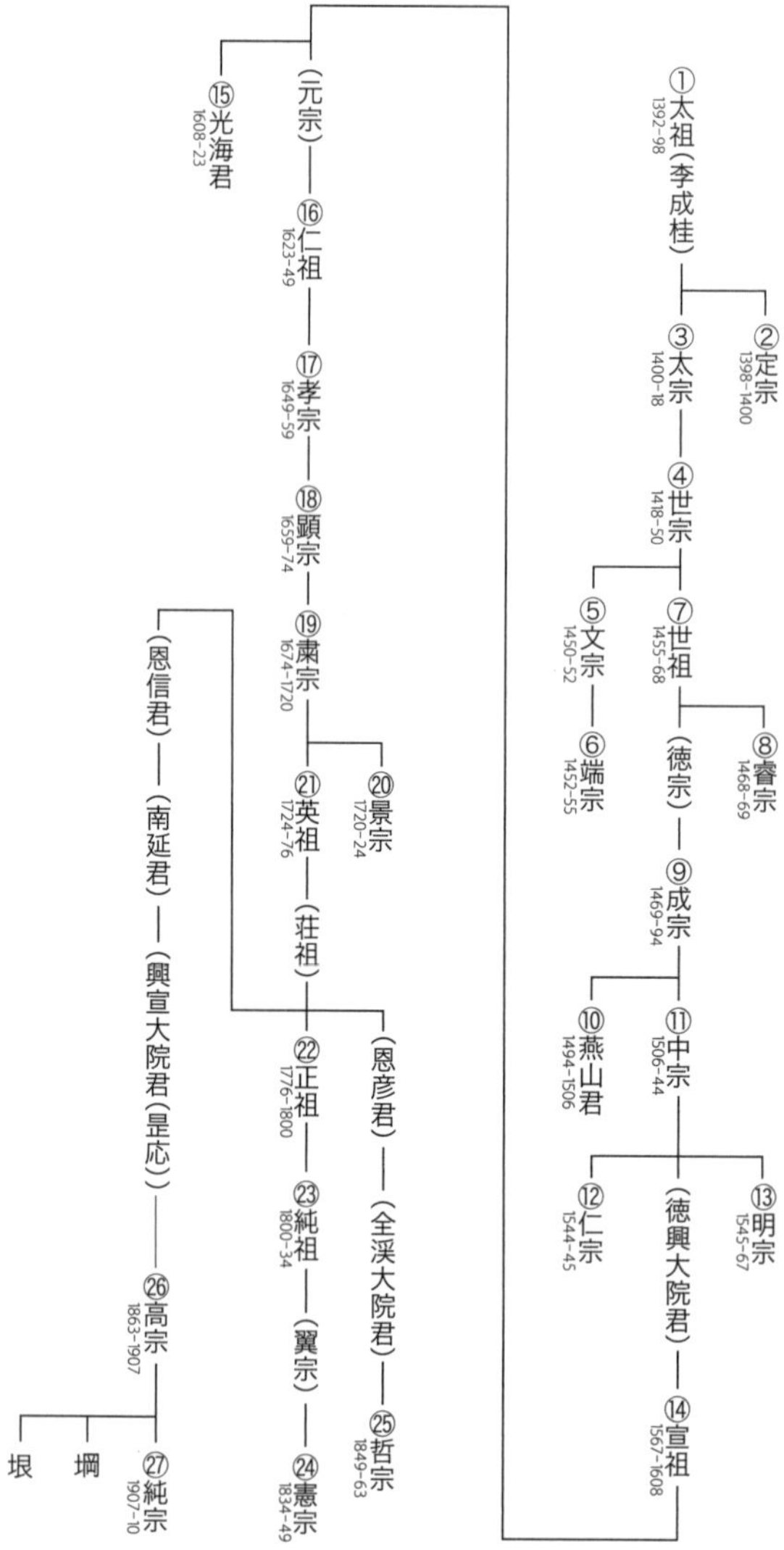
①太祖(李成桂) 1392–98
②定宗 1398–1400
③太宗 1400–18
④世宗 1418–50
⑤文宗 1450–52
⑥端宗 1452–55
⑦世祖 1455–68
⑧睿宗 1468–69
(徳宗)
⑨成宗 1469–94
⑩燕山君 1494–1506
⑪中宗 1506–44
⑫仁宗 1544–45
⑬明宗 1545–67
(徳興大院君)
⑭宣祖 1567–1608
⑮光海君 1608–23
(元宗)
⑯仁祖 1623–49
⑰孝宗 1649–59
⑱顕宗 1659–74
⑲粛宗 1674–1720
⑳景宗 1720–24
㉑英祖 1724–76
(荘祖)
㉒正祖 1776–1800
㉓純祖 1800–34
(翼宗)
㉔憲宗 1834–49
(恩彦君)
(全渓大院君)
㉕哲宗 1849–63
(恩信君)
(南延君)
(興宣大院君(是応))
㉖高宗 1863–1907
㉗純宗 1907–10
堈
垠

歴史年表

朝鮮半島

先史	
約五〇～一〇万年前	旧石器文化時代
紀元前八〇〇〇年頃	新石器時代
紀元前五〇〇〇年頃	櫛目文土器が広がる
紀元前一三〇〇年頃	無文土器が作られる
紀元前一〇〇〇年頃	青銅器文化が始まる
紀元前一〇～八世紀頃	水稲栽培始まる
紀元前八〇〇年頃	古朝鮮の実在説、有力
紀元前四〇〇年頃	鉄器文化が普及する
紀元前一九五年頃	衛満古朝鮮の王になる。王都は王倹城
紀元前一〇八年頃	前漢、衛氏朝鮮を滅ぼし、楽浪郡など四郡を設置
部族連盟体社会	
一五〇年頃	馬韓・弁韓・辰韓の勢力が大きくなる

日本

縄文時代	
数十万年前	旧石器文化
紀元前五〇〇〇年頃	縄文式文化
紀元前四〇〇年頃	弥生式文化
弥生時代	
五七	倭の奴国王、光武帝より金印を贈られる

三国時代

二〇五　後漢が帯方郡を設置
二〇九　高句麗、国内城を都に定める

三一三　高句麗、楽浪郡・帯方郡を滅亡させる
三四二　前燕、高句麗を攻略
三七一　百済、高句麗の平壌城を攻め、故国原王が戦死。百済、漢山城に都を遷す
三七二　高句麗に仏教伝来
三九一　高句麗、広開土王即位

四〇〇　高句麗、南部に出兵して倭を討つ
四一四　高句麗、広開土王碑建立
四二七　高句麗、平壌城へ遷都
四三三　新羅・百済の同盟成立
四七五　高句麗、百済の漢城を攻略。百済、熊津へ都を遷す

五〇三　新羅、国号と王号を定める

古墳時代

二三九　倭の女王卑弥呼、魏に使いを送る

三国時代

五二〇	新羅、律令を頒布、百官の公服を制定
五二五	百済、武寧王陵を築造する
五二七	新羅、仏教を公認
五三二	新羅、南伽倻の金官国を併合
五三八	百済、王都を泗沘城（扶余）に遷す
五六二	新羅、大伽倻（高霊伽倻）を滅ぼす
五八六	高句麗、長安城に都を遷す
六一二	隋の煬帝、高句麗を攻撃（薩水の戦い）
六四二	高句麗、淵蓋蘇文が権力掌握
六四四	唐、高句麗の攻撃を宣布（～六四八）
六四五	高句麗、安市城の戦いで唐に勝利
六六〇	新羅、唐と連合して百済を滅ぼす
六六三	新羅・唐の連合軍、日本軍を白村江で撃退（白村江の戦い）

古墳時代

五三八	百済から仏教伝来
五九三	廏戸皇子（聖徳太子）摂政

飛鳥時代

六〇〇	遣隋使開始
六〇四	廏戸皇子、一七条の憲法を作る 冠位十二階制を施行
六〇七	法隆寺建立
六三〇	遣唐使開始
六四五	大化の改新

統一新羅時代

六六八	新羅、唐と連合して高句麗を滅ぼす
六七六	新羅、三国統一
六八七	新羅、九州五京の郡県制を確立
六九八	大祚栄、渤海国を建国
七八八	新羅、読書三品科を設ける
八九二	甄萱、後百済を建国
八九六	王建、弓裔の武将となる
九〇一	弓裔、後高句麗を建国
九一八	王建、弓裔を退けて高麗を建国
九二六	契丹、渤海を滅ぼす
九三五	新羅の敬順王が高麗に降り、新羅滅亡
九三六	高麗、後百済を滅ぼして朝鮮半島を再統一

奈良時代・平安時代

六七二	壬申の乱が起こる
七〇一	大宝律令制定
七一〇	平城京遷都
七二七	渤海使来朝
七九四	平安京遷都
八〇四	最澄・空海が入唐
八九四	遣唐使廃止

高麗時代

九五六	奴婢按検法を実施
九五八	科挙制度を実施
九七六	田柴科制度を実施
九九三	契丹が高麗に侵攻
一〇〇九	康兆の政変
一〇一九	姜邯賛が契丹を破る（亀州の戦い）
一一二六	李資謙の乱が起こる
一一三五	妙清の乱が起こる
一一四五	金富軾が『三国史記』を編纂
一一七〇	鄭仲夫ら武臣が政権を奪取
一一九六	崔忠献、武臣政権を奪取（～一二五八）
一二三一	モンゴルが高麗に侵攻
一二三二	崔氏政権、王都を江華島に遷す

平安時代

一〇一九	刀伊（女真族）の侵入
一一五六	保元の乱
一一五九	平治の乱
一一六七	平氏の全盛、平清盛太政大臣になる
一一八五	平氏滅亡
一一九二	源頼朝、征夷大将軍となる

鎌倉時代

一二一九	北条氏の執権政治始まる
一二二一	承久の乱
一二三二	貞永式目制定

高麗時代	一二三六	高麗大蔵経の製作を開始する
	一二五八	崔氏政権が崩壊
	一二五九	高麗王朝、モンゴルに降伏
	一二七〇	武臣政権が終わり、開城に再遷都。三別抄の戦い始まる
	一二七四	モンゴル軍と高麗軍が日本へ侵攻
	一二八一	モンゴル軍と高麗軍が再び日本侵攻
	一三五六	恭愍王、反元（モンゴル）運動を開始
	一三八八	李成桂、威化島で引き返して政権を奪う（威化島回軍）
	一三九二	李成桂、王位に就く、高麗王朝滅亡
朝鮮時代	一三九三	国号を朝鮮とする
	一三九四	都を漢陽と定める
	一四〇二	号牌法を実施
	一四一八	世宗が即位
	一四四三	訓民正音（ハングル）を創制

鎌倉時代	一二七四	文永の役
	一二八一	弘安の役
	一三三三	鎌倉幕府滅亡
室町時代	一三三八	室町幕府成立

朝鮮時代

一四五三	首陽大君の王位簒奪
一四六九	『経国大典』完成
一四九八	戊午士禍
一五一〇	三浦の乱が起こる
一五四五	乙巳士禍
一五七五	東人派と西人派の対立（党争の始まり）
一五九二	壬辰倭乱（文禄の役）が起こる
一五九七	丁酉再乱（慶長の役）が起こる
一六〇七	日本と国交を回復
一六〇八	光海君が即位。北人政権が成立。京畿道に大同法を実施
一六〇九	日本と己酉約条締結
一六一〇	『東医宝鑑』完成
一六二七	丁卯胡乱（後金軍の侵入）

室町時代

一四六七	応仁の乱が起こる（～七七）
一五四三	ポルトガル人が種子島に漂着（鉄砲伝来）
一五四九	ザビエル来日
一五七三	室町幕府滅亡

安土桃山時代

一五九〇	豊臣秀吉の全国統一
一六〇〇	関ヶ原の戦い

江戸時代

一六〇三	江戸幕府成立

朝鮮時代

一六三六	丙子胡乱、清国への朝貢を行う
一六四五	昭顕世子が清からカトリック書や科学書などを持ち帰る
一六七四	甲寅礼訟が起こり、南人政権が成立
一六八〇	西人政権が成立（庚申換局）
一六八九	己巳換局、西人政権から再び南人政権へ
一六九四	甲戌換局、西人が再び政権を掌握
一七二五	老論政権成立 蕩平策実施
一七二七	丁未換局、少論政権成立
一七五〇	均役法実施される
一七八四	李承薫、北京で洗礼を受けて帰国、伝道を行う
一七八六	西学が禁止される

江戸時代

一七一六	享保の改革
一七七二	老中・田沼意次・田沼時代が始まる
一七八二	天明の大飢饉（〜八七）
一七八七	寛政の改革

朝鮮時代

一八〇一	辛酉迫害（辛酉邪獄）
一八一一	洪景来の乱
一八三二	イギリス船、アーマスト号が来航して通商を求める
一八三九	己亥迫害
一八六〇	崔済愚、東学を創始
一八六三	高宗が即位。大院君が政権を掌握する
一八六六	丙寅邪獄。シャーマン号事件
一八七一	辛未洋擾、アメリカ艦隊、江華島へ侵攻
一八七三	大院君政権が倒れ、閔氏政権が成立
一八七五	江華島事件。雲揚号が江華島へ侵攻
一八七六	江華条約（日朝修好条規）調印 釜山港開港

江戸時代

一八二五	異国船打払令
一八三七	大塩平八郎の乱
一八五三	ペリー、浦賀に来航
一八五四	日米和親条約締結
一八五六	ハリス来日
一八五八	日米修好通商条約締結
一八五九	安政の大獄
一八六七	大政奉還、王政復古

明治時代

一八六八	戊辰戦争、明治維新
一八七六	日朝修好条規締結
一八七七	西南戦争

年	日本植民地時代 / 大韓帝国時代
一八八二	壬午軍乱
一八八四	甲申政変
一八九四	甲午農民戦争が始まる
一八九五	閔妃殺害事件（乙未事変）
一八九六	義兵が起こる。露館播遷。独立協会設立
一八九七	国号を大韓帝国に改める
一九〇四	日露戦争が起こる。第一次日韓協約調印
一九〇五	第二次日韓協約調印
一九〇六	日本、韓国統監府を設置
一九〇七	ハーグ密使事件、高宗退位 第三次日韓協約調印
一九〇九	安重根がハルピン駅で伊藤博文を射殺
一九一〇	「韓国併合ニ関スル条約」調印 日韓併合。朝鮮総督府設置
一九一九	高宗死去。三・一独立運動が広がる。 大韓民国臨時政府設立

年	明治時代 / 大正時代
一八八九	大日本帝国憲法発布
一八九四	日清戦争（〜九五）
一八九五	日清講和条約（下関条約）締結 三国干渉
一九〇二	日英同盟成立
一九〇四	日露戦争が起こる
一九〇五	日露講和条約（ポーツマス条約）締結
一九一四	第一次世界大戦に参戦

日本植民地時代

一九二〇	朝鮮日報、東亜日報創刊 独立軍、青山里の戦いで勝利。琿春事件
一九二五	朝鮮共産党結成
一九二六	六・一〇万歳運動
一九二七	新幹会結成
一九二八	上海で李東寧、金九らが韓国独立党結成
一九二九	元山労働者ゼネスト。光州学生運動
一九三一	万宝山事件
一九三六	日章旗抹消事件
一九三八	朝鮮語教育廃止
一九三九	国民徴用令公布
一九四〇	創氏改名実施。皇民化教育の強化
一九四二	徴兵制の実施を閣議決定。朝鮮語学会事件
一九四四	学徒軍事教育要綱発表。学徒動員非常措置法実施。全面徴用を実施

大正時代

一九二三	関東大震災
一九二五	治安維持法施行

昭和時代

一九三一	満州事変
一九三二	満州国建国。五・一五事件
一九三三	国際連盟脱退
一九三六	二・二六事件
一九三八	国家総動員法施行
一九四一	真珠湾攻撃 太平洋戦争が起こる

大韓民国

一九四五	日本の植民地支配から解放 呂運亨ら建国準備委員会を結成 モスクワで三国外相会議開催
一九四七	国連総会で国連監視下の朝鮮総選挙案採択
一九四八	済州島人民蜂起。大韓民国樹立 朝鮮民主主義人民共和国樹立
一九五〇	朝鮮戦争勃発。北朝鮮人民軍南侵、国連軍仁川へ上陸。中国人民志願軍参戦
一九五一	人民軍、再度ソウルを制圧 国連軍ソウルを奪回
一九五三	朝鮮戦争休戦協定調印
一九六〇	四・一九学生革命、李承晩大統領退陣
一九六一	五・一六軍事クーデター、朴正熙政権掌握
一九六三	朴正熙大統領当選
一九六五	日韓基本条約調印 ベトナム派兵を閣議決定
一九六七	五・三選挙で朴正熙大統領再選
一九六八	武装ゲリラソウルに侵入。プエブロ号事件
一九六九	大統領三選のための憲法改憲を強行

昭和時代

一九四五	終戦。ポツダム宣言受諾
一九四六	日本国憲法公布
一九五一	サンフランシスコ平和条約、日米安全保障条約調印
一九六五	日韓基本条約調印

大韓民国

一九七〇	セマウル運動が始まる
一九七一	四・二七選挙で朴正煕、金大中候補に辛勝
一九七二	南北共同声明。維新憲法成立、朴正煕大統領四選
一九七三	金大中事件
一九七四	文世光事件、陸英修大統領夫人死亡
一九七九	ＹＨ労組事件。朴正煕大統領射殺事件 全斗煥ら粛軍クーデターで実権掌握
一九八〇	光州事件
一九八一	全斗煥大統領就任
一九八二	日韓で教科書問題が起こる
一九八三	離散家族運動。大韓航空機撃墜事件 ラングーン事件
一九八五	南北経済会談・赤十字会談。四〇年ぶりに故郷訪問団がソウルと平壌を訪問
一九八七	ソウル大生朴鍾哲拷問致死事件 六・二九民主化宣言

昭和時代

一九七〇	大阪万国博覧会
一九七二	沖縄返還
一九七三	石油ショック
一九七八	日中平和友好条約調印
一九八四	全斗煥大統領、日本来日

大韓民国

一九八八	盧泰愚大統領就任。ソウル・オリンピック
一九九〇	盧泰愚大統領来日。韓国とソ連が国交樹立
一九九一	大韓民国と朝鮮民主主義人民共和国が国連に同時加盟
一九九二	中国と国交樹立
一九九三	金泳三大統領就任、文民政権誕生 金融実名制実施
一九九四	金日成主席死去
一九九五	旧朝鮮総督府庁舎解体開始。全斗煥元大統領、盧泰愚前大統領が反乱罪容疑で拘束。翌年有罪判決
一九九七	ＩＭＦ通貨危機
一九九八	金大中大統領就任
二〇〇〇	金大中大統領が平壌を訪問し、金正日国防委員長と初の南北首脳会談
二〇〇二	日韓共催ワールドカップサッカー大会
二〇〇三	盧武鉉大統領就任

平成時代

一九八九	昭和天皇崩御
一九九一	ゴルバチョフソ連大統領来日
一九九五	阪神・淡路大震災 地下鉄サリン事件

大韓民国

二〇〇四 盧武鉉大統領の弾劾訴追が国会で可決
二〇〇六 盧武鉉政権がFTA締結に向けた交渉を開始
二〇〇七 李明博大統領就任
二〇〇八 盧武鉉元大統領死去
リーマン・ショックによる世界同時不況
二〇一二 李明博大統領、竹島（独島）に上陸
二〇一三 朴槿恵大統領就任
朴槿恵大統領、国賓として中国を訪問
二〇一五 セウォル号沈没事故
二〇一六 朴槿恵大統領弾劾訴追案が国会で可決
二〇一七 文在寅大統領就任
二〇一八 平昌オリンピック
文在寅大統領・金正恩委員長が南北首脳会談を行う

平成時代

二〇一〇 尖閣諸島中国漁船衝突事件
二〇一一 東日本大震災

令和時代

二〇一九年 令和に改元
二〇二〇年 新型コロナウイルスが全世界で大流行
二〇二一年 東京二〇二〇オリンピック

主要索引

人名など固有名詞については読者の便宜を考え、日本語読みで引けるようにし、主なものには韓国語の読み方をカッコ書きで付した。

◆主要参考文献
『完訳 三国史記』金富軾著・金思燁訳　六興出版　1980年
『完訳 三国遺事』一然著・金思燁訳　六興出版　1980年
『朝鮮の歴史と日本』信太一郎著　明石書店　1989年
『新版 朝鮮の歴史』朝鮮歴史研究会編　三省堂　1995年
『新版 朝鮮の歴史と文化』姜在彦著　明石書店　1996年
『朝鮮現代史の岐路―八・一五から何処へ―』〈平凡社選書164〉李景珉著　平凡社　1996年
『朝鮮を知る辞典』平凡社　1996年
『世界の歴史6　隋唐帝国と古代朝鮮』礪波護・武田幸男著　中央公論社　1997年
『世界の歴史12　明清と李朝の時代』岸本美緒・宮嶋博史著　中央公論社　1997年
『増補新訂 朝鮮近代史』〈平凡社ライブラリー〉姜在彦著　平凡社　1998年
『新版世界各国史2 朝鮮史』武田幸男編　山川出版社　2000年
『日本文化交流小史 東アジア伝統文化のなかで』〈中公新書1530〉上垣外憲一著　中央公論新社　2000年
『朝鮮儒教の二千年』〈朝日選書668〉姜在彦著　朝日新聞社　2001年
『韓国社会の歴史』韓永愚著・吉田光男訳　明石書店　2003年
『古代朝鮮』〈講談社学術文庫1678〉井上秀雄著　講談社　2004年
『図説 韓国の歴史』姜徳相・鄭早苗・中山清隆編　金両基監修　河出書房新社　2005年
『中・高校生のための朝鮮・韓国の歴史』〈平凡社ライブラリー〉岡百合子著　平凡社　2005年
『若者に伝えたい韓国の歴史 共同の歴史認識に向けて』李元淳・鄭在貞・徐毅植著・君島和彦・国分麻理・手塚崇訳　明石書店　2005年
『近世の日本と朝鮮』〈講談社学術文庫1751〉三宅英利著　講談社　2006年
『歴史物語 朝鮮半島』〈朝日選書806〉姜在彦著　朝日新聞社　2007年

『한국통사』한우근　을유문화사　1970年
『한국근현대사사전』한국사사전편찬회 편 李離和監修　가람기획　1990年
『講座 韓日關係史』조항래 · 하우봉 · 손승철　玄音社　1994年
『조선시대 사람들 어떻게 살았을까 1～2』한국 역사 연구회편　청년사　1996年
『조선시대 생활사』한국 고문서 학회　역사비평사　1996年
『이야기 한국역사 1～13』이야기 한국사 편집위원회편　풀빛　1997年
『한국사 그 끝나지 않은 의문』이희근　다우　2001年
『한국사 새로 보기』신복룡 풀빛　2001年
『하룻밤에 읽는 한국사』최용범　랜덤하우스중앙　2001年
『살아있는 한국사 교과서 1～2』전국역사교사모임　휴머니스트　2002年
『한 권으로 읽는 한국사』김양기 외　휴머니스트　2002年
『살아 있는 한국사 1～3』이덕일　휴머니스트　2003年
『가깝고도 가까운 나라로』이원순 · 정재정 · 서의식　솔　2004年
『뜻밖의 한국사』김경훈　오늘의 책　2004年
『아틀라스 한국사』아틀라스 한국사 편찬위원회　사계절　2004年
『지도로 보는 한국사』김용만 · 김준수　수막새　2004年
『한국 현대사』서중석　웅진 지식 하우스　2005年
『표준국어대사전』두산동아　1992年
『한국민족문화대백과사전』한국정신문화연구원 1997年
『두산세계대백과 엔싸이버』두산동아　2007年

◆写真協力
韓国観光公社／韓国大使館／朝鮮日報社／聯合通信社／高柳俊男／PIXTA
朝日新聞社　(p117 朝鮮通信使来朝図　朝日新聞社刊『宗家記録と朝鮮通信使展』カタログより転載)
竹書房 (p26 高句麗壁画古墳、p113 釜山鎮殉節図) 竹書房刊『韓国の國寶』より転載)
韓国・ソムンダン (第5／6章　ソムンダン刊『사진으로 보는 獨立運動』상・하 より転載)

本書は、『韓国の歴史』（二〇〇七年九月刊）の増補改訂版（二〇一七年一月刊）に書き下ろしの第9章を加え、さらに加筆・修正を施したものです。

監修者略歴

李景珉（リ・キョンミン）

1946年、韓国済州道生まれ。パリ大学政治学部卒。同大学院博士課程を経て、京都大学人文科学研究所に学ぶ。元札幌大学文化学部教授。専門は国際関係論、朝鮮政治史。著書に『朝鮮現代史の岐路—八・一五から何処へ—』（平凡社）、『アンファン・テリブル〜韓国・北朝鮮・日本 20年の歩み〜』（アドニス書房）などがある。

著者略歴

水野俊平（みずの・しゅんぺい）

1968年、北海道出身。北海商科大学教授。天理大学外国語学部朝鮮学科卒。韓国・全南大学校大学院国語国文学科博士課程修了。主な著書に、『韓vs日「偽史ワールド」』（小学館）、『朝鮮王朝を生きた人々』（河出書房新社）などがある。

装丁：Super Big BOMBER INC.
本文デザイン：スタジオGICO
編集：五島洪（Gauche）、中山義幸（スタジオGICO）

韓国の歴史

二〇二一年九月二〇日　初版印刷
二〇二一年九月三〇日　初版発行

監修者　李景珉
著　者　水野俊平
発行者　小野寺優
発行所　株式会社河出書房新社
〒一五一―〇〇五一
東京都渋谷区千駄ヶ谷二―三二―二
電話（〇三）三四〇四―一二〇一（営業）
（〇三）三四〇四―八六一一（編集）
https://www.kawade.co.jp/

組版　スタジオＧＩＣＯ
印刷・製本　三松堂株式会社

ISBN978-4-309-22828-0
Printed in Japan